Zu diesem Buch Zeit der Geschichte – das meint, daß die großen, jeweils miteinander konkurrierenden Geschichtsbilder, die den Gang der Epochen begleiten, keine monolithischen Systeme sind, sondern bewegliche Interpretationen menschlicher Erfahrung: Denkmale der Auseinandersetzung mit dem, was und wie es einst gewesen ist, also auch Umbauten der Erinnerung. Alles Denken über Geschichte und Geschichtlichkeit hat selber einen Zeitkern. Und es formuliert nicht nur Ansichten des Gewesenen, es inauguriert auch Aussichten in die Zukunft. Wie sehr dies gilt, zeigt Horst Günther in seinem Buch über Welterfahrung und Zeitkategorien. In drei großen Schritten, die von Augustinus zu Petrarca, von Dante zu Rousseau und schließlich zu den Modellen historischer Erkenntnis in der Neuzeit führen, erörtert er die »Sprachen« der Geschichtsphilosophie, die Sprachen für den Wandel der Empfindungen und für den Wahrnehmungshunger sind – Stimmen in einer unabgeschlossenen und unabschließbaren Debatte über die Perioden und Namen hinweg, und nichts davon ist lediglich vergangen. Indem wir diese Debatte begreifen, begreifen wir uns selbst. Die »Zeit der Geschichte« ist die Zeit nicht der mächtigen Gewißheiten, sondern unserer Versuche, die mächtige Ungewißheit zu verstehen.

Der Autor Horst Günther, geboren 1945, lehrt Philosophie an der Freien Universität Berlin und arbeitet an der Maison des Sciences de l'Homme in Paris. Er hat umfangreiche kommentierte Editionen vorgelegt: *Karl Philipp Moritz; Die Französische Revolution; Burckhardts Kultur der Renaissance in Italien* und betreibt Philosophie fächerübergreifend: *Freiheit, Herrschaft und Geschichte. Semantik der historisch-politischen Welt* (1979); *Versuche, europäisch zu denken. Deutschland und Frankreich* (1990).

Horst Günther

Zeit der Geschichte

Welterfahrung und Zeitkategorien in der Geschichtsphilosophie

Fischer Taschenbuch Verlag

Originalausgabe
Veröffentlicht im Fischer Taschenbuch Verlag GmbH,
Frankfurt am Main, Februar 1993

Umschlaggestaltung: Buchholz/Hinsch/Hensinger
Gesamtherstellung: Clausen & Bosse, Leck
Printed in Germany
ISBN 3-596-11472-1

Gedruckt auf chlor- und säurefreiem Papier

Inhalt

Einleitung

So unmittelbar wie die Zeit empfinden wir nichts anderes, und nichts sonst ist uns zugleich so fremd. Wenn wir Zeit zu empfinden glauben, so ist es doch gar nicht Zeit selbst, was wir schon beim Atmen und mit dem Pulsschlag wahrnehmen, was uns als Wechsel oder Beharren der Dinge erscheint, was uns den Eindruck erweckt, es stehe zu erwarten, es sei jetzt an der Zeit oder schon vorbei und vergangen. Erinnern wir uns, so erinnern wir uns nicht der Zeit selbst, sondern vielmehr vergangener Zustände und Begebenheiten und der Personen, so wie sie uns früher erschienen, wie unsere Einbildungskraft sie bewahrt oder verändert hat. Wer auf bessere Zeiten hofft, erwartet ja nicht, daß die Zeit selbst anders werde, sondern die Bedingungen des Handelns und die Verhältnisse, in denen man lebt. Wie wir aber bei all dem in der Zeit und während sie verläuft, Zeitliches empfinden, darin sind wir ganz wir selber. Der Rhythmus ist es, der den Strom unseres Empfindens gliedert, und die Stimmung ist es, die ihn tönt.

Zeit ist aber auch das Allgemeinste und das Andere schlechthin, die Bewegung der Weltenkörper, die das Maß der Zeit geben, das Werden und Vergehen der Erscheinungen und ebenso ihr Verharren und daß sie nicht enden wollen, auch unsere eigene prekäre Stellung darin und die Gewalt des Geschehens, die über alles Wünschen und Planen hinweggeht. Die eine ist nicht auf die andere zurückzuführen oder aus ihr abzuleiten. In der Beziehung, in der sie aufeinander wirken, müssen sie auch erkannt werden. Die Anschauungen, die sich von erinnerter Vergangenheit bilden, betreffen qualifizierte Zeit, Dauer, beziehen sich auf prinzipiell objektivierbare Geschehnisse, sie werden aber von in höchstem Maße persönlichen Zeitauffassungen geprägt, die sie ihrerseits zum Ausdruck bringen.

Man erinnert oder vergißt nicht nur einzelnes. Man kann die ganze Vergangenheit bejahen oder ablehnen, oder der Länge der Zeit nach spalten in eine heilige und eine profane Geschichte, oder quer zur Zeit Epochen bilden und gute Zeiten gegen schlechte setzen, man kann seine Zustimmung auf den Ursprung begrenzen, um den Verlauf zu verurteilen und Änderung zu fordern. Aber es bleibt keineswegs dabei, daß sich (zeitlose) Typen der Zeitauffassung konstituierten, sie bilden und verändern sich dynamisch gegeneinander. Man lernt Überlieferungen und nimmt sie an; man kann aber auch in ihnen irritiert werden und sie wechseln, wie man im einzelnen oder wie kulturelle Gemeinschaften oder Teile davon die Konfession oder Religion wechseln, und sie ändern, wie man das Leben ändert. Und schließlich kann man sie zu begreifen versuchen.

Die Abgrenzung weltgeschichtlicher Perioden und ihre inhaltliche Bestimmung erweisen sich als Korrelat individuellster Erfahrungsstrukturen. Was ein einzelner ausspricht, um sein Leid oder eine tröstende Vision zu beschwören, erhält die Zustimmung großer kultureller Gemeinschaften über lange Generationen hin, und alle diese Menschen glauben in dem, was da einer geschrieben hat, ausgerechnet ihre Identität zu finden. Aber nicht das ist erstaunlich, daß viele einzelne geprägt werden zu gemeinsamen und kollektiven Wahrnehmungen nicht nur ihrer Gegenwart, sondern auch ihrer Überlieferung. Erstaunlich ist vielmehr der Wechsel und seine Bedingungen, unter denen ehemals fremde Überlieferungen angeeignet werden, Mythologie, Geschichte und Moral erlernt und in Erinnerung und Erfahrung verwandelt werden.

Zeit der Geschichte wird an diesen Brüchen und in den oft jahrhundertelangen Konflikten widerstreitender historischer Anschauungen sichtbar. Die gemeinsamen, gar kollektiven Erinnerungen, die das Bewußtsein von Überlieferung bilden, werden erworben. Man verteidigt sie und kämpft in ihrem Namen, aber die Leute lassen sie sich auch nehmen und wirken an ihrer Umwertung mit. In der Zeit der Geschichte verschränkt sich die individuelle Erfahrung einzelner und vieler mit der notfalls gewaltsamen Umdeutung der ganzen bisher bekannten Geschichte. Dazu sind aber gar keine weltgeschichtlichen Begebenheiten erforderlich. Schaut man sich die literarischen Rechtfertigungen und Begründungen an, so stößt man auf sehr private, geradezu empörend belanglose persönliche Erfahrungen.

Gegen andere, oft sehr viel besser begründete Deutungen setzt sich irgendwann ein ausschließlicher Anspruch auf Wahrheit durch, ohne Mandat wird die Stellvertretung für andere von diesen anerkannt, und zunächst, in der Regel ohne äußere Gewalt, läßt sich eine Kultur geistig überwältigen und bereitet dann mit der institutionellen Sicherung notwendig eine künftige Änderung vor. Der Sündenfall des Historismus gegen das historische Forschen und Verstehen bestand darin, die Epoche in einem Individuum sich spiegeln zu lassen, sich in das Individuum zu versetzen und von dort aus allem anderen unrecht zu tun. Die Stellung des erst zu untersuchenden Gegenstands in der Geschichte für so selbstverständlich zu halten, wie man damals die eigene hielt, verschloß die Erkenntnismöglichkeiten.

Was in der Entwicklung einer einzelnen Disziplin in der Folge der Lösungen eines gegebenen Problems konsequent schien, wollte man auf das Verständnis der Geschichte im ganzen übertragen. Dabei kommt der Gegensatz zu anderen Ansichten der gleichen Welt in einer anders strukturierten Wahrnehmung objektiv gleicher Zeiterstreckung zu kurz. Die historischen Konzeptionen sind nicht nur Kinder ihrer Zeit, in jeweils anderen Epochen entstanden; sie sind Korrelate einer Wirklichkeit, aber nicht Mitglieder einer einzigen Familie in aufeinanderfolgenden Generationen. Sie verändern konstruktiv und zerstörerisch die Vergangenheit, und sie schaffen unterschiedliche Aussichten in die Zukunft. Sie lösen einander nicht ab, sondern bleiben in Konfrontation und können anderenorts erneut mit nicht mehr für möglich gehaltener Energie aufleben.

Zeit der Geschichte, das sind die gleichzeitig und in historischer Folge miteinander konkurrierenden Deutungen menschlicher Existenz und Handlungsmöglichkeiten im Blick auf die ganze Geschichte erinnerter Vergangenheit und entworfener Zukunft. Sie betrifft die menschliche Fähigkeit, geschichtliche Erfahrung nicht nur zu machen und vom eigenen Standpunkt aus historisch zu relativieren oder in eine Typologie aufzulösen. Der Gegensatz verschieden strukturierter und widerstreitender geschichtlicher Erfahrungen ist argumentativ durchzuhalten und darin die Einheit der Vernunft zu erörtern.

Die antike Philosophie thematisierte diesen Sachverhalt ebensowenig wie den der Verschiedenheit der menschlichen Sprachen. Sie setzte das Problem, wie es uns bei empirischen Untersuchungen immer noch selbstverständlich ist, zwischen die Ereignisse und die Meinungen, deren Mehrzahl und Verschiedenheit doch nur die Unzulänglichkeit menschlichen Urteilens erwiesen. Wenn man nicht, wie bei Sprachen, einfach die eigene für die richtige hält, so konzipiert man jenseits menschlichen zeitlichen Irrens ein Ideal zeitloser Einsicht. Stehen die verschiedenen Meinungen nicht als Täuschung oder Betrug unterhalb des Bereiches der Vernunft, so gliedern sie sich nach Stufen zunehmender Erkenntnis.

Unter diesem Modell eines Fortschreitens vom Irren und ungefähren Ertasten bis zur klaren und deutlichen Erkenntnis im vollen unveränderlichen Licht des Tages hat man lange den Gang der Wissenschaften in der

Zeit gesehen und ihre Geschichte zu schreiben versucht. So hätten wir es alle gern, daß zumindest mit der Zeit oder doch an ihrem Ende die lange verborgene Wahrheit offenbar würde. Diesem Vorurteil schmeicheln die populären literarischen Gattungen der Komödien und Kriminalromane, die Versprechungen der Politiker und die Selbstdarstellung der Wissenschaftler. Es fiele auch schwer, ohne diese Aussicht auf das gesuchte Ergebnis die Mühe der Forschungsarbeit auf sich zu nehmen. Und selbst die scheinbar gegenteilige Ansicht, daß die Wahrheit am Anfang offenbar gewesen und erst in der Folge verschüttet worden sei, lebt von der gleichen Hoffnung, daß ebendiese Wahrheit am Ende wieder zutage trete.

Die skeptische Resignation, daß es die gesuchte eine Wahrheit gar nicht gebe, sondern nur verschiedene Erscheinungsbilder, beantwortet keine Frage, sondern stellt sie schon falsch. So wie die neuere Sprachphilosophie ihr Prinzip nicht im Kriterium der richtigen Abbildung der Dinge und ihrer Verhältnisse durch die Zeichen einer einzigen Sprache findet, sondern in der einander ergänzenden unendlichen Individualität gegebener sprachlicher Ansichten der Welt, die durch ihre grundsätzliche Übersetzbarkeit ineinander vermittelt sind, so wird man auch nicht die Ansichten der geschichtlichen Welt auflösen und reduzieren wollen. Die Individualität gegebener historischer Auffassungen ist evident. Gesucht wird das Kategoriensystem, das es erlaubt, sie gegeneinander verständlich zu machen, sie zu übersetzen und damit uns selbst aus der geozentrischen Welt des Historismus in den homogenen Raum freier Erkenntnis zu versetzen.

Die neuere Philosophie tut sich schwer mit dieser Fragestellung, denn wenn sie die Geschichte nicht im ganzen als unerkennbar verabschiedet, will man zu viel erklären und selbst eine Deutung der Geschichte unter Ausschluß konkurrierender Auffassungen durchsetzen. Die konkurrierenden Deutungen der historisch-politischen Welt lassen sich nicht durch Argumente aufheben oder vereinigen. Ihre Voraussetzungen stehen indes in Beziehung zu ihren Folgen, und die Überzeugungskraft, mit der sich eine Deutung gegen andere behauptet, hat sie nicht aufgrund stärkerer Argumente, sondern ihr Erfolg wird zum stärksten Argument.

Diese offensichtliche Irrationalität der Anschauungen der Geschichte ebenso wie die von Sprachen oder Religionen klammerte sie lange von den Gegenständen aus, welche die Philosophie bearbeitet. Als Bereiche bloßer Einzelheit und simpler Fakten schienen sie sich gesetzmäßiger Verallgemeinerung zu entziehen. Versuche, die Formen ihres Verlaufs unter ideale oder doch typische Schemata zu bringen, übten zwar und üben immer noch eine gewisse Faszination aus, erschlossen sich aber nicht im mindesten einer rationalen Erörterung. Ein weiterer methodischer Schritt war nötig, die Untersuchung von den Formen zu lösen und auf bloße Werte zu beschränken, um in der »politischen Arithmetik« des 18. Jahrhunderts, in der Berechnung statistischer Wahrscheinlichkeit und in der Theorie der Konjunkturzyklen z. B. überraschende Erfolge in der Analyse bisher nicht berechenbarer periodischer Erscheinungen zu erzielen.

In der Untersuchung der Sprachen löste man sich davon, die eigene oder die eines autoritativen, heiligen oder klassischen Textcorpus als die richtige und andere als wenn nicht falsch, so doch als unterlegen anzusehen. Eine Wissenschaft der Religionen und selbst eine gemeinsame Kirchengeschichte verschiedener Konfessionen blieb so lange unmöglich, als man beweisen oder widerlegen wollte. Eine Instanz der Verifikation des Behaupteten war erforderlich, um ihre Eigenarten vergleichend herauszuarbeiten, und dabei erwies sich Max Webers Gesichtspunkt der Wirtschaftsethik, der die Formen und die Intensität des Umgangs mit weltlichen Gütern bestimmenden Gesinnung, als außerordentlich fruchtbar. Das bislang sich als unvergleichbar verschließende Numinose öffnete sich rationaler wissenschaftlicher Untersuchung, sobald einer – selbst ethisch motiviert – die Maxime ernst nahm, die zeitlichen Gestalten des Religiösen an ihren Früchten zu erkennen.

Anschauungen der Geschichte und die ihnen entsprechenden Zeitauffassungen stehen in politischen Zusammenhängen. Sofern man sie nicht selbst teilt, wird man dazu neigen, sie für gefährlich oder zumindest für inopportun zu halten. Durch Argumente ist ihre Vielzahl ebensowenig aufzulösen wie die der Sprachen und Religionen, obwohl der Machtkampf staatlicher Gewalten und die Pläne von Phantasten stets auf Vereinheitlichung und Unterdrückung zielen. Neben der inneren Konsistenz einer geschichtlichen Anschauung ist daher ihre Orientierung im politischen Kräftefeld ihrer Zeit zu betrachten, wobei die Selbstaussage an den Folgen und nicht an den Absichten zu prüfen ist. So kann z. B. die bekundete Abwendung von der äußeren Welt der Politik das Geheimnis eines Massenerfolges sein. Auch steht jede dieser Anschauungen in einem bestimmten Verhältnis zur seinerzeit insgesamt überlieferten Vergangenheit. Was als Ursprung gesetzt oder als Ideal aufgerichtet wird, das charakterisiert nicht nur einen Denkstil und die literarische Darstellung, es bestimmt auch alle anderen Elemente dieser konstruierten und danach erinnerten Vergangenheit samt dem, was in ihr entwertet, vergessen oder verdrängt wird. Ein weiteres Kriterium bildet das Verhältnis der selbst entworfenen Zukunftserwartungen zu ihrer nötigen oder möglichen Enttäuschung oder Erfüllung.

Die historisch-politische Welt folgt nicht dem Paradigma des geometrischen Raumes und der in Analogie dazu konzipierten Zeit der Mechanik. Eine zweite Ordnung von Kräften überlagert diese elementaren Bedingungen und scheint ihnen Hohn zu sprechen. Ein noch gar nicht eingetretenes Ereignis, sogar ein höchst unwahrscheinliches oder gänzlich unmögliches, kann durch das bloße Erwarten seines Eintretens reale geschichtliche Bedeutung gewinnen. Das geringfügigste Korrelat der Wirklichkeit, auch noch so unsicher bezeugt, kann als dessen Erfüllung gelten und seinerseits reale Wirkungen hervorrufen. Es kann sogar die Reihe der natürlichen Zeit in geschichtliche Epochen gliedern, künftiges politisches Handeln polarisieren und selbst ein Kategoriensystem für Entscheidungen begründen. An Beispielen dafür läßt es weder die Geschichte der Religionen noch die politische Geschichte fehlen, sofern man sie überhaupt trennen kann.

So kann ein und dieselbe Reihe kaum bestrittener Ereignisse der Geschichte Frankreichs zwischen 1789 und 1794 als Bruch in der bisherigen Geschichte der Menschheit, das heißt als Umsturz alles bisher Geltenden oder als Neubeginn einer Zeit von anderer Qualität angesehen werden. Sie kann aber auch als Fortführung längst begonnener Tendenzen des Ancien régime zur Zentralisierung der Verwaltung, zur Neuordnung der Gesellschaft und der Verhältnisse von Besitz und Arbeit gedeutet werden. Sie stehen jedoch nicht gleichwertig nebeneinander. Man kann eine moralische, gesinnungsethische Auffassung vertreten, doch sobald man sich auf den Boden politischer Beurteilung begibt, kann man nicht naiv dafür oder dagegen sein. Es gibt mit dem wachsenden Maßstab des Geschehens allzu kurz greifende falsche und der Wahrheit näher tretende langfristige Auffassungen unabhängig von der eigenen Sympathie und Zustimmung und den persönlichen Interessen. Man kann als Heide über das Christentum der Spätantike, als Scholastiker über den Humanismus der Renaissance, als Anhänger der alten Kirche über die Reformation, als Privilegierter des Ancien régime über die Revolution törichte oder einsichtige Urteile fällen, jedenfalls nicht nur standort- und interessenbezogene. Und rückblickend als denkender Betrachter der Geschichte unterliegen die Urteile den Kriterien richtig oder falsch.

Diese Kriterien sind an die Handelnden in anderer Weise anzulegen als an die Betrachtenden. Man kann moralisch oder von einem bisher geltenden Recht aus jede einzelne Tat mißbilligen und doch die innere Logik des überindividuellen geschichtlichen Prozesses erkennen. Im Gegensatz zu sympathiegetränkten Heldenepen oder Räubergeschichten der Französischen Revolution haben die Analysen der Veränderung der französischen Gesellschaft, die Lorenz von Stein und Alexis de Tocqueville unternahmen, nicht nur den methodischen Vorzug der langfristigen Beobachtung, sondern auch des abwägenden Urteils, das nicht auf Personen und auch nicht auf eine Nation begrenzt ist. Es geht um den Wandel zur modernen industriellen Gesellschaft, der sich in einzelnen Ländern verschieden vollziehen kann und dessen innere Notwendigkeit zur Debatte steht. Während die Beobachter der Ereignisse z. T. erstaunliche Leistungen der Erfahrungsbildung vollbringen und dokumentieren, ist die an der einzelnen Geschichte und dem individuellen Helden orientierte Geschichtsschreibung ebenso obsolet geworden wie die am planvollen Handeln der Regierenden orientierte pragmatische Historie.

Den scheinbaren Bruch als sinnvollen Wandel in einem längeren Kontinuum zu begreifen ist gewiß der ideologischen Anpreisung oder Verurteilung vorzuziehen, die langfristige Beobachtung ist der sensationsverhafteten Aufladung des Moments überlegen. Aber wo grenzt sich ein Kontinuum gegen ein anderes oder gegen eine unterscheidbare Phase ab? Ist alles, was wir zu erinnern vermögen, Teil einer einzigen Geschichte, oder wirken nicht zur gleichen Zeit ganz verschiedene Geschichten fort, die sich nur gelegentlich verketten oder überschneiden? Gibt es Phasen der Geschichte, die bereits abgeschlossen sind? Bei jeder dieser Fragen treten Beispiele autoritativ geäußerter Irrtümer vor Augen, säkularer Fehleinschätzungen, die durch die Ereignisse, wie man so sagt, oder durch unsere Fähigkeit, sie in Deutungen einzubeziehen, widerlegt worden sind.

Die Andersheit des Vergangenen und seine Vergleichbarkeit diesseits und jenseits von Ereignissen, die als historischer Umbruch wahrgenommen wurden, und die Wirkungen des Bewußtseins solcher Umbrüche als plötzliche Polarisierung im Gegensatz zum langsamen Wandel der Zustände sind das Feld, auf dem sich eine Untersuchung der Zeit der Geschichte zu bewähren hat. Die individuelle Ausprägung allgemeiner Konflikte, die auf den geschichtlichen Wandel nicht lediglich reagiert, sondern die ihn ausspricht und ein Bewußtsein schafft, das sich als neues einem dadurch als alt angesehenen und dem Vergehen anheimgegebenen entgegensetzt und das Bild der Geschichte prägt, indem es mit der Zukunft auch die Vergangenheit ändert, bedarf eines noch kaum genügend entwickelten Instrumentariums.

Zu erproben ist die Interpretation eines einzelnen Zeitbewußtseins im durchgehaltenen Gegensatz seiner vorhandenen Alternativen. Das geschieht an individuellen Äußerungen, an philosophischen Texten auch aus literarischen und historiographischen Gattungen, die dadurch repräsentativ geworden sind, daß sie angeeignet wurden, weithin und lange wirkten und es immer noch tun, daß ihre individuelle Ansicht eine allgemeine Anschauung der geschichtlichen Welt ausdrückt. Das gilt für Dokumente autobiographischer Erfahrung, in denen die prägende Struktur für geschichtliche Weltbilder zu beobachten ist. Es gilt aber auch für objektivierbare Begriffe und Kategorien historischer Erkenntnis, die als Lösungsversuche eines Problems zu erarbeiten sind, das hier durch die historisch-politische Erfahrung gegeben ist.

Erster Teil
Geschichtliche Weltbilder und autobiographische Erfahrung

1. Augustin und das Ende der Antike

Wenn man von einer historischen Persönlichkeit sagen kann, daß sie im buchstäblichen Sinne Epoche gemacht, eine Periode der Geschichte beschlossen und das Bewußtsein einer neuen eröffnet hat, dann ist es Augustin gewesen. Er hat das keineswegs durch äußere Taten vollbracht und noch weniger durch eingreifende historische Forschung. Er hat seine eigensten Empfindungen als allgemeine so stark ausgesprochen wie kein anderer zuvor, und er hat damit die kräftigsten Wirkungen ausgeübt nicht nur auf die unmittelbar auf ihn folgenden Generationen, sondern auch während der nächsten Umbrüche, in der frühen Renaissance, in der Reformation, in den religiösen Auseinandersetzungen des 17. Jahrhunderts und der frühen Aufklärung.

Augustin hat mit seinen *Confessiones* die erste innere Autobiographie geschrieben. Damit ist er in der Geschichte der erste, von dem wir etwas anderes kennen als seine Taten und Gedanken. Er öffnet sein Gewissen und teilt Empfindungen mit, die zuvor verschwiegen wurden und gar nicht als Gegenstand einer Mitteilung erachtet wurden. Er beschreibt die vagen Empfindungen des kindlichen Gewissens, ein unklares Schuldbewußtsein ohne jedes Verhältnis zu den allenfalls begangenen Sünden, ein schwankendes Bedürfnis nach einer von außen erwarteten Bestimmung, innere Stürme ohne erkennbare Ursachen und Ziele, die Verlockungen der Sinne und die noch stärkere durch die Darstellung der Affekte im Theater, vorläufige Orientierungen des Lebens, die aufgehoben werden durch die Sehnsucht nach einer Bekehrung, die nicht als Entschluß, sondern als Ereignis, als Wunder zu erfolgen hat. Das sind nur einige Motive. Jedes einzelne mag sich in Heiligenviten, in meditativer und erbaulicher Literatur der Zeit nachweisen lassen.

Ihre Einheit erhält diese Schrift, die der Verfasser in bewußt kalkuliertem Übersehen des Lesers als Zwiesprache mit seinem Gott stilisiert (»deus meus«, später und seltener »deus noster«), durch etwas vollkommen Neues: die unerhörte dramatische Intensität des Erinnerns. Mag die Erinnerung in einem räumlichen Gleichnis als Halle, »aula ingenti memoriae«, als Schatzhaus »thesaurus« verbildlicht werden, so ist sie für

Augustin doch kein Behältnis, sondern ein Vorgang. Sie ist Prozeß vor dem Forum des Geistes, dramatische Handlung auf dem Schauplatz der Seele.

Zum stets erneuten Erstaunen all derer, die eine autobiographische Erzählung erwarten, ist dieses Gebet in dreizehn Büchern nur locker an der äußeren Handlung, am Ablauf des Geschehens orientiert. Die *Confessiones* beschwören eine innere Welt. Nicht die Ereignisse sind ihr Inhalt, sondern die innere Erfahrung, die sich flüchtig mit diesen Ereignissen verband und dem Erinnernden bleibt, während jene vergingen. Und schließlich wird das Erfahren selber und das Medium, in welchem es geschieht, die Zeit, zum Gegenstand der Untersuchung. Demgemäß erörtern die Bekenntnisse, die als Lebensbeichte begannen, die rätselhaften Modi der Zeit: das Anfangen, die Umkehr, das Ende oder den Übergang von Zeitlichem zu Ewigem und das Erinnern selbst.

Dabei öffnet sich eine zuvor noch nie beschriebene Welt. Es ist die kindliche Welt des Ahnens und Bangens, die knabenhafte Welt der ersten bewußten Schuld und die des Jünglings in der Ungewißheit seiner Bestimmung und im Schwanken zwischen dem Stillen seiner Triebe und dem Verlangen nach Reinheit. Vorgefühle sind es sämtlich, welche noch kaum die tätige Erfahrung der Wirklichkeit berichtigen konnte. Ihr Stil ist zunächst der eines unsicheren, aber beschwörenden Tastens auf einem ungebahnten Wege. Das Gefühl der mangelnden eigenen Kraft bestärkt sich im ständigen Bezug auf einen ganz anderen, heiligen Text, der in unablässigem Zitieren vergegenwärtigt wird. Es sind Worte des Alten und des Neuen Testamentes, die teils als Anspielung, teils zum Beweis die eigene Rede unauflöslich mit dem autoritativen Text verknüpfen. Oft sind es Psalmenverse in dichterisch gehobener Sprache, die durch das orientalische Kunstmittel der Hyperbel sich in *einer* Wendung der ganzen Welt aus oben und unten, innen und außen versichern und die ihrerseits zu den Erwartungen an den Stil einer lateinischen Prosaschrift in einen merkwürdigen Gegensatz treten.

Augustin hat die Ausbildung eines antiken Rhetors genossen und die Werke der Dichter mit Leidenschaft gelesen. Die abfällige Weise, in der er sich rückblickend darüber äußert, ist eine therapeutische Bemühung. Sie darf nicht übersehen lassen, daß Augustins Wirkung selber die Folge der sprachlichen Gewalt seiner Gedanken ist und daß sein Einfluß die literarische Kultur der auf ihn folgenden Zeiten prägen wird. Formale Technik ohne Gehalt und Überzeugung in der Rhetorik genügt ihm nicht, ihre glanzvolle Beherrschung ist jedoch die Bedingung seines Stils.

In ihn verflicht er das ungefüge Vokabular der alten lateinischen Bibel (*Itala* oder *Vetus latina*), gibt ihm die Spannung einer erregten Innerlichkeit, den Schwung eines aus vollem Herzen sich ergießenden Predigttones sowie Klang-, ja Reimwirkungen, welche der klassischen Prosa nicht gestattet waren. Und das vereinigt er mit dem Gestus des bohrenden, immer erneut ansetzenden Fragens, das er aus den Schriften der Philosophen gelernt hat.

Bezeichnend für sein Sensorium und die Versuchungen, denen er zu erliegen drohte, ist die Schilderung der Theaterleidenschaft, die an ähnliche Berichte und Erörterungen aus der jansenistischen und pietistischen Wiederbelebung Augustinischer Gedanken gemahnt. Das Gefühl einer Konkurrenz, welche mit ähnlichen Mitteln die gleichen Sinne anspricht, und das beschreibende Vokabular verwendet er im figürlichen Sinne, um religiöse Grundempfindungen zu schildern. Augustin beschreibt die Wirkung szenischer Darstellung auf sich selbst als jungen Menschen (Jacob Bernays hat nicht zufällig darin eine zutreffende Beschreibung der aristotelischen Katharsis entdeckt), deren Fehler er darin erblickt, daß der Mitleidende hier nicht verändernd in das Geschehen eingreift. Er muß sich als Autor selbst der kathartischen Möglichkeiten seiner *Confessiones* bewußt gewesen sein, da er selbst seinen vergangenen Schmerz ausbreitet, und das gewiß nicht zur müßigen Betrachtung. »Da rissen mich die Schauspiele auf dem Theater hin, voll von den Bildern meiner Leiden und vom Zunder meiner Brunst« (»Rapiebant me spectacula theatrica plena imaginibus miseriarum mearum et fomitibus ignis mei«, *Confessiones*, III, 2). Die Lust an den Tränen, die sanfte Rührung des Mitleids und die leidenschaftliche Erregung des Schreckens führt er auf einen guten, hier nur fehlgeleiteten Quell zurück, die »Herzensader hingebender Menschenliebe« (»Et hoc de illa vena amicitiae est«, *Conf.*, III, 2).

Eindringlicher noch schildert er die Versuchung seines Freundes Alypius, dem längst überwundenen Reiz der grausamen Gladiatorenspiele erneut zu erliegen. Unwillentlich von Freunden mitgeschleppt und in der Abwehrhaltung entschlossen, sich nicht mitreißen zu lassen, stürzt seine Seele elender als der Leib des im Kampf Besiegten. »Denn kaum sah er das Blut, sog er schon die bestialische Lust mit ein und wandte den Blick nicht ab, sondern heftete ihn darauf und schlürfte vollends die Raserei und wußte es nicht und genoß den Frevel dieses Kampfes und berauschte sich an blutrünstiger Wollust. Und schon war er nicht mehr der, als der er gekommen war« (»Ut enim vidit illum sanguinem, inmanitatem simul ebibit et non se avertit, sed fixit aspectum et hauriebat furias et nesciebat et delectabatur scelere certaminis et cruenta voluptate inebriabatur. Et non erat iam ille, qui venerat«, *Conf.*, VI, 8). Mit ähnlicher Heftigkeit der Affekte wird Augustin sein Verhältnis zu seinem Gott beschreiben, als unersättliche Begier, nun aber nicht nach tierischer Lust, sondern nach ewiger Seligkeit. Von gleicher dramatischer Intensität, fern von der Gelassenheit des Weisen und dem Glück ruhiger Schau, prägt er einen religiösen Stil äußerster Spannung in der zeitlichen Fülle und Flüchtigkeit eines Augenblicks.

Ein weiteres zeitliches Motiv, das deutlicher als viele inhaltliche Abhängigkeiten von der griechischen Philosophie das autobiographische Moment seines Verhältnisses zu ihr bezeichnet, ist das wahrhaft entwaffnende Bekenntnis gegen Ende des Siebenten Buches (VII, 20). Einen nicht geringen Ausschlag für die Richtung seines Lebens habe die Reihenfolge seiner Studien gegeben. Wäre er erst an die Bibel geraten und danach an die Werke der Philosophen, so hätten sie ihn in seinem unbefriedigten Streben vom Boden der Frömmigkeit lösen können oder sich ihm doch als gleichrangige Offenbarung dargeboten. Daß sein erstes Suchen enttäuscht werden mußte, um ihn Frieden finden zu lassen, und daß es deshalb auf die Reihenfolge der geistigen Begegnungen ankomme, ist eine kaum ausgeschöpfte Selbsterkenntnis des in seiner Seele forschenden Autors. Sie hat in der Spätantike eine hohe Plausibilität und gilt nicht nur für viele Lebensläufe, die sich ungefähr so wie der des Augustin abgespielt haben. Sie hat in der angedeuteten Weise auch umgekehrt ihre Gültigkeit, und das noch so spät wie bei Boethius (um 480–524), der trotz christlicher Erziehung angesichts des Endes die ›Consolatio Philosophiae‹ suchen wird. Ohne unmittelbare Absicht auf Wirkung hatte er doch Folgen für das Fortleben der Philosophie der Heiden.

In den *Confessiones* schließt sich eine grundlegende Erörterung des Erinnerns und der Zeiterfahrung an die mit ihrem Höhepunkt abgebrochene Lebensschilderung an. Beim Tod der Mutter ruft er sich eine gemeinsam mit ihr in Ostia erfahrene Vision ins Gedächtnis. In der Folge eines meditativen Gespräches erörtern sie das wahre Sein, das nicht länger dem Vergehen und Werden unterliegt, sondern nur mehr ewiges Sein ist und das sie beide nun »für einen Herzschlag sacht berührten« (»attigimus eam modice toto ictu cordis«, *Conf.*, IX, 10). Eine solche Erfahrung, die ihr beigemessene Bedeutung und das Verlangen nach ihr stammen nicht aus biblischer Tradition. Die späten Platoniker sahen in einer solchen Vision, bei welcher der Geist in buchstäblichem Außersichsein den Körper verläßt, um schon zu Lebzeiten einmal der verachteten Hülle zu entfliehen und sich mit dem ersehnten Ursprung zu vereinen, die sichtbare Krönung eines geistigen Lebens. Plotin habe es, wie Porphyrius in dessen Vita berichtet, viermal erlangt (23,17). Asketische Übungen und Techniken der Meditation wurden erprobt, verheimlicht und gelehrt. Augustin beschreibt es als Geschenk der Gnade. Die Rolle dieser Erfahrung neben der Bekehrung für sein Leben scheint weniger bedeutend zu sein als die, seiner Erörterung der Zeit Halt und auch Autorität zu verleihen.

In welchem Maße diese Erfahrung anempfunden, nachgelebt sein mag, ist schwer zu ermitteln und steht von vornherein in einem schiefen Licht in einer Kultur, die das Authentische und Originale als höchsten Wert schätzt. Die Spätantike war darin viel orientalischer und weniger hellenisch, mehr auch dem auf sie folgenden Mittelalter verbunden, daß die ›imitatio‹ eines Vollkommenen nichts Abträgliches hatte. So sehr gerade Augustin unter den konkurrierenden Autoritäten aufräumte und sich seiner eigenen Besonderheit bewußt gewesen ist, daran rüttelte er nicht.

So schildert er die eigene Bekehrung mit deutlichem Bezug auf das literarische und geistliche Vorbild. Ein Besucher erzählt von den erstaunlichen Wirkungen der Nachahmung und Verwandlung, welche die Lebensbeschreibung des heiligen Antonius (250–356) bewirke. Augustin kannte das Buch noch nicht, mit welchem der am heftigsten umgetriebene Machtpolitiker der östlichen Kirche, Athanasius (295–373), das in der Einsamkeit der Wüste nach den Versuchungen so friedvolle Leben des Antonius beschrieb. In der lateinischen Übersetzung wurde es zu einem der meistgelesenen Bücher des Mittelalters, und es übte noch in der Moderne seine Faszination aus; so hat Flaubert in drei verschiedenen Ansätzen versucht, das Thema zu bewältigen. Augustin beschäftigen aber nicht die Versuchungen und die Kämpfe mit den Dämonen, sondern der Akt der Bekehrung, und das ist wiederum ein zeitliches Moment.

Die religiöse Lehre besteht, die Offenbarung liegt als Text vor, die Botschaft ist überall gegenwärtig. Und doch geht es um die Erwartung, daß diese Lehre sich in das Abenteuer eines Augenblicks zusammenziehe. Das Wort soll Ereignis werden und nicht mehr rückgängig zu machen sein. Das ist in den Beschreibungen, die Augustin gibt und die ihn zur Nachahmung entzündeten (»exarsi ad imitandum«, *Conf.*, VIII, 5), mit heftigen Affekten verbunden. Antonius selbst war wie von ungefähr in eine Evangelienlesung geraten und nahm den eben verlesenen Spruch, »als sei er zu ihm gesagt« (»tamquam sibi diceretur«, *Conf.*, VIII, 12, 29).

Es war das »Geh hin und verkaufe alles... und komm, und folge mir nach« (Matth. 19,21), das in Phasen und bei Charakteren der Weltablehnung seine starke Wirkung erweist. Augustin gedenkt mitten in der Schilderung der eigenen Bekehrung dieses Vorbildes, wo das Hören und Verwirklichen in einen Augenblick zusammenfällt.

Wie die platonische Schau des Ewigen die Erkenntnis des Zeitlichen sichert, so gibt die ebenfalls in Nachahmung vollzogene Bekehrung seinem Leben, das er als ähnlich beispielhaft begreift, die Bestimmung und dramatische Einheit. Dabei ist es zunächst, für die Erörterung der Zeiterfahrung, gleichgültig, ob Augustin eine allmähliche und später zu datierende Veränderung in diesen Augenblick und in den Anlaß eines Ereignisses verpflanzt hat. Die poetische nicht nur, sondern auch die autobiographische Freiheit, die Folgen eines Ereignisses in seine Anfänge zu verlegen, gerät dann zwischen die Fronten des Vorwurfs einer Veränderung der historischen Fakten und der bemüßigten Apologie. Uns geht es hier um die empfundene Wahrheit und den zeitlichen Charakter einer augenblicklichen Verwandlung, von der an ein neues Leben datiert. Augustin war sich bewußt, daß er nicht der Historiker seines Lebens ist – dem Gewesenen und Vergangenen schreibt er keine Bedeutung zu im Vergleich zum Gegenwärtigen –, und das ist er als Bekennender in der Gegenwart seines Schreibens und Vernommenwerdens.

Im Übergang von der Schilderung seines Lebens zur Betrachtung, die reichlich das letzte Drittel seines Werkes füllt, die Bücher X bis XIII, besinnt er sich auf den Zweck der *Confessiones* und berührt nun auch das bisher ausgesparte Verhältnis des Autors zu seinen Lesern. Er erkennt es als Problem. Zwischen dem Autor und seinem Gott wie seinem Leser steht nicht das zu Bekennende, sondern der Bekennende selber. Und erweisen will er durch sein Bekenntnis »nicht wer er gewesen ist, sondern wer er schon und immer noch ist« (»non quis fuerim, sed quis iam sim et adhuc sim«, *Conf.*, X, 4, vgl. X, 3). Das vergangene Geschehen hat keine Bedeutung für sich, sondern ist nur Anlaß für eine Umwertung, Voraussetzung für das Ereignis, das verändernd in es eingreift. Was da eingreift, gehört einer anderen Ordnung von Werten an und ändert demgemäß die Bedeutung des bisherigen Geschehens. Die Sünden und ihr marterndes Bewußtsein, mögen sie an sich unerheblich sein oder nicht, sind nur Bedingung der Umkehr. Die Unruhe des Herzens verweist auf einen Mangel alles Zeitlichen, und die Sehnsucht nach dem anderen, dem Ewigen, ist allenfalls Zeichen für eine mögliche Gnade, die sich hier noch nicht erfüllen kann.

Zwischen dem Gedächtnis des Vergangenen, dem Ereignis der Umkehr und dem Geheimnis des Anfangs und Endes von Zeitlichem haben das Erinnern und die Zeiterfahrung ihren Ort. Merkwürdig ist nun, daß dieses Textstück allein, im allgemeinen abgelöst von den zeitlichen Bedingungen, die wir bisher skizziert haben, als ein philosophischer Text angesehen wird, und nahezu als der einzige seiner Epoche. Die Reduktion erfahrener Dauer und zeitlicher Ausdehnung auf den Augenblick, nicht den der Entscheidung allerdings, sondern auf seine formale Struktur, mag Edmund Husserl dazu bewogen haben, diese Stelle zu einem klassischen philosophischen Text zu erheben. Ob diese Auffassung der Zeit einen Sinn hat, wenn sie nicht durch das Gegengewicht der zugehörigen Anschauung der Ewigkeit balanciert ist, läßt sich wohl fragen. Nicht weniger merkwürdig erscheint es, daß diese Auffassung seither so diskutiert wird, als stelle sie eine selbständige Theorie dar und als ließen ihre Eigenheiten sich wie zufällig begangene Fehler korrigieren (durch Ludwig Wittgenstein etwa). So das Empfinden der Zeit im zeitlosen Augenblick statt in der Ausdehnung einer gewissen Dauer.

Darin liegt, neben dem Verdienst, dem modernen Philosophieren einen bedeutenden Text vergegenwärtigt zu haben, ein Verstoß gegen das elementare Recht eines Autors, eine eigene Auffassung zu haben. Die eigentümliche Verinnerlichung und Momentarisierung der Zeit und ihres Empfindens ist keine Sinnestäuschung und auch kein Irrtum in der Reflexion, und wollte man sie berichtigen, so hätte man zu erweisen, daß Augustin bei ihrer Formulierung seine eigene Auffassung verkennt. In welchem Ausmaß er selber philosophischen Lehren verpflichtet ist, und ob es überhaupt angeht, eine auf den Gegenbegriff der Ewigkeit hin konzipierte Zeitauffassung auf eine formal phänomenologische zu reduzieren, läßt sich erst Schritt für Schritt in der Folge der Argumentation erörtern.

Augustins Erörterung der Zeit

Je ferner ein Autor uns in der Zeit gerückt ist, desto schwieriger wird es, die Grundlagen seiner Auffassungen herauszuarbeiten, und desto verführerischer zugleich, das, was uns anspricht, mit unseren eigenen Gefühlen zu verwechseln. Im Denken Augustins hat weder die absolute Zeit der Physik Newtons einen Platz, noch die ideale, als bloße Relation konzipierte Zeit von Leibniz. Mit Zweifeln und Behauptungen umkreist Augustin diese flüchtige Erscheinung, die stetig weiter verfließt, während er sie in bohrenden Fragen zu deuten versucht. Er ist wohl der erste, der das Untersuchen der Zeit nicht lediglich zum Gegenstand macht, sondern sie immer wieder selbst beschwört, und das nicht etwa wie in der Moderne als Bedingung der Erkenntnis, ohne die kein Gegenstand zu denken wäre, sondern als begleitendes Medium seines Schreibens und unseres Lesens in dieser zeitlichen Existenz.

Daß aber Zeit ist, ist keine Notwendigkeit, sondern ein Mangel. Und zwar der Mangel schlechthin, der erst mit dem Ende »huius saeculi«, dieser zeitlichen Welt, selbst ein Ende finden wird. Auch der Begriff von Zeit ist unvollständig ohne den nicht bloß entgegengesetzten, sondern ihn umfassenden und überschreitenden Begriff von Ewigkeit. Dieser qualitative Begriff von Ewigkeit ist dem neueren Denken abhanden gekommen, das ihn in eine unbegrenzte oder unendliche Ausdehnung von Zeit zu verflüchtigen sucht. Die Ewigkeit ist über der Zeit zu denken. Mit Zeitbegriffen ausgedrückt, welche Augustin hier aus guten Gründen zu gebrauchen vermeidet, wäre diese Ewigkeit vor der Zeit, gleichzeitig mit ihr und nach ihrem Ende anzusiedeln. Gleichwohl gilt dieses Nacheinander als unangemessen, weil Ewigkeit als Allgegenwart aufzufassen ist. Für sie gibt es kein gestern, heute und morgen: Gottes Heute ist Ewigkeit (»Hodiernus tuus aeternitas.« *Conf.*, XI, 13).

Die Zeitauffassung einer Epoche, die unter dem beherrschenden Eindruck der – in der ersten Phase fast stündlichen – Naherwartung des Endes dieser Welt steht, die als Verwandlung ihrer Zeitlichkeit in Ewigkeit gedacht war, ist mit den Erfordernissen der Rationalität nicht leicht zu vereinen. Das Beispiel einer immer umstrittenen Deutung aus viel späterer Zeit mag das erhellen. Der Engel der Apokalypse bekräftigt in seinem Schwur, »daß hinfort keine Zeit mehr sein wird« (Ap. 10,6; im Text der *Vulgata*: »Quia tempus non erit amplius«).

Der aufgeklärte Göttinger Theologe Johann David Michaelis erläutert in seinen »Anmerkungen für Ungelehrte zu seiner Übersetzung des Neuen Testaments« 1792 dieses Lieblingswort der Chiliasten aller Epochen, nachdem er es anders übersetzt hat – statt »keine Zeit« sagt er »kein Aufschub«.

> »Bisher hatte man die große Verheißung Gottes, daß die Reiche der Welt Gottes und Christi werden sollten, immer erwartet, und sie schien verzögert zu werden: nun soll sie nicht länger verzögert, sondern zugleich unter der siebenten Posaune erfüllet werden.
>
> Man hüte sich hier vor der alten, aber unrichtigen Übersetzung, daß forthin

keine Zeit mehr sein wird, über die man allerlei Erklärungen gemacht hat, die Ewigkeit habe keine Zeitabschnitte, werde nicht nach Jahren, Monden usf. eingeteilt. Es ist ja wohl doch offenbar, daß mit der siebenten Posaune nicht die Ewigkeit angeht, oder das Ende der Welt kommt.«

Die erzieherische Absicht ist deutlich. Mit philologischen Argumenten entzieht der gelehrte Theologe den Schwarmgeistern den Anlaß ihrer verstiegenen Träumereien. Das mag gewiß vernünftig sein. Doch für die zeitgenössischen Leser der Apokalypse und für die Christen der ersten Jahrhunderte hat diese Deutung keinen Sinn. Denn die Erwartung der Ewigkeit, die in die Zeit einbricht und ihr ein Ende macht, ist das Fundament ihres Glaubens. Und selbst die heidnischen Philosophen der Spätantike, die diesen Glauben nicht teilen, teilen doch zu einem großen Teil, vor allem in der platonischen Schule, die Überzeugung des grundlegenden Unterschieds von Zeit und Ewigkeit und der Möglichkeit, die Zeit aufzuheben, ihr zu entkommen.

Nur auf dem Hintergrund seiner Anschauung von Ewigkeit wird man die Zeitanalyse Augustins verständlich machen können. Von diesem Gegensatz erst empfängt sie die ihr eigentümliche Spannung. Und daraus ist ihre Deutung der Welt und ihrer Geschichte abgeleitet. Die Welt beginnt mit der Zeit, sie ist – was für die Philosophen Nicht-Sein bedeutet und den Theologen ein Äquivalent in der Sphäre des Sollens, das mit der bedingten Existenz zu vermitteln sein wird – Zeitlichkeit. Himmel und Erde und das Leben der Menschen haben einen Anfang. Augustins Nachdenken über die Zeit beginnt mit dem Unerdenklichen des Anfangs, mit der Schöpfung. Dieses Nachdenken ist das Erschauern und Erglühen bei dem Gedanken des Anfangs, daß vergängliches Sein Ereignis ist und vorher nicht war, daß es den Modus menschlichen Empfindens hat und doch mit menschlichem Handeln nicht zu vergleichen ist. Es ist Erschauern vor dem Fremden, Erglühen vor dem uns Ähnlichen (»inhorresco, in quantum dissimilis ei sum, inardesco, in quantum similis ei sum«, *Conf.*, XI, 9). Darin spricht sich das Erschreckende sowohl wie das Verführerische einer anthropomorphen Auffassung der Welt aus, die notwendig an eine Grenze stößt, die sie in ihrer eigenen Voraussetzung errichtet hat. Diese Welt ist das Erzeugnis eines besonderen Willensaktes. Dessen Subjektivität muß ihr Äquivalent in einer ebenso menschlich konzipierten Zeitlichkeit finden. Gälten allgemeine Gesetze, so ließe die Welt sich als Konstellation von Wirkungen denken, neben denen es andere, vergleichbare gäbe. Deren Ereignisfolgen würden sich bei ähnlicher Konstellation in ähnlichen Abläufen vollziehen, wie es die Kreisbahnen der Gestirne in ihrer Regelmäßigkeit nahelegen. Wenn man auf dem Ereignischarakter und mithin auf der Einmaligkeit – die keine Theorie und keine Erfahrung postuliert, sondern einzig der Wille – beharrt, dann darf das nicht sein.

Die Ansichten einiger der antiken Philosophen, die nach dem Modell der kreisenden Gestirne und nach der Evidenz des Jahreszyklus die Welt natürlich zu denken vesuchten, was eine Mehrzahl belebter Welten und eine Wiederholung von Ereignisfolgen nicht ausschließt, widerlegt Augustin deshalb auch gar nicht. Er bekämpft sie. Nicht die Beweiskraft seiner Beispiele und Argumente macht seine Erklärung zwingend. Er wirkt durch die Kraft der Überzeugung von der Wahrheit seiner Anschauung, die etwas gänzlich Unbeweisbares postuliert, den bestimmten Anfang und das dramatische Ende, mit welchem das wahre Sein allererst beginnt. Die Einmaligkeit des Heilsgeschehens erfordert einen einzigen, wohlabgegrenzten Schauplatz. Die Handlung vollzieht sich so unabweisbar gegenwärtig, wie es nur im Innern des Bewußtseins denkbar ist. In einer wahrhaft dramatischen Antithese, die keineswegs eine lediglich rhetorische ist, stellt Augustin die völlige innere Gewißheit seines Empfindens gegen die Unzulänglichkeit seiner begrifflichen Mittel: »Was ist also Zeit? Wenn mich keiner fragt, weiß ich es; will ich es aber dem, der es mich fragt, erklären, so weiß ich es nicht.« (»Quid est ergo ›tempus‹? Si nemo ex me quaerat, scio; si quaerenti explicare velim, nescio«, *Conf.*, XI, 14). Aus diesem unlösbaren Gegensatz der Gewißheit seines Empfindens zum Scheitern aller gegebenen Erklärungsversuche folgert er nun nicht etwa die Idealität der Zeit, sondern er wirft sich mitten in die Aporien ihrer offensichtlichen Widersprüche.

Zeit ist nur in ihrem Verlauf, als fließende und vergehende wahrzunehmen. Nicht anders scheint sie ihm denkbar zu sein. Bleibende Gegenwart wäre ja schon Ewigkeit. Sein ist für das Empfinden Gegenwärtigsein. Gegenwärtiges aber muß als Zeitliches unmittelbar in Vergangenheit übergehen, und so hat die Gegenwart den Grund ihres Seins darin, daß sie nicht länger dauert, daß sie nicht sein wird (quia non erit). Und Zeit vermag sie nur zu sein, weil sie dahin strebt, nicht zu sein (»quia tendit non esse«, *Conf.*, XI, 14). So sprechen wir zwar, führt Augustin seine Überlegung fort, von langer Zeit und von kurzer Zeit. Aber wie könne denn, was gar nicht sei, lang sein oder kurz sein? Von dem, was nicht ist, lassen sich doch auch keine positiven Aussagen machen, welche das Sein des Subjekts zur Voraussetzung haben. Denn dasjenige an der Zeit oder von ihr, was jeweils schon vergangen ist, könne ja nicht mehr sein, und dasjenige an ihr, was erst sein wird, ist ja noch nicht. Man mag das für eine grammatische Aporie halten. Augustin nimmt sie als unüberwindliche Barriere des Denkens und reduziert ganz folgerichtig das Sein der gedachten Zeitspannen auf den winzigsten, nicht mehr teilbaren Augenblick. Nur wenn von der seienden Gegenwart nichts mehr bliebe, was sich in Vergangenes oder in Künftiges erstrecken könne, sei sie Gegenwart, die mithin keine Ausdehnung habe (»praesens autem nullum habet spatium«, *Conf.*, XI, 15). Und dennoch fühlen wir Zeitabstände und vergleichen sie miteinander und nennen die einen länger und die anderen kürzer (»Et tamen, domine, sentimus intervalla temporum et comparamus sibimet et dicimus alia longiora et alia breviora«, *Conf.*, XI, 16). Wir messen aber nur, so behauptet Augustin, die seienden Zeiten, das heißt, die Zeiten, wenn und solange sie vorübergehen. Im Nachsinnen über die Zeit bestätigt sich für Augustin, was er als Bekennender in der Gegenwärtigkeit seines Erinnerns empfindet. Seine Kindheit ist nicht mehr, im gleichen Maße, wie die Vergangenheit, der sie zugehört, nicht mehr ist. Ihr Bild steht ihm zu gegenwärtiger Zeit vor Augen, weil dieses Bild eines Vergangenen im Gedächtnis aufbewahrt wird. Und so wird es sich auch mit dem Künftigen verhalten, das wir in unserem Planen, Hoffen und Fürchten bedenken und über das wir vorher schon Aussagen machen (vgl. *Conf.*, XI, 18). Nur im Augenblick des Empfindens, in dem er sie wahrnimmt, vermag Augustin ihnen Wirklichkeit zuzugestehen, und da unterscheiden sich nun nicht dreierlei Zeiten, sondern drei Zeiten unter dem Gesichtspunkt der Gegenwart des Bewußtseins. Die Gegenwart von Vergangenem ist Erinnerung, die Gegenwart des Gegenwärtigen Anschauung, die Gegenwart des Künftigen Erwartung (»praesens de praeteritis memoria, praesens de praesentibus contuitus, praesens de futuris expectatio«, *Conf.*, XI, 20).

Die Zeit ist also nicht die Bewegung von Körpern, denn selbst wenn die Gestirne stehen blieben oder (wie das Alte Testament berichtet, zugunsten Josuas) angehalten würden, verginge doch Zeit und nur ihr Maß in Tag und Nacht fehlte oder veränderte sich. So verläuft auch die Zeit der Betrachtung, ohne daß wir schon wüßten, was Zeit ist. Aber umgekehrt gilt: Nicht die Bewegung ist die Zeit, sondern mittels der Zeit messen wir die Bewegung. Aus der Verwirrung der äußeren Welt, für deren Erscheinungen die Gesetze fehlen und die Begriffe ihm nicht zuzureichen scheinen, wendet Augustin sich seinem eigenen Metier des Rhetors und Predigers zu. Eine Stimme tönt und hört wieder auf zu tönen, und solange sie tönt, läßt sie sich messen. Ein Vers von kurzen und langen Silben im Wechsel erlaubt, sie gegeneinander zu messen. Die lange Silbe erweise sich als doppelt so lang wie die kurze Silbe. Und da er sie nicht mittels eines äußeren Meßinstrumentes vergleicht, sondern sie nach dem im Gedächtnis haftenden Eindruck bemißt, schließt er in jubelndem Bewußtwerden seiner selbst: »In dir, mein Geist, messe ich die Zeiten« (»In te, anime meus, tempora metior«, *Conf.*, XI, 27). Nicht die vorübergehenden Erscheinungen, die den Eindruck bewirken, mißt er, sondern ihre in unserem Innern, im Gedächtnis verbliebene und haftende Spur, die »affectio«.

Es ist bemerkenswert, daß Augustin nicht die Beispiele der anderen erörtert wie den Zyklus der Jahreszeiten oder den Lauf der Gestirne, sondern daß er an abgegrenzte und zuvor schon bemeßbare Einheiten denkt. Am nächsten liegen ihm dabei die rhythmisch gegliederten Produkte des Geistes: Reden und die in der Antike immer mit Musik verbundenen Gedichte. Läßt man sie vor dem inneren Auge vorüberziehen oder trägt man sie vor, so hat man zu Beginn alles noch vor sich. Von dem bemessenen Ganzen vermindert sich das noch zu Erwartende in dem Maße, wie unser gegenwärtiges Tun es in die Vergangenheit hinüberführt, so lange, »bis durch den Verbrauch des Künftigen alles vergangen ist« (»donec consumptione futuri sit totum praeteritum«, *Conf.*, XI, 27). Wie ein Gedicht beim ersten Hören, dessen Rezitation wir vernehmen, wird Augustin sich auch den Ablauf der Weltgeschichte denken, als ein in seiner Ausdehnung noch unbekanntes, aber endliches Ganzes, das in dem Maße Vergangenheit wird, als es die ihm zugemessene Zeit aufzehrt. Die Erwartung des Ganzen und jedes seiner noch verbleibenden künftigen Teile erschöpft sich, sobald es getan und zur Erinnerung geworden ist. Das gilt für ein einzelnes Gedicht ebenso wie für die Geschichte, die »gesamte Zeit der Menschen« (»in toto saeculo filiorum hominum«, *Conf.*, XI, 28).

Ein Ereignis der Vergangenheit kann bei dieser Anschauung an sich gar nicht verpflichtend oder bestimmend sein, noch könnte ein in der Zeit zu erwartendes Geschehen irgend begründete Hoffnung oder Trost gewähren. Das vermag letztlich nur etwas, das selber jenseits aller Zeit liegt, unter gegebenen Bedingungen durch Zeichen in sie hineinzuwirken vermag, was selbst aber in keinem Verhältnis steht zu seinem Ziel, die Zeit selber zu beenden. Gegenüber leichtfertigen Aktualisierungen eines Denkens, das sich selbst sehr bewußt gegen jede mögliche Deutung einer Erfüllung innerhalb der Zeit stellt, ist festzuhalten, daß Augustin Inhalt, Bedeutung und Dauer von Zeit im Angesicht der Ewigkeit aufgibt. Damit begann er das Werk seiner *Confessiones*: »Ruhelos ist unser Herz, bis es Ruhe findet in Dir« (»Inquietum est cor nostrum donec requiescat in te«,

Conf., I, 1). Diese Welt und vor allem das, worauf sie stolz ist, erklärt Augustin für heillos. Und nur weil der Mensch auf die Ewigkeit bezogen ist, vermag er dieses Zeitliche durchzustehen, das keiner beständigen positiven Deutung fähig ist. Nicht nur das Römische Reich und selbst die griechische Philosophie entgehen diesem Urteil nicht, sondern auch und gerade der Bekehrte und im Anschauen Gottes Selige bekennt von sich: »Ich aber zersplittere in den Zeiten, deren Gefüge ich nicht kenne, und die lärmende Vielfalt zerfleischt meine Gedanken und das Innerste meiner Seele, bis ich geläutert und in dem Feuer deiner Liebe geschmolzen eins werde mit dir« (»at ego in tempora dissilui, quorum ordinem nescio, et tumultuosis varietatibus dilaniantur cogitationes meae, intima viscera animae meae, donec in te confluam purgatus et liquidus igne amoris tui«, *Conf.* XI, 29).

Es gibt kein Glück des Anfangs in dieser Welt, das behauptet Augustin, im Gegensatz zu der Erfahrung oder dem Wunschdenken vieler anderer, für sein eigenes Leben, und später wird er es an der Geschichte zu erweisen suchen. Für ihn selber gilt: »Spät hab' ich dich liebgewonnen, Schönheit, die du so alt wie neu bist« (»Sero te amavi, pulchritudo tam antiqua et tam nova«, *Conf.*, X, 27). Auch und gerade die spät erfahrene Gnade der Bekehrung ist keine endgültige Erfüllung, die Ruhe gewähren würde, sondern die erwachte Begier eines, dessen Sinne mit Gewalt erweckt wurden (»rupisti surditatem meam..., coruscasti, splenduisti et fugasti caecitatem meam«). Und nun lodert das Feuer, und er verzehrt sich in einer Lust, welche nur die Ewigkeit zu stillen vermag: »Du hast mich angerührt, und ich bin entbrannt nach dem Frieden in Dir« (»tetigisti me, et exarsi in pacem tuam«, *Conf.*, X, 27).

Nicht ein Gefühl der Abhängigkeit prägt Augustin, sondern eine unersättliche Begierde, deren leidenschaftliche Subjektivität alle Ausdehnung und Dauer von Zeitlichem verneint und dessen Empfinden ganz in den zeitlosen Augenblick des Bewußtseins und in dessen Erinnerung und Ahnung drängt. Diese fast unerträgliche Spannung erfordert das Gegengewicht einer Ewigkeit, die keine Summierung von Zeiten ist, keine unbegrenzte Dauer, gegen welche der Verlauf der Zeiten sich abhöbe, sondern die Energie des Unveränderlichen. Diese Gegenstellung einer nichtigen Zeit zu einer erfüllten Ewigkeit ist das, was Augustin an sich selbst erfahren hat und was er auch an der Geschichte zu erweisen versuchen wird.

Welche Gedanken aus dieser Erörterung, die wir uns flüchtig vergegenwärtigt haben, sind Augustins eigene Gedanken? Eine Frage, die seltsam anmuten mag bei einem Autor, der den eigenen Text ständig durchwirkt mit Zitaten, gewöhnlich aus der Heiligen Schrift und seltener und dann eher gekennzeichnet mit solchen aus klassischen Autoren, Cicero oder Virgil, mit denen ein geübter Stilist selbstverständlich die eigene Rede hob. Hätte er selbst sich in diesem Falle die Frage nach der Herkunft seiner Gedanken gestellt, so würde er in seiner Antwort wohl darauf verwiesen haben, daß er weitgehend die gleiche Lehre entwickele, welche auch die Philosophen vortragen.

Während jene aber sich »auf dem Kothurne eines höheren Wissens groß tun« (*Conf.*, VII, 9), will er sich in der Zwiesprache mit seinem Gott Klarheit verschaffen über das, was in seiner Seele geschieht. Diese Polarisierung auf die Spannung zwischen Seele und Gott ist das Programm seines Lebens. In den »Soliloquia« (II, 1, 1) hat er es als immerwährende Bitte ausgesprochen: »Noverim me, noverim te.« Diese Polarisierung entläßt alles andere in die Nichtigkeit: den Menschen und die Welt, die Vernunft seines Denkens und Handelns und die gegebenen Bedingungen der Natur. Ebensowenig konnte ihn die Beziehung der Zeit auf die Bewegungen der Gestirne oder die physiologischen Rhythmen des Körpers beschäftigen.

Augustin konkurriert weder in der Empirie genauerer Beobachtung noch in der Theorie überzeugender Ideenvisionen. Ihm geht es allein darum, das in der Zeit sich vollziehende Verhältnis der Seele zu Gott zu beschreiben, und zwar in all seiner dramatischen Spannung. Seine Quellen nachzuweisen, woran es der gelehrte Fleiß der Jahrhunderte nicht hat fehlen lassen, würde ihm bedeuten, eine lebendige und wirkliche Auffassung zurückzuführen auf vergangene und für ihn mithin nicht mehr seiende Gedanken. Das ist für ihn so ephemer geworden wie jene Zeit seines Lebens, da er sich als Schüler der Philosophen fühlte. Die Voraussetzungen dafür waren bei ihm geringer als die ihn treibende unbestimmte Sehnsucht nach Erkenntnis. Den Widerwillen gegen das Griechische aus seiner Schulzeit bekennt er nie ganz überwunden zu haben. Es war damals noch kaum üblich, die Werke der Philosophen zu übersetzen, sondern man bediente sich der Gelegenheit, ihre Sprache und damit ihre Begrifflichkeit und die Bedingungen ihres Denkens zu erlernen. Die Wonne des Denkens gar als Theorie und frei vom unmittelbaren Bedürfnis der Seele oder einer politischen Absicht hat Augustin kaum je gekostet. Aber er gesteht, daß die Weisheit der Philosophen beinahe das Ziel seines Lebens hätte werden können.

Und doch hat er selbst eine bedeutende philosophische Wirkung ausgeübt. Auch er hat, wie vor ihm die griechischen Kirchenväter, die christliche Lehre zu einer Art von Wissenschaft und zu einer Art von Philosophie zu machen versucht. Dafür boten die biblischen Schriften keine Handhabe. Wissenschaftliche Arbeit und philosophische Begrifflichkeit lagen anwendbar nur in der heidnischen Antike vor. Die Bedürfnisse des lateinischen Christentums, das sich, wie die westliche Reichshälfte, fast vollständig schon vom griechischen Osten gelöst hatte, waren anderer Art, und die Versuchung, den hochentwickelten Spekulationen zu erliegen, geringer für Augustin als etwa für Origenes.

Augustin ist vor allem der klarere politische Denker. Er scheidet deutlich und durch die Auseinandersetzungen mit Manichäern, Donatisten und Pelagianern mit zunehmender Erfahrung im Kampf der kirchlichen Lehren auch zunehmend schärfer zwischen dem, was er verwirft, und dem, was er sich zu eigen macht. So wendet er sich unerbittlich gegen die Lehre von der Ewigkeit der Welt und den Kreisläufen ihrer Gestirne, die von Pythagoräern, Stoikern und Epikureern vertreten wurde. Physikalische Gegebenheiten und mathematische Grundlagen dieses Denkens sind ihm gleichgültig und nicht des Widerlegens wert, ein einzelner Satz aus der Bibel genügt ihm, um seine Auffassung zu bekräftigen. Bereitwillig macht er sich aber Gedanken des Platonismus aus dem Umkreis Plotins und dessen Schüler Porphyrius zu eigen. Die Gegenüberstellung eines unbewegt und unveränderbar Ewigen zu der Zeitlichkeit des menschlichen Lebens ist freilich ein antiker Gemeinbesitz, den auf einzelne Textstellen und Definitionen zurückzuführen abwegig ist.

Wenn Augustin später in *De civitate Dei* Platons *Timäus* zitieren wird (in Ciceros lateinischer Übersetzung), tut er es nicht, um die platonische Konzeption des Verhältnisses von Zeit und Ewigkeit zu erörtern, sondern um eine theologische Frage, die Unabhängigkeit Gottes von seiner Schöpfung, nach Art einer Predigt abzuhandeln. So scheint es ihm mit der Vollkommenheit Gottes nicht vereinbar, daß die Zeit in der Freude des Weltenschöpfers an seinem Werk ihren Ursprung habe, wie Platon es sich denkt. Dabei hätte es nur geringer interpretatorischer Künste bedurft, um diese Vorstellung mit dem biblischen Schöpfungsbericht zu verknüpfen. Augustin wollte aber nicht. Es kommt ihm auf die Trennung von Zeit und Ewigkeit an. Dazu paßt die prinzipielle Ähnlichkeit beider, einer reinen Ewigkeit und einer selber äonischen, unvergänglichen Zeit, die in Zahlen ins Unendliche fortschreitend der im Einen beharrenden Unendlichkeit nahekommt, gar nicht. Diese mathematisch konzipierte Zeit ist nicht irdisch genug und zu wenig erlösungsbedürftig. Platons weitere Unterscheidung, daß es neben einer derart »intelligiblen« Zeit als deren immanenten Gegensatz eine weitere »sensible« Zeit der menschlichen Geschichte gebe und der irdischen Veränderungen, die Zeit von Geburt und Tod, Verfall und Erneuerung, ist zu differenziert, um sich in das trotz aller Abwehr gegen manichäisches Denken immer noch dichotomische Weltbild Augustins einzufügen.

Platon dachte die Gestirne um des Zweckes willen erschaffen, daß die Zeit entstehe (*Timaias*, 38c). Diese Organe der Zeit (*Tim.*, 41e) sind auf die Seele der Menschen bezogen, welche Augen bekamen, damit sie jene Kreisläufe am Himmel, wenn sie sie erblickten, für die Umschwünge der eigenen Denkkraft nutzten, um an deren Ordnung unsere abschweifende Regellosigkeit zu orientieren und zu korrigieren (*Tim.*, 47b, c). Diese Herrlichkeit eines Kosmos, der nicht blind herrschend gedacht ist, sondern als sich ein Organ im Menschen erweckend, damit dieser jenem sich angleichend vollkommen werde, war Augustin suspekt. Da kommt ihm Plotins Auffassung der Zeit näher, der stärker den Unterschied zur Ewigkeit hervorhebt, sie als aus der Ewigkeit »gefallen« sich entstanden denkt und sie auch in der Seele als deren Leben zu Hause sein läßt.

Augustin hat wenige Werke Plotins selbst gelesen, er wird aber aus dem Unterricht und anderen Schriften der Platoniker, die eine Epoche seines Lebens vor der Bekehrung bestimmt hatten, damit vertraut gewesen sein. Um indes den gewaltigen Unterschied anschaulich zu machen, der trotz einigen gemeinsamen Zügen Plotins Zeitauffassung von der Augustins trennt, sei daran erinnert, wie die Entstehung der Zeit geschildert wird. Nach der Übersicht über die Probleme der Zeit und Ewigkeit und ihre bisherigen Erörterungen hält Plotin im Gang der Rede inne, um sich mit dem Leser gemeinsam in eine Verfassung zu erheben, die dem Gedanken der Ewigkeit angemessen sei, in »das unveränderliche und zugleich ganze und unendliche Leben, das völlig unwandelbar im Einen ist und auf ihm ruht« (*Enneaden*, III, 7, 11, 3f.). Es ist vielen Interpreten entgangen, daß die Sprache eines so uranfänglichen Zustandes – »Zeit aber gab es noch nicht« – wohl, dem Gegenstand der Ewigkeit entsprechend, auf die Stilebene des Erhabenen gehoben wurde, um aber im nächsten Augenblick das Komische zu streifen. Das gehört durchaus in die Ätiologien mythischer Geburten, die oft drastisch geschildert werden. Hier wird fast wörtlich Homer zitiert, mit einer Stelle, deren Gefahr einen erneuten Musenanruf rechtfertigte. Im 16. Gesang der *Ilias* werden die Griechen durch den Willen der Götter von den Trojanern aufs höchste bedrängt, was endlich den grollenden Achill aus der Erstarrung reißt. »Wie nun Feuer zuerst einfiel in der Danaer Schiffe« (*Il.*, XVI, 113). Statt »pyr empese« schreibt Plotin »exepese chronos«, »wie die Zeit herausfiel« bzw. »herunterfiel«. Solche Stellen Homers waren längst durch unzähliges Zitieren beliebig verfügbares Bildungsgut geworden. Eine Anspielung und Veränderung des Textes in dieser Art bezieht sich nicht mehr auf die geschilderte Situation, sondern auf den klangvollen Wortgebrauch. Die lautmalenden »p« des griechischen Satzes müßten es gestatten, im Deutschen zu sagen: »Wie da zuerst herausgepurzelt die Zeit?«, heraus aus der Ewigkeit, die in sich ruhte und worin die Zeit beschlossen war.

Der bei Homer vorausgegangene, nun erwartete Musenanruf wird in einer ernsten und zugleich scherzhaften Travestie nachgeholt, die den Sachverhalt in ein eigenes Licht stellt. Wie es geschah, »kann man die Musen ja nicht anrufen, denn es gab sie noch gar nicht«. Das Unzeitliche, die Vorzeitlichkeit des hier geschilderten Geschehens im Gegensatz zu den mythischen Erzählungen wird plötzlich deutlich. Vor aller Erinnerung ist das, was hier zu berichten ist. Und es gibt nur einen Zeugen des Geschehens, und das ist die Zeit selber: »Doch könnte man, auch wenn sie schon dagewesen wären, wohl die gewordene Zeit selber unmittelbar befragen, wie sie zu Tage getreten und geworden ist.«

Die Zeit selber könnte berichten, »wie sie früher, bevor sie das Früher erzeugte und ein Später brauchte, in dem Sein und mit ihm ruhte und dabei nicht Zeit war, sondern selber dort der Ruhe pflegte«. Diesen Zustand beendete ein Wesen, das mit einem Epitheton charakterisiert wird, das gewöhnlich in komischer und in negativer Sicht gebraucht wird: »polypragmonos«. Goethe übersetzte es bei anderer Gelegenheit als »vielgeschäftig«, Schleiermacher bei Platon mit »vielerlei äußerlich treibend«, Harder an dieser Stelle »fürwitzig«, Theiler »sich in vielem verzettelnd«, Blumenberg »betriebsam«, Bréhier »curieuse«. Das zutreffende deutsche Wort wäre wohl: hudelig. »Da gab es ein Wesen, das war ganz hudelig (vor Unruhe) und wollte selbstherrlich sein und sich selber gehören und mehr erjagen als es hatte, das geriet in Bewegung und die Zeit geriet in Bewegung, hin zu dem stets nachher und später und nie demselben, sondern anderen und wieder anderen wurden wir bewegt, und sowie wir ein gutes Stück der Reise gemacht haben, haben wir als Bild der Ewigkeit die Zeit hervorgebracht.«

Plotin beschwört den Taumel dieser Unruhe, das Abgehetzte und wirklich nicht ganz Seriöse, das Unbedachte und moralisch nicht recht zu Billigende dieser unserer Zeitlichkeit, ehe er den platonischen Begriff des bewegten »Bildes der Ewigkeit« einführt. Da ist kein Schöpfer der Welt, der sich zu seiner Freude dieses Bild erzeugt, das bewegt, aber ewig, den Himmel ordnend der Zahl gemäß fortschreitet. Plotin bringt Zeit und Zahl nicht zusammen. Er möchte sie auseinanderhalten, um deutlich zu machen, daß die Zeit einer geringeren Ordnung angehört. Die Zeit spielt sich in der Seele ab. Dort hat sie ihren Ort, und sie ist ruhelos wie diese. »Wir« bringen denkend die Zeit hervor und empfinden sie. Die Zeit ihrerseits bringt sich in der Welt-Seele selbst hervor und hat dort ihr Leben. »Da war in der Seele eine ruhelose Kraft, die das, was sie dort sah, auf immer anderes übertragen wollte und nicht zufrieden war, daß das Ganze versammelt in ihr anwesend sei.« In einem großangelegten Vergleich wird der Vorgang dieser Entstehung noch einmal verdeutlicht: »Wie aus ruhendem Samen sich selbst entfaltend der Logos den Durchbruch in das Viele schafft«, »so hat die Seele die Sinnenwelt in Nachahmung der geistigen geschaffen und bewegt sich nicht in deren Bewegung, sondern in einer ihr ähnlichen, die deren Bild sein möchte, und so hat sie sich zuerst selbst verzeitlicht und statt der Ewigkeit die Zeit hervorgebracht.« Plotin prägt ein eigenes Zeitwort für das Entstehen der Zeit, er verbalisiert »chronos« für diese eine Bedeutung, daß die Seele sich selbst durch jene unruhige Kraft in ihr in die Zeit entfaltet und die Zeit selber zeitigt: »echrónose«.

Dieses Ereignis vor der Zeit, das selbst die Musen nicht zu besingen vermögen, geschah zeitlos und geschieht unablässig aufs neue, und deshalb sieht Plotin die Welt sich in der Welt-Seele bewegen und in deren Zeit und uns ebenso zeitlich in unserer Seele, die daran teilhat. Damit wurde das Verhältnis einer Abhängigkeit begründet. Die Seele machte die gewordene Welt zum Sklaven der Zeit, da diese Welt ganz in der Zeit ist und ihre Umläufe alle in der Zeit verlaufen. Das Denken kam in Tätigkeit und auch das Leben, wie wir es kennen und mit welchem das frühere keine Ähnlichkeit habe: »Zugleich war das Leben ein anderes und dieses ›andere‹ hatte eine andere Zeit.« Das Leben tritt in die Zeit und immer weiter stets in neue Zeit, und zugleich bewegt sich das vergehende Leben in die vergangene Zeit.

Da lassen sich formale Ähnlichkeiten mit Augustin erkennen. Und daß es die Seele ist, worin die Zeit sich ereignet, verbindet beide. Augustin freilich stellt sie in eine völlig andere dramatische Spannung. Diese Seele, worin die gegenwärtige Zeit sich abspielt, ist kein unbestimmter Raum des Bewußtseins, sondern der Schauplatz unseres Innern, wo der Wille handelt. Dies tut er als »ganzer und einer Wille« (»tota voluntas una«), auch wenn er, in Begierden schwankend, sich in mehrere geteilt und den Geist manchesmal zerrissen hat (*Conf.*, VIII, 10). Eine vergleichbar zentrale Stellung hatte dem Willen nur Porphyrius gegeben. Augustin greift jedoch weit über diesen hinaus oder hinter ihn zurück auf den Apostel Paulus und stellt das Zeitliche in die Spannung von Sein und Nichtsein, von Gott und dem Bösen, von Gnade und Verworfenheit. Das Zeitliche wird zum Ort der Entscheidung.

Daraus ergibt sich schon, daß sich kaum gegensätzlichere Welten denken lassen. Plotin schildert in heiterer Gelassenheit und sanfter Trauer den Fall der Zeit aus der Ewigkeit und aus dem Bereich des Geistes in die Sinnenwelt als zeitlosen Akt und als negative Vermittlung zum Geiste; seine Darstellung tönt ein Gefühl der Sehnsucht, dereinst dahin zurückzukehren. Augustin bringt sich die Zeit als verzweifelte Spannung im fortgesetzten Augenblick der Entscheidung auf dem Schauplatz des Irdischen zu Bewußtsein, wo sich allenfalls andeutet, ob die geängstete Seele zur Gnade oder zur Verworfenheit bestimmt sei. Mögen beide das Zeitliche als minderwertig erachten, und mögen es beide unter der Kategorie des Vorläufigen begreifen, so bedeutet das doch für jeden von ihnen etwas anderes. Plotin taucht dieses Derivat des Ewigen und Geistigen in das Licht einer milden Komik, und es erfüllt sich darin, Anreiz zu sein zu dem Aufschwung in den ursprünglichen Bereich des Geistigen, an dem wir jetzt nur sehr unvollkommen teilhaben. Diese Überzeugung eines Weisen und einiger seiner Schüler hat weder die Absicht noch die Chance, als Erweckungsbewegung die Massen zu ergreifen. Augustin erfährt Zeit als Begier und Erschrecken, als quälende Unruhe, selbst in der gefährdenden Versuchung noch leuchtet neben der Angst der Verzweiflung die Vorahnung einer nicht mehr vergänglichen Seligkeit auf, und diese Vorahnung muß mittels der Hoffnung zu einer Gewißheit werden. Sie baut auf eine außerhalb der Zeit getroffene Entscheidung, die in der Weise, wie sie selber einmalig ist, auch für alle Ewigkeit gilt. Sie kann sich allenfalls Bestätigung verschaffen in einem irdischen Vorspiel dieses Ereignisses wie bei der Bekehrung. Was Augustin an sich selbst erfahren hat, wird sich anderen Schwierigkeiten der Evidenz und der Beweisführung ausgesetzt sehen, wenn er es an der Geschichte des Menschengeschlechts zu erweisen versuchen wird.

Die Menschen als gemeinsames Subjekt ihrer Geschichte anzusehen ist eine späte und bedeutende Tat des griechischen Denkens. Sie beruht auf den überwältigenden Erfahrungen der politischen Ausdehnung und der kulturellen Verschmelzung mit dem Orient im Hellenismus und dann im römischen Imperium. Daß die Menschen, soweit sie miteinander in Verbindung stehen, eine große Bürgerschaft bilden und daß seither ihre Geschichte eine organische Einheit darstelle und selbst wie ein Körper sei (»somatoeides«, Polybius, 1.3.4), ist ein Gedanke der stoischen Philosophie. In den griechischen Lebensbeschreibungen nach der Folge einzelner Künste und Techniken oder den Schulen der Philosophen war die Konzeption entstanden, eine Folge von Erfindungen, Techniken oder Gedanken von ihrem Entstehen aus einfachen Anfängen über ihre Durchbildung zur Vollkommenheit bis zum Abstieg aus Maßlosigkeit oder Schwäche nach dem Modell des Verlaufs des menschlichen Lebens zu begreifen. Ob diese »körperhafte« Geschichte der Menschheit nun wie die einzelnen Gattungen oder Künste einem Lebenszyklus folge, ist kein Thema der klassischen Philosophie. Allerdings wurde es in der Spätantike zu einem fast allgemeinen Lebensgefühl. Daß Deutungen des zeitlichen Verlaufs in seiner Zufälligkeit zu geben Aufgabe der Philosophie sein könnte, die es doch kraft ihrer Einsicht in das Allgemeine mit dessen Berichtigung zu tun habe, mit Gesetzen für einen guten Staat und Regeln für das richtige Verhalten, war nicht vorstellbar.

Daraus zu schließen, daß die Griechen nicht geschichtlich gedacht haben, ist schon aus den eben genannten Voraussetzungen nicht möglich. Es wäre in der Antike selbst, wo das wissenschaftliche Studium der Geschichte mit Hekatäus, Herodot und Thukydides begann, ebenso unbegreiflich gewesen wie in der Neuzeit, als man Homer neben dem Alten Testament las und Orosius und Augustin neben Livius und Tacitus. Die Geschichtsschreibung und die historische Forschung knüpften an diese an und kehrten zu Herodot und Thukydides zurück. Nicht vor den »terribles simplificateurs« um die Wende zum 20. Jahrhundert ist eine solche These vom ungeschichtlichen griechischen Kosmosdenken im Gegensatz zum hebräischen Geschichtsdenken überhaupt aufgestellt worden; ein Beweisgang ist gar nie versucht worden. Und doch hat sie die Begrifflichkeit vieler geschichtsphilosophischer, aber auch theologischer Schriften verwüstet. Einige wenige sprachtypologische und völkerpsychologische Beobachtungen wurden verallgemeinert, um den Denkstil zweier Kulturen in einer ausschließlichen Dichotomie gegenüberzustellen.

Weil die Griechen den Kreis für die Grundform der Bewegung hielten und eine entwickeltere Kosmologie besaßen, wurde ihnen das Vermögen geschichtlichen Denkens abgesprochen. Weil das Hebräische eine lineare Zeitauffassung habe (während es im Gegensatz zum Griechischen kein eigenes Futur besitzt) und seine Überlieferung aus einem bestimmten Anfang zu einem erwarteten Ende ziehe und den Verlauf als Bund mit Gott und Bruch dieses Bundes, als Strafe, Verheißung und Erfüllung dramatisiere oder moralisiere, solle es das »jüdisch-christliche«, das einzige geschichtliche Denken hervorgebracht haben.

Nun besitzen viele Völker anderer Kulturen und eines verschiedenen Sprachtypus Schöpfungsmythen und Vorstellungen von einem Weltuntergang. Eine Typologie des unterschiedlichen Verfahrens der Zeitvorstellungen und der Ansichten von Geschichte ist noch nicht erarbeitet worden. Ihre Problemstellung zwischen der Untersuchung der Tempussysteme von Sprachen, der Zeitvorstellungen in der Mythologie und der Maximen und Wirkungen des politischen und wirtschaftlichen Handelns in einer vergleichenden (Religions-)Soziologie der Kulturen ist zu Beginn des 20. Jahrhunderts nicht weniger klar gewesen, als sie es heute sein müßte. Davon absehend, mit einem ungeklärten Instrumentarium von Begriffen zwei alternative Weltdeutungen aus wenigen ungesicherten Indizien zu hypostasieren, impliziert eine totalitäre Voraussetzung. Es ist, auf die Fakten bezogen, die man zu deuten behauptet, wie Eduard Schwartz es Oswald Spengler vorhielt, »eine Methode, die Geschichte symbolisch zu verdampfen«. Allgemeiner und in ihren selbst nicht durchschauten politischen Voraussetzungen und Folgen sah Lucien Fèbvre in zweien ihrer publizistisch prominent gewordenen Ausprägungen, Spengler und Toynbee, »zwei opportunistische Geschichtsprophetien« (1936), opportunistisch gegenüber ideologischen Strömungen der Zwanziger- und Dreißigerjahre dieses Jahrhunderts.

Wie es etwa zu erklären ist, daß die utopische Literatur ein Produkt griechischer und neuzeitlicher Philosophie ist und daß die jüdischen Propheten kein Modell einer künftigen Verfassung und auch keine aus den Bedingungen der Gegenwart linear sich entwickelnden wahrscheinlichen Zustände entwerfen, sondern einen völligen Gegensatz zum Bestehenden, dafür gibt es innerhalb jener Auffassung nicht einmal einen Hinweis. Und wohl haben Judenchristen und die östliche Kirche die Figuraldeutung entwickelt, die in einer steigernden Wiederholung das Verhältnis des Alten zum Neuen Testament zu bestimmen versucht; sie haben aber keine Geschichtstheologie von der Konsequenz und Bedeutung derjenigen Augustins geschaffen, die mit den Mitteln der lateinischen

Sprache gegen den eher in linearer Dauer konzipierten Rom-Mythos kämpft und dabei den Zeitvorstellungen der griechischen Philosophie näher steht als denen des Alten Testaments.

Allerdings neigt die moderne Publizistik, die sich in solchen Deutungen gefällt, selbst gern zur Prophetie, ohne den von den jüdischen Propheten empfundenen Fluch dieses Amtes zu verspüren. Prophetie ist viel weniger auf eine mit der Gegenwart und Vergangenheit linear oder gar kausal verbundene Zukunft gemünzt als auf die Konflikte der Gegenwart. Unter Aufhebung des Sinnes historischer Unterscheidung setzt sie dem verurteilten Gegenwärtigen ein ganz anderes geschichtslos gegenüber. Wirkliche Geschichtsschreibung gab es in der griechischen und in der jüdischen Kultur. Sie entstand aber nicht zeitlos aus Bedingungen der Grammatik oder der Mentalität, sondern sie war an jeweils zeitlich sehr begrenzte Epochen politischer Macht und staatlicher Gestaltung und ihrer krisenhaften Bedrohung gebunden. Erst in der nach-antiken Konfrontation jüdischen und christlichen Denkens kann es sich ergeben, daß die noch unerfüllte Messiaserwartung der Juden sich als geschichtliche Ansicht unterscheidet von den christlichen Bemühungen, ein schon eingetretenes Ereignis, dessen erwartete heilsgeschichtliche Verwandlung des Zeitlichen ausblieb, gegen die weiter verlaufende Geschichte zu legitimieren. Derartige Versuche, dem Gang der zeitlichen Geschichte Heilsbedeutung oder innerweltliche qualitative Veränderungen zuzuschreiben, müssen sich ebenso wie erneuerte Chiliasmen, von denen es in jedem der nachchristlichen Jahrhunderte Spuren gegeben hat, ihres völligen Gegensatzes zu einer doch wohl christlichen Deutung der Geschichte, wie Augustin sie geleistet hat, bewußt sein.

»Civitas Dei« und »Civitas terrena«

Im Jahre 410 hatten die Westgoten unter Alarich Rom erobert und die Stadt einer tagelangen Plünderung unterworfen. Rom war schon lange nicht mehr die beherrschende Hauptstadt eines Weltreichs, das sich inzwischen geteilt hatte in eine östliche und eine westliche Hälfte und wo selbst in dem politisch weniger bedeutenden westlichen Teil andere Städte Rom zu überragen begannen. In ungefähr dem Maße aber, in welchem die wirkliche politische Bedeutung dieser Stadt sank, war Rom zu einem Symbol geworden. Am Gedeih und Verderb dieser Stadt wollte man das Geschick der Welt ablesen. Solange Rom bestehe, lautete die von

Heiden, aber auch von Christen geteilte Meinung, die sich am alten Staatskult orientierte, werde auch die Welt bestehen. Mit abnehmender Hoffnung auf das Weltende bei den Christen, die es eher zu fürchten begannen, sorgte man sich um die Unversehrtheit dieser Stadt mehr als um gravierende Niederlagen wie die 378 bei Adrianopel gegen die Barbaren erlittene. Der Fall Roms war die Probe auf den nicht überall tiefverwurzelten christlichen Glauben in der Spätantike.

Der Beginn und der Aufstieg des Christentums vollzogen sich zur gleichen Zeit wie die Gründung und Machtentfaltung des römischen Kaiserreiches. Nichts lag daher näher, als der Versuchung nachzugeben, das eine für die Ursache des anderen auszugeben und den christlich gewordenen Kaisern die Förderung des Christentums um des Wohls des Reiches willen zu empfehlen. Diese »Reichstheologie« hatte in der Zeit Konstantins des Großen begonnen. Eusebius von Caesarea, der ebenso gelehrt in der Erforschung der Vergangenheit wie charakterschwach und unzuverlässig in der Darstellung seiner Gegenwart gewesen ist, hatte nach den erneuten Verfolgungen im 3. Jahrhundert die Chance des Christentums und vielleicht auch die Garantie seiner Einheit darauf gründen wollen. Zu Beginn des 5. Jahrhunderts mit dem offensichtlichen Fall Roms und dem nicht aufzuhaltenden Eindringen der Barbaren schien sich die Lage umzukehren. Man suchte nach einem Schuldigen. Da die Christen, die seit je die Opfer des Staatskultes verweigert hatten, ihn mit ihrer Herrschaft abschafften, wurden sie verdächtigt und bezichtigt. Für das in die Verteidigung gedrängte und in Beweisnot geratene Christentum wurde es zu einer Frage des Überlebens oder jedenfalls der Glaubwürdigkeit, diesen Vorwurf überzeugend zu widerlegen. Das konnte auf zweierlei Art geschehen.

Einmal konnte man die wirkliche Geschichte Roms in die Erinnerung rufen, in der es an Bedrängnis, an tödlicher Gefahr für den Bestand des Gemeinwesens und an Elend kaum jemals gefehlt hat. Die Gegenwart ist kein Sonderfall. Sie muß nur verglichen und ihr Geschick als das Geschick des Irdischen erkannt werden. Dazu war es erforderlich, sich von der an der Kontinuität des Erfolges und der Überwindung der Gefahr orientierenden Tendenz der römischen Historiker zu lösen. Dazu bestimmte Augustin den jungen spanischen Diakon Paulus Orosius, der in rascher und geschickter Arbeit um 417 aus den vorhandenen Geschichtswerken eine Chronik des menschlichen Elends zusammenzog – des Elends vor allem zu der Zeit, als die Antike von heidnischen Göttern sich beherrscht glaubte und ihnen opferte, zur Widerlegung der Heiden.

Diese *Historiarum libri VII adversus paganos* genossen im Mittelalter eine autoritative, durch das Ansehen Augustins bestärkte Geltung und wurden auch in der Neuzeit lange noch und etwa nach den Religionskriegen des 16. und 17. Jahrhunderts mit Anteilnahme gelesen.

Orosius war kein geborener Römer und hing nicht dem Mythos von der ewigen Stadt an. Für ihn waren die Erinnerungen an die blutigen Kämpfe in seiner spanischen Heimat und an die grausame Unterwerfung durch die Römer noch lebendig. Er konnte die Frage stellen, ob die Bedrohung durch die Barbaren wirklich schlimmer sei, als es die Pax Romana für die Provinzen gewesen ist. Die Barbaren waren zudem zu einem großen Teil schon Christen, im übrigen konnten sie es noch werden, und eine der eschatologischen Erwartungen dieser Zeit hatte sich zu der Berechnung verdinglicht, das ersehnte Ende dieser Welt werde dann eintreten, wenn alle Heiden bekehrt seien.

Die andere Aufgabe war schwieriger und setzte sich eine in sich geschlossene Deutung der zeitlichen Welt im Verhältnis zur Ewigkeit zum Ziel. Das nahm Augustin sich selbst vor. Hier galt es nicht, die Geschichte von ihrer ersten Überlieferung bis zur Gegenwart und der Offenbarung des Endes zu führen, wie Orosius es versucht hatte. Hier ging es darum, den Sinn und die Grenze dieser zeitlichen Welt, »huius saeculi«, gegen die ewige zu bestimmen. Diese Welt ist nicht dadurch charakterisiert, daß sie in sich der Vergänglichkeit unterliegt, sondern vergänglich ist sie wesentlich im Gegensatz zu einer anderen, unvergänglichen Welt. Unvergänglich ist jene Welt aber nicht in dem Sinne, den die Philosophen seit Parmenides und Platon dem Sein der Ideen, dem Göttlichen zugeschrieben haben, sondern in einem ereignishaften Sinn, nach welchem das Ewige zum Teil jetzt schon, aber unerkennbar in die Zeit wirkt, bis es diese Zeit dereinst völlig verwandelt. Es wurde Augustins Alterswerk.

Augustin wurde 354 geboren und starb 430. Den Bericht seines Lebens hatte er bis zu dem symbolischen 32. Jahr geführt, vor dem er schon seinen weltlichen Beruf aufgegeben hatte und in dem er die Bekehrung erlebt. Ein Jahrzehnt danach, als junger Bischof von Hippo, nicht fern von seiner Vaterstadt Tagaste im nördlichen Afrika, schrieb er seine *Confessiones* nieder. Er ist beinahe sechzig Jahre, als er sich nach vielen anderen Schriften nun über ein Dutzend Jahre hin, trotz mancher Unterbrechungen, der Auslegung der Geschichte widmet in den zweiundzwanzig Büchern seiner Schrift *De civitate Dei*.

Mit diesem Werk stellt Augustin sich zwischen die Zeiten. Und für seine Gegenwart stellt er sich zwischen die Parteien. Den Anlaß hatten der Fall Roms und die Schwächung der Reichsgewalt sowie die Vorwürfe vor allem der heidnisch gebliebenen Römer gegeben. Diesen Anlaß nahm Augustin als Gelegenheit, das Geschick des Christentums grundsätzlich von dem der äußeren Macht zu lösen, deren Garant die Reichstheologie sein wollte. Mit dem Mythos vom ewigen Rom durfte eine Religion der Ewigkeit sich nicht einlassen.

Das hatte die Reichstheologie aber getan. Das Bündnis von Kaiser und Kirche, von Thron und Altar, das Eusebius von Caesarea dem Kaiser Konstantin nahelegte, hatte sich auf den Boden des heidnischen Staatskultes begeben, um ihn abzulösen. Die Religion, die mit der Naherwartung des Weltendes in die Geschichte getreten war, hatte sich damit die Sicherung weltlicher Machtfülle zum Ziele gesteckt. Mit deren Krise mußte sie selber in Gefahr geraten. Auf dem Spiel stand weniger ihr äußerer Bestand als ihr innerer theologischer Gehalt. War die kirchenpolitische Bindung bedenklich, weil sie den äußeren Bestand der Institution an das schwankende Imperium knüpfte, so drohte eine theologische Bindung ihre eigene Substanz zu zerstören. Man muß annehmen, daß breite Schichten der Kirche das Bündnis mit der Macht billigten und dabei unklar in ihrer überlieferten eschatologischen Grundstimmung befangen blieben, die ihrerseits krisenanfällig und politisch instrumentierbar zu werden schien.

Für das frühe Christentum war das Fortdauern der Welt überhaupt erklärungsbedürftig gewesen. Eine Eschatologie, die sich an den Katastrophen der Tagespolitik orientierte statt an der Offenbarung, brachte die um ihre dogmatische Stabilität ringende Kirche in Mißkredit und die Gemeinden in Unruhe. Als Religion, die auf das Jenseits gerichtet war und auf das Ende des Zeitlichen, durfte sie an dessen Fortbestehen so wenig Anteil bekunden wie an der Machtfülle des römischen Imperiums, sollte sie nicht mit sich selbst in Widerspruch geraten. Die ihr offenbarte Erwartung des Endes dieser Welt durfte nicht ständig von einem widerlegten und enttäuschten Anlaß auf den nächsten verschoben werden, ohne in würdelosen Betrieb auszuarten. Die politische Aufgabe lautete nun, das Christentum unabhängig von der ins Schwanken geratenen äußeren Sicherheit zu machen und die Chiliasten in den eigenen Reihen in ihre Schranken zu verweisen.

Es handelt sich um einen klaren politischen Kalkül, der allerdings, und wen sollte das erstaunen, ein Denken in Gegensätzen gebietet. Dauer erlangt man durch Zerstörung des gegnerischen Symboles von Dauer, einer als falsch erkannten Dauer, und durch das Bezwingen verkürzter und zeitlich fixierbarer Naherwartungen auf der eigenen Seite. Das eigene Verlangen nach Dauer stillt man weder durch die ideologische Anlehnung an die wankende Realität Roms noch durch die Verzeitlichung eines Ideals in dem Entwurf eines besten Staates oder jedenfalls eines besseren, als es die vorhandenen sind. Das hatte Platon versucht, und Cicero berichtete davon, dergleichen wollte Plotin in Unteritalien mit einer »Platonopolis« erproben. Um dem natürlichen, vorhersehbaren Verfall einer Institution zu entgehen, eine Erfahrung, welche die ganze griechische Geschichte ebenso prägt wie die orientalische und die jüdische insbesondere, galt es, eine Instanz zu errichten, die alles Zeitliche von einem über dessen immanenten Erfolg gehobenen Standpunkt zu beurteilen erlaubt und eine stets wieder aus ihrer Grundlage zu erneuernde Besinnung auf das Unvergängliche nicht nur ermöglicht, sondern geradezu erheischt.

Nicht anders war ein Verhältnis des Zeitlichen zum Ewigen zu denken, ohne daß es voraussehbaren Korrumpierungen anheimfiele. Augustin hat dafür keine in sich konsistente Geschichtsphilosophie entwickeln müssen und noch weniger die Geschichte in einer auf Forschung beruhenden Darstellung neu zu erzählen brauchen. Notwendig war ein überzeugender Gesichtspunkt, unter dem das Ewige sich so im Zeitlichen lokalisieren ließ, daß es unbezweifelbar vorhanden war, ohne daß man es abgrenzen oder im einzelnen erkennen könnte. Die »Gottesbürgerschaft« als das Wirken des Ewigen in der Zeit ist konzipiert nach dem Modell des individuellen Zeitempfindens. Augenblickhaft, in der flüchtigen Gewißheit der Vision oder dem plötzlichen Ereignis der Bekehrung erfahrbar, gibt es sich in den Heiligen und Märtyrern der Kirche zu erkennen. Es läßt sich aber mit keiner Institution identifizieren; selber wandelbar und seiner selbst nie sicher, an sich zweifelnd und ohne trügerischen Halt im Irdischen zu suchen, irrt diese kleine Schar wie eine Pilgerin, »peregrina«, fast unerkennbar durch die Zeit.

In diesem Moment mangelnder Abgrenzung und Vergewisserung der Zugehörigkeit, in der Unmöglichkeit, innerhalb der größeren und auf umfassende Allgemeinheit ausgerichteten Kirche diese Schar und die Mitgliedschaft des einzelnen zu bestimmen, liegt mit der Absicht, ihre Reinheit zu gewährleisten, der Keim zu endlosen Konflikten und Spaltungen beschlossen. Weder die Geburt noch das eigene Bekenntnis, weder die Berufung durch die Hierarchie noch die Auszeichnung des einzelnen und die Anerkennung durch andere können das himmlische Bürgerrecht erweisen. Augustin hat damit innerhalb der Kirche und gegen ihre zeitliche Institution ihr wirkliches Leben aufgezeigt und zugleich einen Impuls immerwährender Veränderung und Neubestimmung entzündet. Und das geschah mit der Autorität seines Bischofsamtes und der Gewalt seiner Schriftauslegung gegen die Hierarchie und unabhängig von deren Billigung, da jeder Mißerfolg als zeitloser Gewinn, jeder Irrtum und jede Verdammung als Prüfung und Bedingung eines heilsgeschichtlichen Prozesses gedeutet werden können.

Diese Auffassung kann Kräfte des Widerstandes und der Umwälzung mobilisieren, ohne sie als Institution zu verfestigen. Sie erweckt den Widerspruch gegen die Macht nicht nur des Staates, sondern sogar der Kirche. Dem Bestehenden setzt es einen im Zeitlichen nicht einholbaren Begriff regulativer Idealität entgegen. Die Probleme einer solchen Polarisierung liegen auf der Hand. Anders als das antike Denken, für welches das Gemeinwesen selbst sakrosankt war, anders auch als die später sich herausbildende Trennung von geistlicher und weltlicher Macht, wobei die Handlungen beider nach Recht oder Unrecht zu beurteilen sind, vollzieht Augustin eine viel radikalere Trennung. Das Prinzip ist so radikal, daß er in seiner Durchführung gar nicht konsequent bleiben kann. Vieles mildert er oder akkomodiert er den Erfordernissen des Bestehenden.

Trotzdem ist ein schärferer Bruch mit den nicht nur in der Antike geltenden Auffassungen nie vollzogen worden. Die »Civitas terrena« in all ihrer irdischen Machtfülle, Größe und Pracht mag gerecht oder ungerecht regiert werden, sich um das Wohl ihrer Bürger kümmern oder nicht: für die Seele und ihr Heil ist das gleichgültig. Um das seinen Zeitgenossen einleuchtend zu machen, sieht Augustin sich zu einer Auseinandersetzung mit der römischen Geschichte bewogen. Dabei geht es nicht um deren Verlauf oder die Deutung einzelner Fakten, sondern darum, die Grundlagen des römischen Selbstverständnisses aus den Angeln zu heben. Spätere christliche Staatslehren lassen es an dieser Konsequenz im allgemeinen fehlen. Und wird sie, wie bei Luther oder Pascal, aufgenommen, so geschieht es in bezug auf Augustin. Die andere Folge, daß auch die Kirche selbst in ihren Handlungen sich rechtfertigen müsse und keinem Sonderrecht unterliege, ist von einem ebenso prinzipiellen Rigorismus, der sich von kirchlichen Reformbewegungen späterer Zeiten deutlich unterscheidet.

Es ist nicht Augustins Absicht, die Kirche zu einem besseren Imperium zu machen, als der Staat es ist, denn er ist überzeugt, daß alle Imperien mangelhaft und selbst böse sein müssen. Deshalb soll man ihnen keine und sei es auch nur sekundäre Heilsbedeutung zuschreiben. Er hat jedoch auch nicht die Absicht, möglichst viele zu bessern und zur Demut und Reinheit eines Lebens nach dem Evangelium zu führen. Er setzt eine geringe Zahl der Erwählten voraus. Allerdings sind alle zu bekehren, um diese wenigen zu ihrem Ziel zu bringen. Ins Politische gewendet, sind die Folgen eines solchen rigorosen Prädestinationsglaubens eher bedenklich. Sie können sich als zerstörerisch erweisen.

Neben der ausdrücklichen Aufgabe, den mit dem Christentum konkurrierenden Rom-Mythos zu destruieren, steht ein unausgesprochenes Problem, das nur erschlossen werden kann: die innere Gefährdung der Kirche.

Da ist die Schilderung, die Augustin geben wird, ungewöhnlich kurz, obwohl es ihm nicht an der Kenntnis der frühen Kirche fehlte. Er verweist ganz im allgemeinen auf die Verfolgungen und auf die gegenwärtige Erniedrigung der Gottesbürgerschaft, die ein Beweis ihrer künftigen Herrlichkeit ist. Sowenig er die »Civitas Dei« mit der Kirche identifiziert, so wenig läßt er sich auf deren weltliche Verirrungen ein. Das unterscheidet ihn deutlich von Eusebius, der zwar am Schluß seiner Kirchengeschichte die ihm vor Augen stehenden Ereignisse vor allem in der östlichen Kirche nur andeutet, aber doch so viel historisches Gewissen hat, um ihrer Erwähnung zu tun. In christlicher Bescheidenheit will er sich eines Urteils enthalten, wozu die bloße Darstellung schon leicht hätte geraten können. Aber er begründet doch sein Vorgehen, »wie es uns nicht zusteht, ihre [der Bischöfe] gegenseitigen Streitigkeiten vor der Verfolgung und ihr widersinniges Gebaren der Nachwelt zu überliefern«. »Nur das werden wir in die allgemeine Geschichte einfügen, was zunächst für uns selbst und dann auch für die Nachwelt von Nutzen sein dürfte.« (*Eccl. hist.*, VIII, 2).

Eusebius war ein Gelehrter. Er hatte seine Ausbildung in Alexandria genossen und von dort eine Bibliothek in seine Bischofsstadt Caesarea gebracht. Mit seinem *Chronikon* hat er die alten orientalischen Zeitrechnungen überliefert und mit den historischen Berichten der Bibel in Übereinstimmung zu bringen gesucht. Zugleich war er der erste und, wie es für die ausgehende Antike typisch ist, für mehr als ein Jahrtausend fast der einzige, der Kirchengeschichte nach Quellen und durch Dokumente belegt betrieben hat. Er ist durch die späte hellenistische Bildung geprägt, die nicht nur seine Vorzüge erklärt, sondern auch die Versuchungen, denen er erlegen ist. Er hat nicht nur das Bündnis mit der Macht geschlossen, sondern ist auch aus politischen Gründen bei zeitgeschichtlichen Ereignissen in erschreckendem Grade parteiisch.

Im Vergleich zu der Bildung und Arbeitsweise des Eusebius ist Augustin ein wissenschaftlich kaum geschulter Laie mit überwiegend literarisch-rhetorischer Bildung. Von der Vollständigkeit und inneren Konsequenz einer wissenschaftlichen Darstellung hat er keinen Begriff. Wie bei einem Plädoyer oder einer Predigt bedient er sich einer Tatsache, wenn sie ihm gelegen kommt, und übergeht, was er nicht brauchen kann. Eine bewußte Verfälschung eines Sachverhalts wird man ihm nicht vorwerfen können. Der Verlauf der Geschichte, der Zusammenhang der Dinge und ihre chronologische Beziehung sind ihm nahezu gleichgültig, und das will er gar nicht anders. Die Erzählung ist nicht seine Aufgabe. Wo er Ereignisse anführt, die zum Erzählen verlocken könnten, unterbricht er die Aufzählung mit der Bemerkung: »Wenn wir sie zu erzählen und zu schildern versuchten, wären auch wir ja nichts anderes als Geschichtsschreiber.« (»Si enarrare uel commemorare conemur, nihil aliud quam scriptores etiam nos erimus historiae«, *Civ.*, III, 18). Ein Geschichtsschreiber aber will er in keinem Falle sein. Nicht nur, weil er dieses Amt Orosius übertragen hat oder selbst keine Befähigung dazu verspürte, sondern vor allem, weil er Geschichte auslegt in apologetischer und dogmatischer Hinsicht wie einen heidnischen oder häretischen Text, gegen den er die Wahrheit der Heiligen Schrift zu verteidigen und zum Triumph zu führen hat. Mit einer Haltung des an der Tatsache orientierten Forschens oder mit einem historischen Gewissen wäre das schwerlich zu vereinen. Das Vergangene hat für ihn ein Recht nur als Vehikel der Heilsgeschichte. Nirgendwo wird das deutlicher als in dem Stellungswechsel, den er gegenüber der jüdischen Geschichte vornimmt.

Soweit die Geschichte des jüdischen Volkes im Alten Testament aufgezeichnet ist, nimmt er sie als seine eigene Sache. Da ihm das Geheimnis des Anfangs bedeutend ist, wie es an den *Confessiones* deutlich wurde, dehnt er zuerst die geschichtliche Betrachtung rückwärts in der Zeit bis zur Schöpfung aus. Eusebius als Historiker, der auf schriftliche Überlieferung angewiesen ist, begann seine Chronik erst mit Abraham, der sich mit dem König Ninus der orientalischen Chronologien zeitlich koordinieren ließ. Daß Augustin die Geschichte des Menschengeschlechtes mit Adam beginnen läßt, bedeutet keinen Fortschritt wissenschaftlicher Erkenntnis, der sich auf historische Arbeit stützte, sondern einen Akt des Glaubens an die Autorität der Schrift, die älter sei und weiter zurückreicht als die Aufzeichnungen der Heiden. Orosius folgte seinem Beispiel. Mit dem Auftreten des Erlösers wird die Rolle des jüdischen Volkes in der Geschichte für ihn kritisch, da es Jesus nicht als Christus anerkannt und seinen doch prädestinierten und heilsnotwendigen Kreuzestod verschuldet habe. Der bisherige Hauptgegner seiner Auslegung, Rom als das zweite Babylon (z. B. *Civ.*, XVIII, 22), wird überraschend zum Werkzeug Gottes dadurch, daß es den Tempel zerstört und das jüdische Volk zerstreut. Diese Zerstreuung unter die Völker hat neben der Strafe den Nutzen, daß es die prophetischen Schriften, die es selbst verkennt, als Zeugnis für die Wahrheit des christlichen Glaubens verbreite, ohne selber noch der »Civitas Dei« zuzugehören (*Civ.*, V, 18 und XVIII, 46). In dieser Auslegung herrschen eine krude Machtpolitik und ein mönchischer Eifer des Trennens in einem Fall, da die hellenistische und die römische Politik eher auf Integrierung gerichtet war.

So deutlich Augustin in der chronologischen Übersicht und der Parallelisierung der Heilsgeschichte mit der Geschichte Roms (im XVIII. Buch) von Eusebius in der Übersetzung und Bearbeitung des Hieronymus abhängt, so wenig schließt er sich ihm an. Das erweist sich besonders bei der Schilderung der Kirche. Wie das Leben des einzelnen der Anfechtungen bedarf, um der Gnade teilhaftig zu werden, so habe die Kirche nicht nur Verfolgungen durch ihre äußeren Feinde zu dulden, sondern auch die seiner Erfahrung näherliegenden inneren Anfechtungen durch die Häretiker, die er als Verfolgungen der Seele für schwererwiegend hält. Auch sie haben Heilsbedeutung, wie im einzelnen Leben die Sünden und Anfechtungen vor der Bekehrung. Durch deren Zweifel aufgestört, komme die Lehre der Kirche zur klaren Gewißheit, und gegen ihren rastlosen Irrtum stärke die Kirche sich in Geduld und in der Liebe zu diesen inneren Feinden, ganz gleich, »ob sie nun mit sanfter Belehrung oder mit abschreckender Zucht gegen sie vorgehe« (»siue suadibili doctrina cum eis agatur siue terribili disciplina«, *Civ.*, XVIII, 51).

So entscheidend wie das ausdrückliche Abweisen aller Berechnungen des Weltendes aus der Zahl der Verfolgungen ist das Abweisen der Meinung, es habe sich im Charakter dieser Weltzeit äußerlich etwas durch das leibliche Auftreten Christi geändert. »In dieser Welt, in diesen bösen Tagen« (»in hoc saeculo, in his diebus malis«, ibid.) ist sich alles gleich geblieben und werden bis zum Ende der Welt die Gesetze ihres Laufes nicht aufgehoben. Die Verfehlungen der Institution der Kirche und ihrer Hierarchie könnten leicht Anlaß zur Bußfertigkeit sein, aber sie sind ihm kein Gegenstand der Auslegung.

Eusebius ist gewiß nicht weniger loyal zu seiner Kirche, wenn er die Verfolgungen des 3. Jahrhunderts als Gottes gerechtes und sanftes Gericht deutet und nicht bei den Ketzern, sondern bei den Bischöfen selbst die Verfehlungen sucht. So gesteht er: »Wir häuften Sünde auf Sünde. Und die unsere Hirten schienen, schoben das Gesetz der Gottesfurcht beiseite und entbrannten in Eifersüchteleien gegeneinander. Streit und Drohung und Neid und gegenseitigen Groll und Haß zu mehren, war all ihr Tun« (*Eccl. hist.*, VIII, 1). Ganz anders als es etwa Augustin in seiner Autobiographie tut, liegt hier nicht die Absicht vor, die eigenen Sünden zur Bedingung der Heilsökonomie zu nehmen. Die Politik gerade der östlichen Kirche und ihrer Bischöfe war seit der Zeit des Eusebius bis zu der Augustins eher erschreckender geworden. Die Kirchenangelegenheiten waren an den Hof von Byzanz getragen und zum Spielball fanatischer Mönche und bestochner Eunuchen gemacht worden. Bischöfe in Ägypten und Kleinasien versammelten »terroristische Kampfgruppen« (Eduard Schwartz) um sich und errichteten Gewaltherrschaften, gegen welche die kaiserlichen Kommissare sich manchesmal als machtlos erwiesen. Fehlte die äußere Gewalt, so wurde die innere Zwietracht so groß, daß einzelne Synoden nur durch die strenge Disziplin kaiserlicher Beamten davor bewahrt wurden, in Handgreiflichkeiten zu münden. Ein ganz erstaunliches Beispiel für ein unstetes Leben zwischen dem Kampf gegen die Arianer, mehrfachen Amtsenthebungen, den Vorwürfen verbrecherischer Handlungen durch seine Amtsbrüder und geschickten Verhandlungen mit dem Kaiser bietet Athanasius, der Bischof von Alexandria, der das so gänzlich von dem seinen verschiedene Leben des heiligen Antonius geschrieben hat. Diese Vita, ein Leben ohne äußere Ereignisse, das nur durch den Kampf mit den Dämonen geprägt ist, machte den Einsiedler in der thebaischen Wüste in der bald erfolgten lateinischen Übersetzung nicht nur für Augustin und seine Generation, sondern das ganze Mittelalter hindurch zu einem der volkstümlichen Vorbilder christlicher Askese.

Augustin verschmäht es, den Gang der Kirche durch die Zeit darzustellen und ihre inneren Konflikte heilsgeschichtlich zu deuten. Sein Gegner ist die weltliche Macht Roms und die daran orientierten oder dadurch irritierten christlichen Geschichtsansichten seiner Zeit. Während der über ein Dutzend Jahre sich erstreckenden Niederschrift der zweiundzwanzig Bücher der *De civitate Dei* änderte sich die Rolle des Rom-Mythos noch. Zunächst hatten der Fall Roms und die Vorwürfe der Heiden gegen die Christen den Anlaß gegeben, bald erwies sich die Tatsache, daß die Verwüstung doch nicht so schlimm gewesen ist, wie es schien, und Rom schneller und wirkungsvoller sich erholte, als eine zusätzliche Motivation in dieser Auseinandersetzung. Eine »regeneratio« in dieser bösen Welt kommt seiner Deutung gar nicht gelegen, denn der irdische Staat bedarf nur der Geburt, der himmlische auch der Wiedergeburt »terrena ciuitas generatione tantummodo, caelestis autem regeneratione opus habet«, (*Civ.*, XV, 16; vgl. XV, 1; XV, 20; XVIII, 16).

Auch die geachtetsten Patres der alten Kirche hatten sich manchesmal zu Spekulationen und eiligen Deutungen der Zeitgeschichte verstiegen, was Augustin unterbinden möchte. So hatte sein Lehrer Ambrosius, dem es an politischem Weitblick nicht fehlte, die schwere Niederlage des Kaisers Valens bei Adrianopel im Jahre 378 mit dessen arianischer Häresie erklären wollen und verspricht umgekehrt dem rechtgläubigen Gratian den Sieg (*CSEL.*, 78, 106). Das Weltende scheint ihm so nahe, daß er den beim Propheten Ezechiel erwähnten Gog (38 f.) mit den Gothen identifizieren möchte. Diese Deutung erscheint auch Zeitgenossen so abenteuerlich, daß Hieronymus, der seinerseits bei den Kriegen mit den Barbaren um das Bestehen der Welt bangt (*CSEL* 54, 57 ff.), selbst sie leiser Ironie aussetzt (*PL* 23, 1000 c).

Augustin geht es darum, das Ende der Welt als generell unerfahrbar zu deuten. Es gegenüber den durch die Geschichte schon widerlegten Berechnungen, wie den der christlichen Kirche zugemessenen 365 Jahren oder einer Zehnzahl der Verfolgungen hinauszuschieben, auf seien es 500 oder 1000 Jahre, genügt ihm nicht. Damit will er ein naseweises Erklügeln des Endes und später kompromittierende Angstprognosen wohl verhindern. Der Verzicht auf das wirksame Zuchtmittel der Verkündung drohender Katastrophen hat einen tieferen theologischen und auch geschichtsphilosophischen Grund. Dies hängt aufs engste mit seiner Zeitanschauung zusammen. Der ontologische Status des Nichtseins des Erwarteten macht es im Verhältnis zur Gegenwart bedeutungslos, mit welcher allein das Zeitlose in Beziehung stehe. Berechnung und Erwartung sind keine angemessene Weise, das Ende des Zeitlichen zu empfinden. Schwächlich und kraftlos ist diese Sehnsucht oder Furcht eines Künftigen im Vergleich schon zur Vision des Unvergänglichen oder zu dessen Wirkung in der Bekehrung. Die heftige Begierde und in der Zeitlichkeit nicht zu stillende Leidenschaft richten sich nicht auf ein Ende in der Zeit, sondern auf die immer schon vorhandene Zeitlosigkeit.

Die Regeneration Roms schon im Laufe des zweiten Jahrzehnts des 5. Jahrhunderts hatte selbst seinen Schüler Orosius im Rückblick auf die zeitliche Übereinstimmung von Christi Geburt mit der Begründung des römischen Kaisertums zu einer »Augustus-Theologie« in der Nachfolge des Eusebius verführt. Das vermischte die Zuordnung und die Trennung der beiden »Civitates« und führte wieder zu den Romdeutungen der Heiden. So hatte in später immer wieder zitierten Versen der hohe römische Beamte und künftige Stadtpräfekt Rutilius Namatianus der Hoffnung auf ein ganz irdisches »renasci« Ausdruck gegeben: »Illud te reparat, quod cetera regna resolvit: Ordo renascendi est crescere posse malis.« (*De reditu suo*, I, 139f.) (»Dich baut das wieder auf, was andere Reiche vernichtet: das Gesetz des Erneuerns, an Übeln wachsen zu können.«) Darin spricht sich eine geschichtsphilosophische Einsicht in die Heteronomie der Mittel und Zwecke aus, die nicht überall gilt und wodurch einzelne Staaten sich vor anderen auszeichnen. Angesichts der inneren Kämpfe, durch die andere Staatswesen längst vernichtet wären, seine Vaterstadt aber zur Größe gelangte, wird Machiavelli ein Jahrtausend später als Erfahrung aussprechen, was sich hier als Hoffnung äußert.

Die Figur des Anfangs

Augustin schreibt nicht Geschichte, er legt sie aus. Daher orientiert er sich an den Mythen und den religiösen Vorstellungen der alten Zeit stärker als an den Ereignissen. Ganz selten nur beruft er sich auf die großen Historiker der lateinischen Literatur und zitiert kaum je Livius oder Tacitus, sondern vor allem die *Antiquitates* Varros und daneben Cicero und Virgil – die beiden letzteren hat er am gründlichsten in seiner Jugend studiert, und sie sind oft Reminiszenz oder literarischer Schmuck seines Werkes. Mit Varros Schriften über die religiösen und privaten Altertümer des römischen Volkes belegt er das Widersinnige in der Lebensweise und den religiösen Vorstellungen eines heidnischen Volkes. An der Absurdität seines Götzendienstes, an der lächerlichen Unzahl göttlicher Wesen, die einem gebildeten Heiden seiner Zeit doch fern gelegen haben, entfaltet er den Glanz einer apologetischen Streitschrift.

Um so bezeichnender ist es, wenn er sich doch einem Ereignis zuwendet. Die ursprüngliche Trennung der beiden »Civitates« erweist sich nicht so sehr an dem Sündenfall Adams als an der Gegenstellung seiner beiden Söhne, des gerechten Abel zu dem erstgeborenen Sohne der Erdenbürgerschaft, Kain. Ihr Altersverhältnis schon legt die Zeitfolge der Heilsgeschichte für das individuelle Leben fest, wie Augustin es an sich selbst erfahren zu haben glaubte. »Böse und fleischlich« (»malus et carnalis«), »aus verdammtem Geschlecht« (»ex damnata propagine«, *Civ.*, XV, 1) entstehe jeder Mensch. Die Möglichkeit der Gnade liegt in der richtigen Reihenfolge, welche der nicht unbegabte Theologe Oscar Wilde in der Weise formulierte, daß der Heilige eine Vergangenheit, der Sünder dagegen eine Zukunft habe. Augustin sagt es natürlich strenger und allgemeiner: Niemand werde gut sein, der nicht böse gewesen ist (»Nemo tamen erit bonus, qui non erat malus«, *Civ.*, XV, 1; vgl. XV, 5 und 17; XII, 28).

In dieser Zeitfolge allein, die keine Besserung oder Vervollkommnung der Zustände oder des Menschen bedeutet, die weder den irdischen Fortschritt der Moderne noch eine Theodicée ist, da sie gar nicht innerhalb der Zeit stattfindet, sondern aus ihr heraus auf die immer schon vorhandene Ewigkeit verweist, wo dann stattfindet, was immer schon stattgefunden hat, ohne daß es erschiene und wir davon wüßten, vollzieht sich der Anfang. Und in dieser Zeitfolge wiederholt die römische Geschichte den Anfang des Menschengeschlechts. Beide beginnen mit einem Brudermord. Womit Kain die »civitas terrena« stiftete, das wiederholt Romulus an seinem Bruder Remus. Der Erdenstaat ist in doppelter Weise auf Blut und Unrecht errichtet. Während die figurale Deutung sonst die Andeutung eines Heilsereignisses im Alten Testament mit ihrer Erfüllung im Neuen Testament bestätigt und verherrlicht, wird sie hier zum Beweis des Unheils dieser Welt. Die weltliche Geschichte ist eine Geschichte des Unheils. Augustins kühner Versuch, das Elend der Menschengeschichte figural zu bestätigen in seiner allen Sinn zerstörenden Wiederholung zu Beginn der römischen Geschichte, hat mit dieser Verschränkung der beiden Ereignisreihen bis in die Zeit der Frühaufklärung und zu Pierre Bayle einen überwältigenden Eindruck gemacht. Es blieb der deutschen Schulphilosophie überlassen, auch hier verharmlosend das Instrument der Theodicée anzusetzen. Gottsched hat in einer der wenigen ausführlichen Anmerkungen zu der unter seiner Leitung veranstalteten Übersetzung des *Dictionnaire critique et historique* diese Grundevidenz der Augustinischen Ansicht aufzuweichen versucht. Noch in den Schreckenstagen der Französischen Revolution wurde Robespierre der Satz entgegengeschleudert, daß er die »fraternité« der Revolution zur »fraternité de Cain« verwandelt habe.

Für den Beginn der menschlichen Geschichte sieht Augustin nicht den Bund Gottes mit Abraham als entscheidend an, auch nicht die historische Dignität dieses Erzvaters, der räumlich und zeitlich in die überlieferte

Geschichte des alten Orients einzuordnen ist. Zur Grundtatsache der Menschengeschichte erhebt er den mörderischen Beginn der Erdenbürgerschaft in seiner figuralen Wiederholung. Damit verwirft er die Möglichkeit, nach dem Vorgehen des Alten Testaments im Verlauf der Geschichte Gutes aus böser Absicht folgen zu lassen, was die Heilsökonomie ja erlaubt. Die Weisheit des alten Israel hatte von dieser Deutung am ausgeprägtesten in der Josephsgeschichte Gebrauch gemacht. Nach Augustins Maßstab ist das eine innerweltliche Verwandlung, die zur Heiligung des Zeitlichen verführt, eine Versuchung, der nicht nur Eusebius und Orosius erlegen sind, sondern viele christliche Historiker, selbst noch Ranke und Droysen. Umgekehrt mag es erklären, warum Augustin in seinem Werk geschichtliche Abläufe so fahrig und unkonzentriert vergegenwärtigt. Gewiß will er nicht nacherzählen, sondern einzelnes Beispielhaftes auslegen und nur dazu vor Augen führen. Er will in der Geschichte nichts Neues entdecken, sondern das, was ihm auf andere Weise zur Gewißheit geworden ist, aus dem Schatzhaus ihrer Beispiele belegen. Der Gang der Geschichte selber ist ihm lästig. Im einzelnen kann er Gottes Wirken erweisen, im ganzen gelingt es ihm nicht, und durch Geschlechterketten verbindet er Anfang und Ende, um sich das Zeitliche vom Halse zu schaffen.

Eine Herausforderung ist die Geschichte für das theologische Denken deshalb, weil sie das kollektive Gedächtnis großer politischer Gemeinschaften verkörpert. Für eine Auffassung des Lebens, wie Augustin sie hegte, darf sie nicht Gegenstand stolzer Erinnerung, verpflichtender Tradition und eines zu neuen Taten erregenden Enthusiasmus sein. Also wird es sich darum handeln müssen, ihr ein kollektives Sündenbewußtsein zu verschaffen, und dazu diente der verfehlte Anfang. Deshalb postuliert er eine ursprüngliche allgemeine Schuld, die der israelischen wie der römischen Tradition selbst fremd gewesen ist. Innerhalb einer nicht erblichen, sondern durch Bekehrung sich ausbreitenden Religion verkettet er diese Schuld für Adams und Romulus' Söhne gleichwohl genealogisch. Anders als die prophetische Zeitkritik es tat, die philosophischen Utopien oder gar das moderne Fortschrittsdenken, kehrt er den Zwiespalt zwischen Sein und Sollen um. Nicht um es zu verbessern, hält er dem Bestehenden seine Abweichung vom Recht vor, sondern um dessen Verschiedenheit von dem ganz anderen zeitlosen Sein hervorzuheben.

Aus diesem Grunde sind viele der modernen Sympathien für den großen Schriftsteller Augustin fehlgeleitet und zeigen ein Mißverhältnis der eigenen Intention zu der des Autors, den man zu interpretieren behauptet. In der Verkennung ihres Heiligen unterscheiden sich viele der modernen Bewunderer Augustins nicht von ihren Vorgängern im Mittelalter, als seine Beliebtheit nur selten verhinderte, ihn mit der weltlichen Macht und ihrer Anerkennung zu versöhnen.

Rom und der Frieden

Die historische Überlieferung der römischen Geschichte war der lateinischen Christenheit der Spätantike eher in vagen Vorstellungen und im Bestehen der Stadt selbst gegenwärtig als in Schriften. Mit der Geschichte des Volkes Israel verhielt es sich umgekehrt. Sie war das Eigentum eines im Römischen Reich zuerst peripheren und verachteten, nach der Zerstörung des Tempels eines durch die Welt zerstreuten und von den Christen so wenig wie von den Heiden anerkannten Volkes. Sie war zunächst ein Buch, dessen Sprache sogar den meisten der großen Kirchenlehrer fremd war. So stark die Poesie der Psalmen und die Wortgewalt der Propheten ein Gemüt wie das Augustins berührten, so fremd blieben ihm die Ereignisse der geschichtlichen Bücher. Nicht nur durch die deutende Arbeit eines Origenes oder Tertullian waren sie »figura«, »typos« oder Symbol geworden, sondern durch ihre nur noch literarische Existenz, durch das Mißverhältnis ihres heilsgeschichtlichen Gewichts zu der mangelnden Vertrautheit mit ihrer historischen Realität.

Das Geheimnis des Anfangs hatte Augustin zu Auslegungen der Genesis bewogen, mit deren einer er am Ende der *Confessiones* die Schöpfung und den Beginn der Zeit, des Bewußtseins und der Erinnerung denkend umkreist. Die im Alten Testament berichteten Ereignisse beschäftigen ihn nicht in ihrem historischen oder geographischen Zusammenhang oder in ihrer kausalen Verkettung. Er löst sie mit ihrer moralischen Bedeutung aus ihrer ursprünglichen Umgebung. Ihm sind sie lediglich Entscheidung für oder gegen Gott, Gehorsam oder Abfall und, entsprechend, Strafe, Prüfung, Verwerfung und wiederum Reue, Umkehr und Gnade. Als Geschichte des jüdischen Volkes hat sie für den christlichen Leser keine Eigenbedeutung und Folge mehr. Sie ist Gelegenheitsursache des Christentums, mit dessen Auftreten und Verkennung die Juden aus der Heilsökonomie entlassen sind. Es ging nun aber darum, sich dieser Geschichte zu bemächtigen, um eine Herkunft aufweisen und mit den heidnischen Religionen konkurrieren zu können. Hatte das zumindest Eusebius vollzogen, so waren zur Überbietung der

Heiden der absolute Beginn mit der Schöpfung und die lückenlose Geschlechterfolge mit den Stationen Adam, Noah, Abraham und David bis zu Jesus von legitimierender Kraft.

Die Orte des biblischen Geschehens und die Sprache ihrer Namen sind einem immer noch an der antiken Literatur erzogenen Christen insbesondere der westlichen Reichshälfte des römischen Imperiums fremd. Die Konkurrenz der seit Livius und Virgil stilisierten Rom-Mythologie war stark, und sie wird auch im Bereich mündlicher Traditionen überwiegend gewesen sein. Vor allem war das Staatsgebilde des ehemaligen Gottesvolkes zerstört, und Rom bestand immer noch mit den Resten eines unvergleichlich mächtigeren Reiches, mit Organisationsformen und Rechtsbegriffen. Um den Rom-Mythos zu treffen, mußte man ihn mit seinen eigenen Mitteln schlagen. Nichts war dazu geeigneter, als den berühmtesten lateinischen Autor zum Kronzeugen gegen das Selbstverständnis des Imperiums zu nehmen. Cicero hatte in platonischer Tradition die Gerechtigkeit als Zweck des Staates bestimmt. Die Geschichte scheint indes zu erweisen, daß Ausdehnung und Sicherung des Imperiums nicht von Gerechtigkeit bestimmt wurden. Staaten ohne Gerechtigkeit aber sind nichts anderes als große Räuberbanden (»remota itaque iustitia quid sunt regna nisi magna latrocinia?« *Civ.* IV, 4).

In einer leicht rabulistischen Verkettung der Argumente hatte Augustin das Wachsen von Staaten über das gewöhnliche Maß als heillos und unnatürlich beschrieben. Im Vergleich mit dem menschlichen Körper (*Civ.*, III, 10) rühmte er eine mäßige Größe, entsprechend der nachbarlichen Eintracht der Häuser einer Stadt (IV, 15), und zog deren friedliches Beieinander einer zentralen Herrschaft vor. Das Imperium aber gründe sich auf Kriege, und seien es gleich Kriege gegen Ungerechte. Also schaffen sie kein Glück, das Zusammenpferchen der Völker keine Größe, denn es handele sich ja, wie bei dem Buchstaben in der Rede, um den einzelnen Menschen, aus denen die Staaten zusammengesetzt seien (»nam singulus quisque homo, ut in sermone una littera, ita quasi elementum est ciuitatis et regni, quantalibet terrarum occupatione latissimi«, *Civ.*, V, 3).

Ist es die geschichtliche Situation, die sich völlig verwandelt hat, oder besitzt Augustin in seiner Verneinung der äußeren Welt kein Gespür für das historisch-politische Verhältnis des Christentums zum römischen Staat? Wie anders äußerte sich das bei Paulus, der rastlos durch die wichtigen Orte des Imperiums bis zu dessen Mitte geeilt war, um der jenseitigen Religion einen irdischen Boden zu schaffen. Augustin schmäht die antiken Götter und zieht ihre große Zahl, ihren nur teilweise geregelten

Kultus und ihre phantastische Mythologie ins Lächerliche, allerdings in den Bahnen der rationalistischen Kritik griechischer Philosophen. So wie er die jüdische Geschichte zur Vorgeschichte erniedrigt und als abgeschlossen betrachtet, so will er die römische Tradition von ihrem Anfang und dem Gesetz ihrer Machtentfaltung her als verfehlt darstellen und läßt allenfalls einzelne der alten Römertugenden als Ansporn gelten, um sie christlich zu überbieten.

Die Einsicht in die historische Verkettung des Christentums mit dem Imperium fehlt ebenso wie die Großmut des Siegers gegenüber einer in ihrem Kern gebrochenen Religion. Die Technik des Paulus, die eigene Religion als die Erfüllung der im Heidentum angedeuteten, aber unerfüllten Sehnsucht zu zeichnen, verwendet Augustin nicht. Er wirbt nicht mehr, und er stellt es auch nicht als Vollendung des schon Angelegten dar, wenn er sich antiker Philosophie oder Staatslehre bedient, sondern übt eine Herrschaft im Namen einer unbezweifelbaren Autorität aus, die keine Rechenschaft schuldig ist. Die Ökonomie von Niederlagen, die sich siegreich wenden können, und die Heteronomie der Absichten zu ihrer uneinsehbar anderen Erfüllung, die im Alten Testament galt, wird dem römischen Volk nicht zugebilligt. Nicht im ganzen, sondern augenblicksweise, in den Tugenden einzelner, vermag er es allenfalls zu würdigen. Rom soll keine Geschichte haben, sein Selbstverständnis ist fehlgeleitet. Das Christentum aber braucht keine Geschichte, es irrt in dem teuflischen Gebilde der Erdenbürgerschaft umher, bis dieses Irren ein Ende haben wird in jenem »Ende ohne Ende« (»Ecce quod erit in fine sine fine«, *Civ.*, XXII, 30). Und dann ist keine Geschichte mehr.

Mit einer gewissen Ausführlichkeit, um die unausgesprochenen Gegenstellungen herauszuarbeiten, war Augustins Geschichtsanschauung in die Erinnerung zu rufen. Vereinzelte Zitate oder Lehrsätze verwischen nur die durchaus nicht neue Erfahrung eines jeden Philosophen oder Historikers, der *De civitate Dei* im Zusammenhang gelesen hat, daß es sich hier weder um Geschichtsphilosophie noch um Geschichtsschreibung handelt und daß die Geschichtsphilosophie der Neuzeit keineswegs, wie oft behauptet, auf ihr errichtet sei. Die Auflösung der Geschichte in den Augenblick des Empfindens, die Zerstückelung und Funktionalisierung von Überlieferungen, die den Eindruck unmittelbarer Modernität erwekken können, waren in einem gewissen Zusammenhang zu vergegenwärtigen. Diesen Teil des Werkes schließt Augustin mit der Erörterung des Friedens ab.

Er führt ihn als Problem ein bei der Erwägung des höchsten Gutes, dessen Definitionen und Varianten in den antiken Philosophenschulen er, Varro folgend, in absurden Zahlenspekulationen multiplizierend und dividierend zwischen drei und 288 Meinungen spielen läßt. Selbst mit der Reduktion auf drei oder ein einziges höchstes Gut ist nichts gewonnen, denn in diesem elenden Leben (»misera uita«, *Civ.*, XIX, 4) sei es ja nicht zu erreichen. Ebenso der Friede. Für Augustin gilt einzig der »Friede im ewigen Leben«, und der ist das (zeitlose) Ziel des Gottesstaates, worin dessen höchstes Gut genossen wird (»profecto finis ciuitatis huius, in quo summo habebit bonum, uel pax in uita aeterna uel uita aeterna in pace dicendus est«, *Civ.*, XIX, 11).

Daß im irdischen Leben kein dauernder Friede herrscht, hat nicht erst Augustin bemerkt. Der alte Orient und die Antike waren tief von dieser Erfahrung durchdrungen. Für Augustin gilt eher umgekehrt: Es soll gar kein Friede sein, bevor der des ewigen Lebens anbricht. Der Unterschied zwischen unablässigen Verheerungen des Krieges und den langen Zeiten äußerer Ruhe ist ihm fast gleichgültig, die politische Friedenssicherung der »Pax Augusta« eine kaum nennenswerte Tugend der Heiden, die ihm angesichts der Ewigkeit nichtig erscheint. Diese Auffassung wird kaum ein politisch verantwortungsvoll Denkender teilen können. Sie hat auch mit der antiken und seit der Renaissance wiederholten Beobachtung, daß langer Frieden korrumpieren könne, nichts zu tun. Es wird sich kaum vereinen lassen, diese Welt aufzugeben und zugleich ihre Gesetze erkennen oder sie gestalten zu wollen. Um so leichter kann der ihre Widersprüche sichtbar machen, der keinen Anteil mehr an ihr nimmt. Dabei ist Augustin sich nicht zu schade, einmal gegen Alexander den Großen einen Seeräuber zu zitieren (*Civ.*, IV, 4), ein andermal gegen den ersehnten Frieden den Katzenjammer eines ruhelosen Hausvaters in der Karikatur der Komödiendichter für ein Argument zu nehmen (*Civ.*, XIX, 5). Er ist auch bereit, das bei Räubern und Generalen zu findende Verlangen nach Frieden zum Ausgangspunkt einer Beweisführung zu nehmen: »Denn auch die, welche den Frieden, in dem sie leben, stören wollen, hassen ja nicht den Frieden, sondern möchten ihn nach ihrer Willkür verändern. Allerdings wollen sie Frieden, aber ihren eigenen« (»Nam et illi qui pacem, in qua sunt, perturbari uolunt, non pacem oderunt, sed eam pro arbitrio suo cupiunt commutari. Non ergo ut sit pax nolunt, sed ut ea sit quam uolunt«, *Civ.*, XIX, 12). Diesen Spruch eines ›Latrocinium‹, einer wahren »Räubersynode«, wird man schwerlich als historische Erkenntnis ansehen können. Den täuschenden Glanz dankt er einem rhetorischen Kunstgriff. Sinn gewinnt er nur, wenn man mit Augustin so weit in der Weltverneinung geht, die lange Zeit friedenssichernde Verwaltung und das Recht des römischen Staats für nichts zu achten. Mag man verstiegene Utopiker damit an die Realität verweisen, daß Kriege entstehen, weil andere einen anderen Frieden wollen, aber selbst die Augustin vor Augen liegende geschichtliche Wirklichkeit ist damit nicht zu beschreiben.

Die Motivation zu konstruktivem politischen Gestalten war in der Spätantike von innen zerfallen, die Begriffsbildung zerstört oder fragwürdig geworden, die Erfahrung hatte sich von der Außenwelt abgekehrt. Die Sehnsucht nach zeitloser Ewigkeit hatte neben strenger Askese und, wie im Leben des Antonius, neben dem allnächtlichen Ringen mit den Dämonen die Kriterien für das Wunderbare eigentümlich verkehrt. Während trotz der Gebete der Heiligen die christlichen Heere gewaltige Niederlagen erlitten, berichten die Viten auch eines politisch so erfahrenen Verfassers wie Athanasius mit frommem Schauder davon, daß ein Mönch wunderbar über einen Fluß in der Wüste gehoben wurde, um sich nicht zum Durchqueren des Wassers entblößen zu müssen. Wie der Augustin der *Confessiones* die geachtete Weisheit der Philosophie dahingibt und andererseits das wunderbare Wirken Gottes in der Heilung seiner Zahnschmerzen verehrt (*Conf.*, IX, 4), so wendet sich der altgewordene Autor der *De civitate Dei* von der Widerlegung der Weltgeschichte und vom Kampf gegen den Mythos Roms zur andächtigen Schilderung der Höllenstrafen und derjenigen Wunder, die in seinem Sprengel geschehen seien und als Zeichen und Beweis ewiger Seligkeit in der Zeit wirkten.

Der Niedergang der antiken Welt

Den Untergang der Antike haben die Gelehrten und Historiker der Neuzeit erfunden. Die Zeitgenossen hatten ein anderes Bewußtsein von dem Geschehen. Die Christen hatten mit der für sie neuen Geschichte, welche sie sich aneigneten, auch eine neue Zukunft erworben, worin mit dem Ausbleiben des Weltendes ihr irdisches Dasein nach Stabilisierung verlangte. Das Heer des Reiches hatte im Osten und Westen immer wieder Erfolge gegen die Barbaren errungen und sicherte lange einen immer noch beträchtlichen Machtbereich. Die in das Reich einströmenden Völker amalgamierten sich teilweise rasch, waren auch zum Teil schon Christen und insofern nicht fremder als andere Eroberer früherer Zeiten.

Von dem politischen Geschehen seiner eigenen Zeit gibt Augustin keine Vorstellung. Die selbstmörderischen Aufstände der Donatisten um die Zeit seiner Geburt in seiner nordafrikanischen Heimat schildert er so wenig wie die Glaubenskämpfe, welche die Kirche nach den äußeren Verfolgungen jetzt im Innern aufwühlten. Ein Historiker, der so wenig zu Übertreibungen neigt wie Gibbon, urteilt z. B., daß die Raserei der Donatisten in ihrer Mischung von Begeisterung und Verbrechen und in der Bereitschaft zum religiösen Selbstmord unvergleichlich sei in der Geschichte aller Länder und Zeiten, wiewohl sie in mancher Hinsicht von den aufständischen Camisards zu Beginn des 18. Jahrhunderts wiederholt worden sei (*Decline and Fall*, Chap. 21; Anm. 159).

Die Glaubenskämpfe waren Parteienstreit um die Reinheit der Lehre ohne sichtbare politische oder über die augenblickliche Behauptung der Macht hinausreichende oganisatorische Ziele. Die Einheit der Kirche war Sache kaiserlicher Beamten geworden. Die Kirche im ganzen war noch keine Korporation und ermangelte des Bewußtseins, eine Geschichte zu haben, und ebenso dessen, Geschichte zu machen. Neben der Reichstheologie wirkten starke asketische Tendenzen der Mönche und Einsiedler, und weithin definierte sie sich negativ zur Geschichte der Welt. Augustin ist dafür einer der bedeutendsten Zeugen und jedenfalls der konsequenteste Wortführer. Er ebenso wie Ambrosius, der aus senatorischer Familie stammte, sind Beispiele dafür, wie die Weltablehnung um sich griff und hohe Begabungen dem öffentlichen Leben entzog. Dabei war die Berufung auf die Kanzeln und Bischofsstühle aus der Stille meditativer Gemeinschaften manchesmal eher eine Nötigung. Die einsame Askese wurde höher bewertet als das kirchliche Amt. Augustins Trennung des Auftrags der Gottesbürgerschaft von der weltlichen Macht ist selbst ein Faktor des politischen Niedergangs und zugleich eine Reaktion darauf. Es war ihm deutlich geworden, und das ist historisch richtig, daß die Reichstheologie ein Irrtum gewesen ist, und daß sie gar nicht krisenbeständig sein konnte. Das römische Kaiserreich hatte zu seiner Machtentfaltung des Christentums nicht bedurft, und falls das Imperium stürzte, sollte es die Religion nicht mit sich reißen. Eusebius hatte sich von der Macht verführen lassen, Hieronymus in seiner Übersetzung und Weiterführung der Chronik war ihm gefolgt, und Orosius hatte es ihnen nachgetan. Andererseits war das Christentum durch erneute Berechnungen des Weltendes in Gefahr, sich in seiner Glaubwürdigkeit zu kompromittieren. Eine Erwägung politischer Vernunft, welche das Mittelalter bei aller Berufung auf Augustin immer wieder zu vergessen liebte, verband sich mit einer Zeitauffassung und einer Ansicht der Welt, die mit paulinischer Schärfe die Zeitlichkeit vom Unvergänglichen unterschied.

Damit stand Augustin nicht allein. Auch die Philosophenschulen seiner Epoche und die Mysterienreligionen neigten mehr oder weniger stark dahin. Die Intensivierung und Momentarisierung des Zeitempfindens ist nicht nur seine Erfahrung. Athanasius berichtet in der Vita des Antonius mit Erstaunen von dem leitenden Gedanken des Heiligen: »er wollte den Weg zur Tugend und die Trennung vom Leben, die er sich um ihretwillen auferlegte, nicht durch ein zeitliches Maß messen, sondern durch seine Sehnsucht und seinen Vorsatz. Er wollte sich nicht erinnern an die Zeit, die schon verstrichen; nein, wie wenn er täglich die Askese aufs neue begänne, mühte er sich immer mehr ab um seine Vollendung, indem er beständig die Worte des Apostels Paulus wiederholte: ›Vergessend das, was da zurückliegt, strebend nach dem, was vorwärts liegt‹ (*Phil.* 3,13); er gedachte auch des Ausspruchs des Propheten Elias, der sagt: ›Es lebt der Herr, vor dem ich heute stehe‹ (3. Könige 18,15)...« (Kap. VII; Migne PG 26, 835ff.; vgl. Kap. XVI: »wie wenn wir täglich von neuem begännen... unsere ganze Zeitlichkeit ist so nichts gegenüber dem ewigen Leben«). Erst die politische Wendung bei Augustin verlieh diesem Gedanken welthistorisches Gewicht. Was sich zunächst als bedenkliche Schwächung des römischen Staats und als eine Preisgabe der antiken Kultur darstellen mußte, beschleunigte die durchgreifende Krisis beider in der Epoche der Völkerwanderung und zeitigte Wirkungen, die nicht vorherzusehen waren und sich nur in einer geschichtsphilosophischen Wendung mit ihm verknüpfen lassen. Eine grundstürzende Kritik der weltlichen Macht, wie er sie übte, gab es in dem besser verwalteten und reicheren östlichen Teil des Imperiums zu keiner Zeit. Der Westen war schneller in die Auflösung der alten Strukturen geraten, seine städtische Kultur verfiel eher, der Landbesitz konzentrierte sich in wenigen Händen, und die Bauern wurden stärker unterdrückt, der ägyptische Weizen kam nicht länger nach Rom, sondern nach Byzanz, Verwaltung und militärische Macht waren kostspielig, anmaßend und wirkungslos. Es wuchs die Bereitschaft, mit den Barbaren zu leben, statt gegen sie zu kämpfen, und das Christentum trug das Seine dazu bei, den Widerstand dagegen zu verringern. Es konnte sie bekehren und zu Mitgliedern ihrer Gemeinden machen, was der aristokratischen heidnischen Kultur nicht möglich war. So schwächte die Kirche den Staat in der westlichen Reichshälfte und beförderte die Katastrophe. Sie begann selbst politisch zu handeln, wobei Männer der unteren Klassen in ihre führenden Stellungen gelangten, sie bekehrte die Barbaren und romanisierte sie. Im rascheren Abbau der alten Strukturen institutionalisierte die Kirche sich kräftig und bereitete schließlich selbst den Boden zu kulturellen Erneuerungen der Latinität sowie der antiken Wissenschaft und Kunst.

In der östlichen Reichshälfte hatte sich die Kirche einem starken Staat unterworfen und unterstützte ihn im Kampf gegen die Barbaren. Die Folge war, daß sie mit ihm sank, nur unter Schwierigkeiten überlebte und weder Renaissancen der antiken Kultur noch Reformen ihrer selbst in vergleichbarem Maße hervorbrachte. Der byzantinische Staat und seine Kirche sind weniger Handlungsträger der großen geschichtlichen Umwälzungen im Orient und Okzident als vielmehr, wie Gibbon es formuliert, »passively connected with the most splendid and important revolutions which have changed the state of the world« (*Decline and Fall*, Chap. 48; ed. Bury, V, 171). In der Weise, wie der fromme Moslem sein Auge mehrmals täglich nach Mekka wende, meint er und impliziert eine kritischere Haltung, »the historian's eye shall be always fixed on the city of Constantinople« (ibid.).

Die Trennung von Kirche und Staat im Westen trug zu ihrem vermeintlichen Untergang bei und verhalf beiden dazu, schneller und selbständiger sich neu zu gestalten. Die Unterscheidung von Kirche und Religion schuf im westlichen Christentum eine Instanz beständiger Erneuerung von innen und zugleich die Gefahr wiederholter Spaltungen. Das römische Imperium hatte selber das bisherige politische Betätigungsfeld eingeengt. Die freie Rede, die Entscheidungen der Bürger im Gegensatz der Parteien herbeiführt, gab es nicht mehr, der militärische Beruf war nicht länger ehrenvoll. Das Christentum hatte eine innere Welt eröffnet und ermöglichte eine Führung der Seelen, deren Gewalt den Aussichten äußerer Herrschaft überlegen war.

Augustin war sich seines Vorgehens in der Entschiedenheit seiner Trennung der »civitates« bewußt und auch der Abweichung von den älteren griechischen Patres. Darauf wies man ihn auch hin, wie es etwa Hieronymus in zwei Briefen tat (*Epist.* 105; 112). Der »prócursus« der Gottesbürgerschaft ist nicht mit dem Wachsen der Kirche zu identifizieren, so wenig wie der Friede des Reiches mit dem ewigen Frieden. Der Versuchung, prophetische Worte des Alten Testaments auf den irdischen Frieden, Wohlstand und Fortschritt zu deuten, hatten mehrere der griechischen und auch der lateinischen Patres nachgegeben, sogar Ambrosius. In seiner Antwort an Hieronymus rechtfertigt sich Augustin (*Epist.* 82, 3) mit dem Zeugnis der kanonischen Schriften des Evangeliums im Gegensatz zu den späteren Auslegungen. Der Streit um die Statue der Victoria im Senat war ihm natürlich vertraut. Dabei hatte Ambrosius gegen die traditionalistischen Argumente des Symmachus ein naives und gläubiges Fortschreiten zum Besseren bekundet (*Epist.* 18, 7). Der christliche Dichter Prudentius hatte der Stadt Rom kurz vor ihrem Fall 410 in einem Gedicht die ewige Herrschaft verheißen und sich dabei der Formeln bedient, die Virgil einst Jupiter in den Mund legte. Diese Umbesetzung heidnischer Werte durch die Christen in naiver Weltlichkeit wurde nicht nur durch die Ereignisse widerlegt, sie entfachte auch den theologischen Eifer Augustins, die eigene Religion von der gegnerischen zu unterscheiden. Sie sollte sich nicht nur bei möglichen Katastrophen sichern, sondern sich im Rückgriff auf Paulus und auf die eigene Erfahrung auf ihren Gehalt besinnen. Das war um so wichtiger geworden, als bei der raschen Umkehrung der Bedingungen inzwischen mit dem 4. Jahrhundert der äußere Erfolg eher missionierend wirkte als die Aussicht auf das Martyrium. Das Christentum hatte selbst Macht gewonnen und konnte Lohn austeilen, es war im öffentlichen Leben an die Stelle getreten, die die heidnische Religion aufzugeben im Begriffe war. Dort hatte das Prinzip »do ut des« gegolten, die Angemessenheit des erbrachten Opfers zu dem erwarteten Lohn. Wenn sich das durchsetzen sollte, würde das Christentum wie eine heidnische Religion werden und wäre der Ethik der philosophischen Schulen unterlegen.

Augustin erkannte den Ernst dieser Lage und war bereit, mit allen gängigen Auffassungen zu brechen. Er hob das Ereignis von Roms Fall weit über seine vorübergehende Bedeutung hinaus, weit auch über die Erfahrung der betroffenen Zeitgenossen, und neigte über die Jahre der Niederschrift der zweiundzwanzig Bücher der *Civitas Dei* hin (413–426) eher dazu, in dem Maße, wie der Schaden behoben wurde, seine Haltung zu verhärten. Wenn einer im weltgeschichtlichen Rahmen Nietzsches Maxime, was fällt, das solle man noch stoßen, angewendet hat, so ist es der sprachgewaltige Bischof von Hippo gewesen. In den ersten Büchern ist er in der apologetischen Bemühung, die Vorwürfe der Heiden zu entkräften, willens, die Mäßigung der Barbaren und ihre Schonung der meisten Kirchen und der darin Geflüchteten dem Wirken des christlichen Gottes zuzuschreiben (*Civ.*, I, 7) und die heidnischen Tugenden aus der alten Republik als Vorläufer christlicher Tugenden anzuerkennen. In der zweiten Hälfte des Werkes verfährt er strenger.

Seine Theologie der Geschichte setzt sich gegen alle innerhalb und außerhalb des Christentums in seiner Zeit vertretenen Auffassungen ab. Er bekämpft die Naherwartung des Weltendes wie sein chiliastisches Erklügeln, also sowohl die Geschichtsflucht der frühen Kirche wie ihr berechnendes Verfügen darüber, ohne die internen Gegner zu nennen. Nicht weniger deutlich wandte er sich gegen die Lehre von den wiederholten Kreisläufen der Geschichte, die von den griechischen Philosophen in manche christliche Deutung gedrungen war, so in die Apokatastasis-Lehre des Origenes. Schließlich galt es, die Reichstheologie und den in die christlichen Auffassungen einsickernden Rom-Mythos zu widerlegen.

Über den Anlaß weit hinausgehend, widerlegt Augustin nicht nur die Heiden, sondern vor allem die Christen abweichender Auffassung. Er läßt sich wenig auf den Verlauf der Ereignisse ein, und wo er es tut (*Civ.*, XV bis XVIII), geschieht es sehr knapp; vielmehr handelt er vorwiegend von Anfang und Ende und den Bedingungen von Heil und Verwerfung. Die Zeit dazwischen sieht er nicht, wie oft fälschlich behauptet und falsch übersetzt wird, als einen Fortschritt, sondern als den Weg des Menschen von der Geburt zum Tode. Ob er dafür »excursus« oder »procursus« setzt, beides bezeichnet einen Lauf ohne qualitative Veränderung. Beide Bürgerschaften nehmen ihren Lauf aus der in Adam eröffneten gemeinsamen Pforte der Sterblichkeit zu ihren verschiedenen und verdienten Zielen (»ex communi, quae aperta est in Adam, ianua mortalitatis egressis, ut procurrant et excurrant ad discretos proprios ac debitos fines«, *Civ.*, XV, 21). Solange die Zeitlichkeit währt, bedeutet gerade die Gottesbürgerschaft ein Irren in der Fremde (»peregrinatur« I, 1; »peregrina civitas« I, 35 u. ö.) und die Unmöglichkeit, den eigenen Status zu erkennen. »Verflochten nämlich sind diese beiden Bürgerschaften in dieser Welt und wechselweise durcheinandergemengt, bis sie im jüngsten Gericht getrennt werden« (»Perplexae quippe sunt istae duae ciuitates in hoc saeculo invicemque permixtae, donec ultimo iudicio dirimantur«, *Civ.*, X, 35). Nimmt Augustin aber einmal den Gedanken von der Einheit des Menschengeschlechtes auf (»humani generis«, *Civ.* X, 14), dessen Erziehung (»recta eruditio«) in gegliederten Abschnitten (»per quosdam articulos temporum«) voranschreite wie im Leben eines einzelnen Menschen, so tut er es mit dem Hinweis auf die Philosophen und auf Plotins Schrift über die Vorsehung (ibid.). Gedanken des Fortschritts weist er ab. Wenn er seiner Anschauung der Geschichte mit Eusebius und Hieronymus die alte Aetates-Lehre zugrunde legt, während Orosius die Geschichte nach den vier Monarchien gliedert, die man auf das Buch Daniel bezog, so deshalb, weil sie ein Altern der Zeit bedeutet. In ihrem Verlauf bringt sie vieles und Erstaunliches zutage, Bewundernswertes und Zerstörerisches (*Civ.*, XXII, 24), aber nichts davon ist heilsgeschichtlich bedeutsam.

Wie es viele andere Autobiographen tun sollten, begnügt Augustin sich mit der Schilderung der ersten Aetates seines Lebens, bis zur Bekehrung und Taufe im Mannesalter. In den abschließenden meditativen Büchern stellt er sich selbst in seiner Gegenwart als Schreibenden dem Leser gegenüber. Er berichtet aber nicht, wer er inzwischen geworden ist und wie das geschah. Die chronologisch orientierte Darstellung (*De civitate Dei* XV bis XVIII) endet entsprechend mit dem Auftreten Christi und gibt nur einen sehr allgemeinen Vorblick auf die Kirche und die Verfolgungen. Es ist nicht die geringste Vorstellung davon zu finden, daß nun erst die christliche Geschichte eigentlich beginne, daß sie nun Subjekt sei und einen Sinn habe, daß ihr Handeln und Leiden symbolisch sei wie das des jüdischen Volkes in der Auffassung des Alten Testaments. Demgegenüber nimmt die erworbene jüdische Geschichte und die widerlegte römische einen größeren Platz ein, von den dogmatischen Erörterungen ganz zu schweigen. Die ungeschichtlichen Grenzen Anfang und Ende und die ungeschichtlichen Wunder treten an deren Stelle, und das Werk endet mit einer Versöhnung Platons mit Porphyrius und Varro in ihren Lehren über die Auferstehung.

Angst und Überwindung der Gegenwart verzehren die vergangene und die künftige Zeit und Welt. Nach der Schärfe der Entgegensetzung mag den späteren Beobachter die Konzilianz bei den Jenseitsvorstellungen der Platoniker und im Wunderglauben der afrikanischen Gemeinden befremden. Beides gehört, wie das nachahmende Erzwingen der Bekehrung in seiner Lebensgeschichte und die Reduktion der Dauer auf den pulsierend flüchtigen Moment in seiner Zeiterfahrung, zur Gegenwart der Spätantike.

»Zeit der Götter, Zeit der Menschen«

Augustins Auffassung der Geschichte ist zu weltverneinend gewesen, um das Mittelalter im allgemeinen zu prägen, und das gerade dort, wo es Geschichte machte und sich darüber Rechenschaft abzulegen versuchte. Dort bedurfte man einer Vermittlung mit der weltlichen Macht und ihrer Überlieferung und folgte eher Orosius. Das heißt, wie es nicht untypisch für das Mittelalter ist, man nahm Orosius und versah ihn mit der Autorität Augustins, ohne sich über den Unterschied Gedanken zu machen, sofern man ihn überhaupt wahrzunehmen in der Lage gewesen ist. Die Erneuerungen, Reformen und oft gewaltsamen Rückbesinnungen auf den Gehalt der christlichen Lehre zielten dagegen auf den wirklichen

Augustin, und das geschah nicht nur im Mittelalter, sondern in der Renaissance und der Reformation, im Jansenismus Frankreichs und im deutschen Pietismus. Der weltverneinende Zug dieser Bewegungen war gelegentlich so stark, daß moderne Historiker ihn gar nicht in die Entwicklungsfolge der allgemeinen Geschichte einordnen wollten, sondern in diesen Bewegungen z. T. Rückfälle in das Mittelalter oder dessen glanzvolle Repristination erblickten.

Nicht weniger ambivalent ist Augustins Rolle als Übermittler antiker Traditionen. Was hätte sich doch von antiker Philosophie rekonstruieren oder wiederbeleben lassen, wenn sie nur in stärkerem Maße durch seine überaus zahlreichen Schriften überliefert worden wäre? Als Apologet wie als Lehrender ist Augustin ein gewaltiger Zerstörer. Ganze Traditionen, die er für verderblich hielt, wollte er zunichte machen, und man wird ihn nicht verstehen, wenn man diese Eigentümlichkeit seines Wesens verschleiert. Er stellt sich gegen viele Strömungen seiner Zeit, die er in ihrer Vergeblichkeit durchschaut hat. Aber er ist auch Kind seiner Zeit, einer Zeit der Weltflucht, des abhanden gekommenen Bürgersinnes und mangelnden Gefühls politischer Verantwortung und gestaltender Phantasie, der gesunkenen Ökonomie, der »agri deserti«, des Erlahmens wissenschaftlicher Anstrengung und literarischer Kultur.

Was er davon bewahrt, bewahren kann und will, ist wenig und dient einem ganz anderen Zweck. Cassiodor oder Boethius mögen in einer Situation gestanden haben, in der die Rettung des Verbliebenen schon dringlicher geworden war als der Kampf gegen das, was an der antiken Kultur immer noch bedrohlich schien. Ohne sie wäre es für die späteren Jahrhunderte schwieriger gewesen, wieder an die antike Philosophie anzuknüpfen. Augustin bestärkt eine vorhandene Tendenz der westlichen Hälfte des Imperiums zum beschleunigten Niedergang, während der Osten mit eher kompromittierenden Auffassungen der Geschichte und des Verhältnisses von Staat und Kirche sich unter Justinian konsolidierte und die reicheren und weiter entwickelten Länder des alten Hellenismus zunächst stabilisierte. Für einen politischen Beobachter im 6., 7. oder 8. Jahrhundert wäre es schwer gewesen, Augustins historischer Stellung nicht Unrecht zu tun.

Wenn die Historiker der Spätantike ihrerseits etwas von Augustin lernen konnten, so die »Verflechtung und wechselweise Vermengung« der Kausalitäten und Abhängigkeiten. Nicht die Weltverneinung des Christentums allein schwächte den Staat und zerstörte den Bürgersinn; der unsicher gewordene Friede und kaum einzudämmende Epidemien verringerten die Bevölkerung, die Armut der vielen und der Reichtum weniger lähmten die Tätigkeit und den Widerstand gegen die eindringenden Barbaren. Dies alles mündete in eine gesteigerte Bereitschaft, die Erwartung von dieser Welt auf eine andere zu richten und das irdische Rom samt seiner Kultur für abgetan, vergangen und unwirklich zu halten.

Hat Augustin in diesem Wandel der Zeiten denn, wie die geschichtsphilosophische Literatur es gern darstellt, die antike Ansicht der Geschichte durch eine «jüdisch-christliche« ersetzt? Wir haben uns vergegenwärtigt, mit welcher Entschiedenheit er sich gegen andere Deutungen der Geschichte wandte, die sich selbst für christlich hielten. Er hat Eusebius' wissenschaftliche Eingrenzung der Vergangenheit ebenso aufgehoben, wie er dessen maßlose Panegyrik und Unterwerfung unter die weltliche Macht ablehnte. Er hat die Geschichtsdarstellungen mit der Schöpfung beginnen lassen und darin, mehr noch durch Orosius als durch seinen eigenen Bericht, die Chroniken des Mittelalters bestimmt. Andererseits gelang es ihm nicht, den Chiliasmus in die Schranken zu weisen. Er hatte bei der konsequenten Trennung der beiden Reiche im historischen und politischen Denken und Handeln des Mittelalters nur sehr begrenzten Erfolg. Keinen Anteil hat er an den Lehren von einem irdischen Fortschritt, und er ist es nicht gewesen, der die Vorsehung in die Geschichtsschreibung eingeführt hat.

Sein Werk ist die ausgeprägteste Theologie der Geschichte, und auf diesem Wege hat er auch der Philosophie der Geschichte Themen überliefert, die nicht historischen Charakters sind, zum Beispiel die Fragen um Anfang und Ende. Die historische Forschung, für welche die Kirchengeschichte auch im 16. und 17. Jahrhundert ein bedeutendes Thema ist, hat Eusebius stärker geprägt. Ohne sonderliche Verehrung zu erwecken, erwies er sich in mancher Hinsicht als unersetzlich. Die Geschichtsschreibung der Neuzeit knüpft bei Livius und Tacitus wieder an, die Augustin verschmähte, und bei Herodot und Thukydides, die ihm unbekannt blieben. Darstellung von Ereignissen war nicht sein Vorhaben, eine historische Tatsache zu ermitteln oder eine Fragestellung durchzuführen wäre ihm als befremdliches Ansinnen erschienen. Sein Ziel war es, das Überlieferte auszulegen, und dadurch hat er Schule gemacht.

Daß er Gottes Wirken in der Zeit in einer linearen Folge eines geschichtlichen Zusammenhanges gesehen oder diese Ansicht begründet habe, ist eine durch moderne Vorurteile fehlgeleitete Deutung seiner Schrift. Er hat im Gegenteil die Unerkennbarkeit dieses Wirkens postuliert, ein dauerhaftes Fortschreiten irdischer Gebilde bestritten und die

Heillosigkeit dieser Welt gelehrt, worin verborgen die kleine Schar der Gottesbürger irre. Damit hat er die christliche Religion vor Widerlegungen und Enttäuschungen zu sichern gesucht und vielleicht die Motivation politischen Handelns geschwächt sowie den äußeren Niedergang des westlichen Imperiums beschleunigt. Zugleich hat er mit dem Reduzieren der Zeiterfahrung auf den dramatischen Moment und dessen Beziehung auf das Unvergängliche die Möglichkeit seiner steten Erneuerung begründet.

Das geschah durch eine Verknüpfung von paulinischem und platonischem Denken, durch die Abwendung von der Außenwelt und die Konzentration der Erfahrung in der Subjektivität, womit sie Sache des Willens wird. Die Trias der späten Platoniker von Sein, Sich-Erkennen und Sich-Lieben (*Civ.*, XI, 26) wird in der Spannung zum Nichtsein und in der Furcht vor der Verwerfung zum leidenschaftlichen Innesein des zeitlosen Augenblicks aktualisiert. Nicht das Verhältnis zur Ewigkeit bestimmt die Anschauung, sondern der Affekt, nicht Zahl und gleichförmige Bewegung ohne Grenzen, sondern die Intensität des Augenblicks. Ein Sein ohne Zeit, ein Erkennen ohne Gegenstand, eine Liebe ohne erkennbares Gegenüber – so könnte man es deuten. Augustin wird es positiver beschreiben, was er, eher platonisch als christlich, als seine Trinität versteht: daß wir sind, unser Sein erkennen und dies Sein und Erkennen lieben (»Nam et sumus et nos esse nouimus et id esse ac nosse diligimus«, *Civ.*, XI, 26). Diese gesteigerte Selbstbeziehung macht es ihm leicht, das Irdische anders zu bewerten. Das verschafft seinem Denken große Unabhängigkeit, aber nicht Klarheit über die Herkunft und Stellung der in seine Konstruktion eingegangenen Gedanken, die ihm gleichgültig ist. Er leugnet deren selbständige Dauer und gesteht doch deren »Verflechtung und wechselseitige Vermengung« zu. Im Gange der von ihm weder beabsichtigten noch vorhergesehenen Geschichte konnte diese Lösung auf die Dauer nicht genügen.

Die moderne geschichtsphilosophische Literatur hat ungewöhnliche Schwierigkeiten, Augustins Auffassung auch nur zu beschreiben. Sie war in der ersten Hälfte des 20. Jahrhunderts weitgehend von der Vorstellung eingenommen, daß eine lineare Geschichtszeit der »jüdisch-christlichen« Kultur sich abhebe von einem zyklischen Kosmosdenken der Griechen. Eine sehr begrenzte Evidenz wurde von gewissen Anhaltspunkten aus dem Sprachbau und dem Mythos gestützt und zu Notwendigkeiten der Anschauung hypostasiert. Seit der Mitte des Jahrhunderts erschienen mehrere sorgfältig analysierende Untersuchungen, die zunächst Einzelfälle gegen die allgemeine Deutung heraushoben und von da aus die nie durchgeführte These in Frage stellten.

In mehreren Studien ging James Barr vom biblischen Wortgebrauch aus, der ihm durch das von der deutschen Sprachwissenschaft der ersten Jahrhunderthälfte einseitig geprägte ›Wörterbuch zum Neuen Testament‹ unzutreffend behandelt schien. Pierre Vidal-Nacquet war bei der Untersuchung griechischer Denkweisen auf viele Beispiele gestoßen, die sich keiner zyklischen Deutung fügten. Arnaldo Momigliano schließlich erörterte in weiterem Zusammenhang Denkformen und Modi der Zeitdarstellung in der antiken Geschichtsschreibung. Die weite Geltung von nie methodisch eingeführten Begriffen und ihre Rolle in der Ideologie des 20. Jahrhunderts sind damit allerdings noch nicht erklärt und dargestellt. Sie war nicht auf eine Nation, Richtung oder Schule historischer Forschung begrenzt und scheint bislang ungeklärten Zeitvorstellungen der Moderne geschmeichelt zu haben. Darin wird nicht nur ein »abaissement du niveau mental« und eine »erosion of categories« zu suchen sein, sondern, wie in solchen Fällen oft (vgl. E. Wind, *Pagan mysteries,* 215 n. 75), ein Problem verborgen liegen.

Das griechische Epos und die Tragödie kennen die Zuordnung zweier verschiedener Zeiten, die am (geschichtlichen) Handeln der Menschen deutlich werden, von Menschen zudem, die von der Kosmologie der späteren Philosophen, im Epos zumindest, nicht die geringste Vorstellung haben. Das dem Handelnden selber undurchschaubare Geschick liegt offen vor den Augen der Götter, und die Musen kennen es, der Seher vermag es zu schauen. Hesiods *Theogonie* berichtet, wie in einem eher linearen Zeitablauf die unterschiedlichen Weltalter aufeinander folgen und, in unserem bisher letzten und schlechtesten in der geradlinigen Geschlechterfolge, der Uranide Zeus seine Herrschaft über Götter und Menschen begründete. In den *Werken und Tagen* dagegen schildert Hesiod die Feldarbeiten im Zyklus des Jahres.

Während die Götter in unveränderlicher Heiterkeit thronen, altern die Menschen und plagen sich in der Zeit. Die einzelnen Tage sind für die anfallenden Verrichtungen günstig oder nicht, und dann müssen sie verschoben werden. Der Mensch ist an die guten und schlechten Tage wie an das Wetter (»tempus« im eigentlichen Sinn) gebunden. Des Menschen Zeit ist die ihm zugemessene Zeit, deren Ereignisse ihn umtreiben so wie seine nichtigen Sorgen, und sie bestimmt den Rhythmus seines Lebens. Andererseits und objektiver wird Zeit als »Rächer« gefaßt (Solon, *frg.* 4, 16), der das verletzte Recht sühnt, als »Zeuge«, der die verborgene Wahrheit an des Licht des Tages bringt (Pindar, *Ol.* X, 65). Pindar ist auch der erste, der auf orphische oder eher pythagoräische Vorstellungen von einem zeit- und »tränenlosen Leben« auf den Inseln der Seligen anspielt.

In den Ablauf eines Tages faßt Sophokles die tragische Verkettung zweier gegensätzlicher Zeiten in dem Verhängnis, in das man sich verstrickt, indem man ihm zu entgehen trachtet. Ödipus erfüllt sein Geschick in zielvoll planendem Handeln, worin er sehend blind ist, bis er die Wahrheit erkennend sich blendet. Dem Sterblichen ist vor dem Hereinbrechen des Verhängnisses unergründlich, was vor Gott und seinem Seher offen liegt. Für die mythische Vorstellung scheint schrecklicher noch als Totschlag und Inzest dessen Folge zu sein: die Verwirrung der Zeitordnung in der Geschlechterfolge. In diesem »ágamon gámon« sind Gezeugtes und Zeugender Geschwister und Kinder einer Mutter. Unheil war die Folge, aber kein Geschädigter klagt an, und kein Gericht spricht Recht, sondern die Zeit verurteilt (»chronos dikazei«; Soph. *OT*, 1214) die Verkehrung der Geschlechterfolge.

»Die allmächtige Zeit« (»ho pankrates chronos«), wie Goethe in *Prometheus* eine Prägung des Sophokles übersetzt, steht über dem Lauf der Welt. Sie kann auch als der objektive Verlauf gelten, innerhalb dessen die Menschen erkunden, was die Götter ihnen nicht von Anfang an enthüllten, wie Xenophanes diesen Gedanken eines Erkenntnisfortschritts formuliert (*frg.* 18, Diels). Vielfältig aufgenommen, bei den Sophisten, bei Herodot, in der Darstellung der »technai«, die Plinius der Ältere (*Hist. nat.* VII, 57) und Clemens von Alexandria (*Stromata* I, 74) aufnehmen werden. Es sind Gedanken aus der kulturellen Erfahrung der Griechen. Sie bilden die Grundlage, um später eine »intelligible« Zeit von einer »sensiblen« zu trennen, Entwicklung und Fortschritt in der Geschichte, die Einheit der politischen Welt und eines idealen gemeinsamen Bewußtseins des durch die Zeit sich bewegenden Menschengeschlechts zu konzipieren.

Der Platonismus der Spätantike trennte ein unvergängliches Jenseits von einer diesseitigen Zeitlichkeit. Er hatte sich längst von dem Götterhimmel Homers oder dem des römischen Kultes zu dem göttlichen ›Einen‹ gewandt, eine strenge Moralität und Askesetechniken entwickelt, auch eine Dämonenlehre und den Umgang mit dem Wunderbaren, was der klassischen Philosophie fremd gewesen ist. Augustin selbst ist viel offener und beredter in seinem Verhältnis zu den heidnischen philosophischen Strömungen seiner Zeit, denen er sich für eine Weile seines Lebens ganz anvertraut hatte. Wir haben uns zu vergegenwärtigen versucht, daß die Schärfe seiner Unterscheidung von anderen Anschauungen der Geschichte unausgesprochen, aber deutlich überwiegend, den christlichen abweichenden Meinungen gilt vor den heidnischen. Er gewinnt diese Deutlichkeit dadurch, daß er das paulinische Element vereint mit dem bei ihm selbst für überwunden gehaltenen manichäischen, um sich gegen die pelagianische Innerweltlichkeit abzusetzen.

Es ist auch weder Scherz noch greisenhafte Schwäche, wenn er zum Schluß der *De civitate Dei* die Lehre von der ewigen Seligkeit dadurch konstruiert, daß er Platon mit Porphyrius vereinigt und einen Gedanken Varros hinzufügt. Und daß es ihm an einem eigenen Element nicht mangelte, hat unsere Darstellung vor Augen geführt. Sein erstaunliches Lebenswerk hat die Einheit und die Spannung, die bewirkt, daß seine Erfahrung durch lange Jahrhunderte hindurch sich stets wiederholen ließ in neuen Lesern unter anderen geschichtlichen Bedingungen. Die dramatische Aktualisierung von Theorie in seiner Subjektivität darf nicht darüber hinwegtäuschen, so nahe das im Zuge konkurrierender Deutungen der zeitlichen Existenz auch liegen mag, daß eine christliche Theologie ohne griechische Philosophie nicht möglich gewesen wäre, vor allem nicht ohne den Platonismus der Spätantike, den die Renaissance wiederzuerwecken versuchte. Und es wird andererseits, um die Anmerkung eines Platonismus-Forschers aus dem Jahre 1933, wo sie einigermaßen verborgen erschienen war, zu wiederholen, auch keine Philosophie ohne diesen Humanismus geben, denn es gibt keine anti-humanistische Philosophie, sondern nur anti-humanistische Barbarei. *

* Willi Theiler, »Porphyrius und Augustin«, in: *Abhandlungen der Königsberger Gelehrten Gesellschaft*, 1933. Ndr. in: *Forschungen zum Neuplatonismus*, Berlin 1966.

2. Petrarcas Erfindung des Mittelalters

Kein Schriftsteller vielleicht hat sich Augustinus derart nahe gefühlt in jener Zeit und ihn sich selber so ausdrücklich zum Seelsorger und imaginären Gesprächspartner erwählt wie Petrarca. Und trotzdem kam er unter den Bedingungen seiner Zeit und seines Charakters zu einer völlig gegensätzlichen Auffassung der geschichtlichen Welt. Dabei verwandelt er den historischen Augustinus, den er doch wahrlich kannte und der sich wie kaum ein anderer in zahlreichen Schriften unverwechselbar individuell dokumentiert hatte, zu einem Wunschbild des zeitgenössischen Humanismus.

Zwischen der Kindheit Augustins und dem Alter Petrarcas liegt ein volles Jahrtausend. In dieser Zeit hatte sich vieles ereignet, was zu ihrem Beginn auch nur zu hoffen keinem eingefallen wäre. Aus den Barbaren, die Rom verwüstet und Hippo erobert hatten und deren Invasionen das Imperium erschütterten, waren christianisierte und großenteils romanisierte Träger einer neuen Kultur geworden. Die Welt war nicht, wie stets befürchtet und oft auch ersehnt, untergegangen; sie hatte sich lediglich verändert. Neue soziale Strukturen und Formen des Wirtschaftens bildeten sich heraus. Neue Reiche waren entstanden, und das Papsttum selbst war eines von ihnen geworden, manchmal über ihnen, manchmal unter einem anderen. Die Trennung der östlichen Hälfte des Römischen Reiches vom Westen war machtpolitisch, sprachlich und konfessionell besiegelt. Dafür war der Islam von Arabien aus rasch durch das nördliche Afrika und nach Spanien vorgedrungen. Neue Imperien in den Ländern, zu denen einst Augustins Diözese gehört hatte, waren ihrerseits schon wieder im Niedergang begriffen. Dort entstand in dem Werk des Ibn Khaldun eine erstaunlich moderne Geschichtsphilosophie in eben dem 14. Jahrhundert, in welchem Petrarca in Arezzo 1304 geboren wurde, weil sein Vater von Florenz verbannt war. Er wuchs im Umkreis der »babylonischen Gefangenschaft« der päpstlichen Kurie auf und nährte politische Hoffnungen, die sich mit denen des Abenteurers Cola di Rienzo treffen konnten, der ein darniedergesunkenes Rom spektakulär zur vermeintlichen alten Freiheit erheben wollte, in einem Literatenstreich, während die Stadtrepubliken und Tyrannien des nördlichen Italien die modernen Formen von Wirtschaft, Fernhandel und Bankwesen entwickelten.

Stand das Christentum als neue Staatsreligion in der Epoche Augustins noch in der Defensive und mußte sich bei jeder akuten Bedrohung des Imperiums rechtfertigen gegen die pagane Tradition, so hatte es sich inzwischen längst Bildung und Wissen auch heidnischer Herkunft unterworfen. Eine christliche Deutung des überlieferten historischen Wissens hatte sich durchgesetzt, die eher dem vermittelnden Orosius als dem radikalen Augustinus folgte, freilich ohne sich des Unterschieds beider bewußt zu sein. Eine völlig ungeschichtliche Art des Philosophierens war mit der Scholastik entstanden, die ihrerseits gleichwohl über die arabischen Kommentatoren mit der antiken Philosophie in Verbindung stand. Das christliche Gewissen, das nach innerer Stabilisierung verlangte und sich äußerlich akkommodierte, wurde tief aufgewühlt von Reformbewegungen, deren stärkste die des Franziskus war. Die Stadtkulturen blühten im Hader ihrer Parteien und im Kampf gegeneinander. Die Arbeit dieser Zeit verkörpert sich noch in gewaltigen Architekturen, die bestrebt sind, das Stoffliche zu sammeln und hierarchisch, wie die Gesellschaft, der sie zugehören, zu gliedern, um sich durch die Kraft des Geistes die Materie formend zu unterwerfen: in den Kathedralen und Domen, den Summen der Scholastik und, an der Schwelle dieser Zeit, in der *Commedia* Dantes.

Petrarcas Haltung stellt das Verständnis vor beträchtliche Schwierigkeiten, die sich nicht dadurch beheben lassen, daß man ihn zum ersten Modernen erklärt. Wie kann ein Christ und Verehrer des Augustinus die christlichen Jahrhunderte ablehnen? Nicht das Äußere zugunsten einer inneren Gewißheit zu verneinen, sondern von einer Innerlichkeit aus, welche die Macht des Äußeren widerlegt hat, das Verfahren aufzurollen, kennzeichnet Petrarcas Unternehmen. Von einer Gegenwart aus, die ihm noch keine Hoffnung bietet, nicht eine ferne und fremde Zeit, sondern das eigene Jahrtausend zu verurteilen, dessen Werte er noch anerkennen muß, macht die Sache so verzweifelt. Für den Christen Petrarca sind die christlichen Jahrhunderte kein Gegenstand der Erinnerung. Was in ihnen geschah, zählt nicht wirklich, und es vermochte keine Kontinuität zu bilden. Kaum weniger streng als Augustinus die klassische Antike widerlegt und sie insgesamt als heilsirrelevant darstellt, betrachtet Petrarca die Zeit, die wir immer noch, seiner Vision folgend, Mittelalter nennen, als einen Fehlschlag. Wie andere Humanisten seiner Zeit in Italien es auch taten, aber heftiger und leidenschaftlicher verkündete er die Auffassung, daß diese Periode der Weltgeschichte Finsternis bedeute, Schlaf und Tod, eine Zeit ohne Inhalt, die eigentlich gar keine Geschichte habe.

Diese Auffassung wahrt eine extreme Spannung in sich im Grundgefühl eines Mißbehagens an der Gegenwart, die nur den Schmerz über den Verlust vergangener Größe und eine ungewisse Hoffnung künftiger Erneuerung enthält. Der Schmerz steigert den erlittenen Verlust zu einem Ideal und schafft eine gänzlich neue Liebe zu den Überresten und eine nahezu religiöse Verehrung des Vergangenen innerhalb einer begrenzten Zeit, womit sich die Konzeption eines »klassischen Altertums« der Philologen ankündigt. Die ungewisse Hoffnung, das längst Vergangene von neuem zu erwecken oder zu beleben, nährt sich zu Petrarcas Zeit schon ein wenig von den Erfolgen der bildenden Künstler, eines Giotto oder des älteren Pisano, und von der sehr wenig antiken und in der *Commedia* nicht einmal lateinisch sich äußernden, aber bewunderten Größe Dantes.

Eine solche Auffassung steht nicht nur im Gegensatz zu der überlieferten christlichen Ansicht der Geschichte, sondern auch in einem Zwiespalt innerhalb ihrer selbst und ihrer näheren historischen Umgebung. Der bis zur Vernarrtheit an Ciceros klassischer Latinität sich bildende Petrarca lehnt mit einer religiösen Inbrunst, die sich wohl auf Augustin und die Reformbewegungen beziehen läßt, nicht nur die Niedergangszeit der antiken Kultur ab, sondern auch die christliche, der Welt sich öffnende Kultur des Mittelalters. Daß vermeintlich christliche Humanisten des 20. Jahrhunderts die verschiedenen Versuche, sich der Antike anzunähern, in karolingischer und ottonischer Zeit, im 12. Jahrhundert und im 13. als »Renaissancen« gegen die von Petrarca erhoffte, sich in Spuren bereits abzeichnende Renaissance ausspielen wollen, hätte ihm als abwegig erscheinen müssen.

Ebensowenig vermochte er die mittelalterlichen Geschichtsschreiber zu billigen, die mit dem Instrument der Chronologie aus spätantiken Kompilationen Geschichten seit dem Beginn der Überlieferung oder gar der Schöpfung verfaßten. Es ging dabei um Kontinuität und um die Legitimation der barbarischen Geschäftsträger des Imperiums. Die Überlieferung historischen Wissens hatte zunächst in den Händen englischer und fränkischer Mönche gelegen. Beda Venerabilis im frühen 8. Jahrhundert nimmt die Einteilung der Weltgeschichte in sechs »aetates« von Eusebius von Caesarea auf, vermittelt über Isidor von Sevilla. Beda ist es auch, der zuerst die Chronologie nach Jahren seit Christi Geburt datiert. Das war nach dem Zerfall des weströmischen Reiches, womit die bisherige Datierung nach den regierenden Konsuln oder Caesaren unmöglich geworden war, eine Notmaßnahme. Ein neues heilsgeschichtliches Bewußtsein kann man darin nicht erblicken. Für die christliche Geschichtsdeutung ergab sich vielmehr die Schwierigkeit daraus, daß die normale »aetas« nach der Rechnung von Matthäus I, 17 vierzehn Generationen umfaßte, das sind knapp 500 Jahre, und daß nun ausgerechnet die nach aller Erwartung kürzeste letzte, die sechste »aetas«, aus jeder Proportion geriet. Solange es eine christliche Erwartung des Weltendes gab, wurde jedes weitere Jahr nach Christi Geburt mit schmerzlichem Zweifel addiert. Selbst das Wort des Psalmisten, daß vor Gott tausend Jahre wie ein Tag seien, konnte nur befristet als Erklärung dienen.

Je nach der politischen Zugehörigkeit eines Chronikenschreibers schwankten die Auffassungen von der Kontinuität des Römischen Reiches. In ein und demselben 9. Jahrhundert vertrat der Bischof Frechulf von Lisieux die Meinung, das Imperium sei bereits in der Völkerwanderung untergegangen, wie es später etwa Machiavelli beurteilen sollte; Ado von Vienne aber springt in seiner Chronik der sechs Weltalter von den oströmischen Kaisern ohne Zögern auf Karl den Großen über als den ersten »imperator ex gente Francorum«. Damit beginnt die legitimierende Rechtsfiktion einer »translatio Imperii«, die trotz vieler Anfechtungen bis 1806 Geltung beanspruchen sollte.

Das römische Imperium durch die Kaiser deutscher Nation christlich fortzusetzen und universell zu erweitern, hatte Dante zum Gegenstand seiner Vision gemacht, die ebenso politisch wie poetisch war. Dante war nur eine Generation älter als Petrarca. Wie dessen Vater und viele in den italienischen Städten dieser Zeit war er verbannt worden. Das Exil prägte und verschärfte seine politische Stellungnahme. Erstaunlich ist weniger, daß die meisten nicht seine Partei ergriffen, als vielmehr, daß seine Vision zerfiel. Man bewunderte sein Werk in all den Einzelheiten, die es der Betrachtung und früh in Kommentaren seiner eigenen Söhne und Boccaccios der Erläuterung bot, aber man begriff seine Ansicht der Geschichte nicht mehr. Man stand nicht mehr auf dem selben Boden. Die Bedingungen historischer Anschauung hatten sich gewandelt.

Das Beispiel und das Werk Dantes stehen Petrarca auf eine merkwürdige Weise vor Augen. Das ist kaum zu rekonstruieren. Wenn Petrarca die großen Männer der Geschichte in einem Buch zu versammeln gedenkt, kann er es nicht tun, ohne den Vergleich mit der *Commedia* herauszufordern. Und wenn er im *Secretum* mit einer einzelnen Figur der Vergangenheit wie Augustinus ein Gespräch fingiert, das Ringen um die eigene Seele bedeutet, so liegt das Verhältnis Dantes zu Virgil nicht weit. Petrarca mag das Werk seines Vorgängers für unerreichbar oder für verfehlt und überholt gehalten haben, für uns liegt die Schwierigkeit darin, zu begreifen, was er davon verstanden hat und was er so kurz danach schon nicht mehr zu verstehen vermochte.

Dantes Zeitgenossen unterscheiden sich von den meisten späteren Lesern, darunter so prominenten wie Benedetto Croce, nicht darin, daß sie Dantes Werk nur in Einzelheiten, in Episoden, in schönen Stellen zu verkraften imstande waren. Wer ist schon in der Lage, ein Ganzes zu würdigen? Wie Homer die griechische Literatur, so hat Dante die italienische in der epischen Gattung zugleich begründet und ihre Entwicklung unterbunden. Die Nachfolger sahen sich dazu verdammt, Epigonen, Parodisten, Kleinkünstler zu sein. Und wer Größe beanspruchte, der mußte sich gegen das überwältigende Werk stemmen.

Erich Auerbachs Antrittsvorlesung »Entdeckung Dantes in der Romantik« (1929) zeichnet entwicklungsgeschichtlich auf ein Ziel hin, das späte Verständnis der *Commedia.* Viel gerühmt, mehr oder weniger gelesen, aber kaum verstanden blieb das Werk, bis merkwürdigerweise deutsche idealistische Denker, Schelling und Hegel, daneben August Wilhelm Schlegel, der Historiker Friedrich Christoph Schlosser und der König Johann von Sachsen, zur weltgeschichtlichen und philosophischen Deutung des Ganzen vorstießen.

Wie mußte das Werk einem Leser vorkommen, der selber Dichter war und sich in der epischen Gattung versuchte, von Petrarca an bis zu Voltaire und Goethe? Das ist hier nicht auszuführen. Aber ein Epos in der Vulgärsprache zu schreiben, worin antike Helden auftreten und sprechen sollten, konnte Petrarca kaum nachahmenswert erscheinen. Dazu war er der Antike schon zu nahe gekommen. Die Geschichte im ganzen, was nur theologisch zu bewältigen war, und doch in jedem einzelnen schon gerichtet, zeitlos in einer räumlichen Jenseitigkeit zu durchschreiten mußte wenig plausibel erscheinen. Das Handeln erst als vergangen zu vergegenwärtigen schien dem Sinn des Epos zu widersprechen. Die antike Welt, die sich klarer dem langsam archäologisch geschärften Blick darbot, nach christlichen Werten mit der christlichen Überlieferung zu verflechten begann als stillos und widersinnig zu erscheinen.

So wie es lange dauerte, bis die Antike nicht mehr unmittelbar bedrohlich, sinnlich-heidnisch verlockend und gefährlich war, sondern derart abgestorben, daß sie in einer Renaissance einem »rinascimento dell'antichità« wiederbelebt werden konnte, so war es auch mit Dante. Er mußte in weite Distanz rücken, bis man nicht mehr mit seinen Deutungen stritt, sein Wissen verbessern wollte und seinen Geschmack perhorreszierte. Dann erst konnte man ihn erneut bewundern und im ganzen deuten. So mußte auch ein ganzer Zyklus malerischer Entwicklung, der von Raffael ausgegangen war, ans Ende gelangt sein, ehe man wieder Giotto und Masaccio bewundern konnte.

Dante seinerseits konnte sich Augustins Deutung der Geschichte nicht zu eigen machen. Die Geschichte der irdischen Welt als nichtig anzusehen, die Geschichte Roms und seinen Mythos zu bekämpfen wäre ihm unbegreiflich gewesen. So ist es wirklich eher die bescheidene Schrift des Orosius, über deren Grundriß Dante sein Gebäude wölbt. Orosius' Geschichte, die *Historiarum adversus paganos libri septem*, hatte Dante in *De vulgari eloquentia* zur Lektüre empfohlen. Den spanischen Diakon versetzte er unter die Seligen des Sonnenhimmels. Als ein kleines Licht, »picciolетta luce«, zwar nur, aber in Beziehung auf Augustin, der aus dessen Arbeit schöpfen konnte: »del cui latino Augustin si provede« (*Par.*, X, 117 f.).

Die römische Geschichte wird nicht kämpferisch ihrer eigenen Mythologie und Wertordnung beraubt, wie Augustin es in der *De civitate Dei* versucht hatte. Dante errichtet ihr Gebäude neu und verknüpft auch bei hohen Tugenden Gestalten aus der für das Laienpublikum inzwischen faszinierend unbekannten Antike mit der vertrauten christlichen Überlieferung und der noch nicht zur Tradition gewordenen unmittelbar vergangenen Geschichte, deren gespaltene Parteien seine Leser sind.

Der Gang der Geschichte nicht lediglich in seiner Erstreckung und dem unsichtbaren Wirken Gottes, sondern in seiner inhaltlichen Erfüllung durch politische Staatsbildungen und Beispiele humaner Machtausübung ist für Dante sinnvoll und ein sichtbares göttliches Wirken, aus welchem die Aufgaben der Zukunft abzulesen sind. Dabei verknüpft er die antike, aristotelische Ethik mit der christlichen Heilslehre und römisches Staatsdenken mit dem Auftrag, ein christliches Imperium zu schaffen. Da er politisches Handeln als ein schweres, unablässig von innen und außen bedrohtes Werk sieht, das nicht nur durch Gegner und Feinde, sondern durch den Verrat der Mächtigen gefährdet ist, gerät er nicht in die Versuchung, das schon Bestehende zu verklären, der einst Eusebius von Caesarea erlegen ist. In seiner Auffassung der Gegenwart und ihrer Verpflichtung wächst er über die Rolle des Geschichtsschreibers weit hinaus und übt ein prophetisches Amt aus. In dieser Haltung sah ihn auch die Nachwelt der nächsten Jahrhunderte, obwohl – oder weil – die positive Naherwartung sich so wenig erfüllte wie andere Prophetien.

Die Kunst des figuralen Parallelismus, mit welcher er im Durchgang der nach ethischen Kategorien hierarchisch gegliederten Jenseitsbezirke die Gestalten aus dem Alten Testament mit denen aus der heidnischen Antike und aus der christlichen Geschichte bis zu seiner unmittelbaren Gegenwart auswählt und vereinigt, hat immer wieder die Bewunderung seiner Leser herausgefordert. Er zählt keine Beispiele auf, sondern er läßt in dem zeitlosen, dem »wechsellosen Dasein« Personen aus allen Zeiten lebendig werden in der Beharrlichkeit ihres auf ewig verdammten Lasters, im Streben nach ihrer endlichen Läuterung und in der Seligkeit der schon genossenen wirkenden Liebe. Sie sind, in den Augenblick ihrer Konfrontation zu dem Jenseitswanderer gebannt, auch als Schatten so spannungsvoll in ihrer ganzen Individualität gegenwärtig, wie sie es nur je im Leben gewesen sein können.

Man hat auf das eigentümliche Zeitverhältnis aufmerksam gemacht, daß die Vergangenheit ihrer Erinnerung den Schatten des Totenreiches so deutlich vor Augen liege wie die irdische Zukunft, die sie zu weissagen vermögen, während ihnen die Gegenwart verborgen ist. Die trägt nun allerdings das die Zeitlosigkeit durchquerende Bewußtsein Dantes selber hinein. In einer für die frühchristlichen Zeiten Augustins und auch für das gesamte Mittelalter gänzlich unerhörten Vorwegnahme des göttlichen Gerichts, die sich nicht auf Typen bezieht wie die Totentänze und die sich bei der Verdammung historischer Personen und hoher Würdenträger ja auf keinerlei Konsens zu stützen vermag, sondern im höchsten Sinne individuell ist, läßt Dante das gesamte Personal der Komödie schon gerichtet sein.

Mit Schauder und Mitleid betrachtet er selber die Verdammten, deren Tun verurteilenswert ist, selbst wenn sie ihm nahestehen, wie sein Lehrer Brunetto Latini. Aber was verurteilenswert ist, gilt ihm keineswegs als nichtig. Es hat seine geschichtlichen Wirkungen, und es hat seine gegenwärtige Bedeutung als Mahnung oder Vorbild. Die Schar der Erwählten ist nicht unbekannt wie bei Augustin, sondern sie genießt schon, nach einzelnen Individuen benannt, in dem Reigen des Empyreum den nicht mehr verschleierten Anblick Gottes. Was sein wird, ist immer schon, und das in einem viel konkreteren Sinne als bei Augustin. Nicht nur Christus ist in Adam bereits präfiguriert, wie Maria und die Kirche in Eva, sondern auch das Reich der himmlischen Herrschaft im römischen Imperium, das Caesar begründet hat.

Man könnte das für eine Vermischung weltlicher und spiritueller Anschauungen halten, die sich mithin auch als gebundener an Zeit und Ort und als krisenanfälliger erweist als Augustins Konzeption der »civitas Dei«. Dafür besitzt sie eine überwältigende geschichtliche Wirklichkeit, welche sie in dieser poetischen Beschwörung bewahrt und steigert, während Augustin die irdische Welt verflüchtigt, sofern sie sich nicht in den Augenblick bannen läßt. Beide Anschauungen lassen sich in gar keiner Weise aufeinander reduzieren und deuten hier schon auf die Schwierigkeit oder Blindheit der Rede von ›einer‹ christlichen Geschichtsphilosophie. Gegenüber Augustins Gottesbürgerschaft, mit der sie die zeitliche Erstreckung von der Schöpfung bis zum Jüngsten Gericht teilt, bedeutet die *Divina Commedia* eine völlige Umwertung der irdisch-geschichtlichen Welt, welche Dante noch im Rahmen einer nach unseren historischen Begriffen mittelalterlichen Ordnung vollzieht, um diese zugleich zu sprengen.

Gerade in dem Zwiespalt, seine Größe zu ahnen und sein Bild der Welt nicht mehr begreifen zu können, deutet sich der rasche Wechsel der Bewußtseinslagen schon in der nächsten Generation an. Dante gehört zu den Bahnbrechenden, wie in der bildenden Kunst Giotto und der ältere Pisano. Sie faßt schon Boccaccio anderthalb Generationen später als Erwecker der schlafenden oder begrabenen Antike zusammen. Dante hatte die italienische Literatursprache geschaffen und sowohl die Innigkeit des »dolce stil nuovo« vollendet, wie als erster und unerreicht den erhabenen Ton angeschlagen. Er konnte als großer Sohn seiner Stadt von späteren Florentinern gerühmt werden oder als Größter derer, die sie verbannt hat und denen sie mit Undank ihre Liebe vergolten, von Schicksalsgenossen einer anderen Zeit.

Bedeutender als in kritischen Erörterungen dokumentiert sich das geschichtliche Bewußtsein seiner Rolle in Werken der Kunst. In einer Stanze des Vatikan kann man sich so stellen, daß man mit einem Blick zweimal die Gestalt Dantes erkennt, als Dichter auf dem Parnaß und als Theologen bei der ›Disputa‹, beide Male von der Hand Raffaels. Wenn

Michelangelo nach der Einnahme von Florenz, die er als Festungsbaumeister nicht verhindern konnte, in der Verbannung seinen Groll und sein Verlangen nach Größe ausspricht, so nennt er Dante; ›Dal ciel discese...‹ endet mit einer Terzine, wo er sich Dantes Geschick wünscht: »Foss' io pur lui!« Und ›Quante dirne si de...‹ schließt mit dem Vers »Simil nom nè maggioi non nacque mai« (»Kein größerer Name ist der Welt entstanden«, Frey CIX, 37 und 45; beide um 1545).

Während die bildende Kunst bis in das 15. Jahrhundert hinein die neuentdeckte Gebärdensprache der von Warburg so genannten »Pathosformeln« nur dafür verwendet, Gestalten aus der heiligen Geschichte erhabne Größe und Innigkeit des Gefühlsausdrucks zu verleihen, ist Dante schon in der Lage, antike Gestalten mit antiker Würde zu versehen und sogar gelegentlich christlich zu verklären. Die ideale Gegenwart einer Zeitlosigkeit, in welcher sich Antike und Moderne begegnen, ist kein simpler Anachronismus mehr und auch keine Verkleidung in ein fremdes Gewand. Sie wird zu einer bleibenden höchsten Aufgabe der Kunst. In ihr geschieht etwas, das die antike und die christliche Kunst nicht kannten, obwohl es in der figuralen Zuordnung von Gestalten über die Entfernung der Zeiten hinweg seinen Ausgang nahm. Raffaels *Schule von Athen* ist wohl ihr vollkommenstes Beispiel.

Die irdische Zeitlichkeit steht für Dante wie für Augustin unter der Kategorie des Vorläufigen. Aber da sich immer schon vollzogen hat, was im Gang der Zeiten sich ereignet und nach dem Ende aller Zeit erst offenkundig wird, schließt Dante daraus, daß man es ahnend vorwegnehmen kann, und daß in seiner Darstellung sich die höchste Wahrheit und Schönheit vereinen. Es ist keine flüchtige ängstigende Zeit, aus der man sich allenfalls für die Dauer eines Herzschlags zu erheben vermag. Es ist jene Zeit des Handelns, worin die Wirklichkeit gestaltet und damit erfüllt wird, was die Antike ihr an Möglichkeiten vorzeichnete und was nun Gegenstand des Wollens wird mit einem tieferen Bewußtsein seiner selbst, das sich in seiner Innerlichkeit, der Ewigkeit gewiß, seine Individualität zu schaffen beginnt – unsicher noch, lernend und geleitet von Autoritäten.

Dieses Amt obliegt dem heidnischen Dichter Virgil, der den Rom-Mythos geschaffen hat; ihm folgt sein christlicher Epigone Statius, und schließlich ergreift Beatrice die Führung, die ihn einst zur Liebe erweckte, wobei »amore« Inspiration, Entzücken und Enthusiasmus in einem bedeutet. Die Vision, die das Epos entfaltet, ist nicht Sache eines Augenblicks, sondern hat die Ausdehnung einer angestrengten Wanderung über mehrere Tage, die vom nächtlichen Schlaf unterbrochen wird, aber auch von Wachträumen und von Ohnmachten im Angesicht des Schrecklichen. Ihrer Dauer entspricht in einer gewissen Annäherung die Zeit der Lektüre des Werkes oder seiner Rezitation. Gegenstand der Vision ist das Geschehen der gesamten irdischen Zeit, das schließlich aufgehoben, aber nicht zunichte wird im Anblick der Ewigkeit.

Und da hinein gehört, ganz anders als bei Augustins Theologie der Geschichte, die politische Gegenwart und die irdische Zukunft. Da wird neben Verehrung und Bewunderung auch Tadel und Fluch laut, nicht nach Parteien und Sekten, sondern nach der Bewährung im Irdischen und dem sichtbaren Wirken der Gnade. In einer Gewißheit der Transzendenz, die viel heiterer ist als in der christlichen Spätantike, gilt selbst im *Paradiso* noch die Sorge und Hoffnung des Geläuterten der Zukunft seiner Vaterstadt Florenz und dem universalen Imperium, das den Frieden zu gewährleisten hat wie einst die Pax Augusta. Diese Vision war nicht fortzuführen, aber sie hat wesentliche bleibende Elemente der Zukunft geschaffen.

Petrarcas »tenebrae«

Petrarcas unersättlichem Verlangen nach Ruhm mußte das Werk Dantes ebenso wie seine Person im Wege sein. Er sollte zu beidem nie ein reines Verhältnis gewinnen, so daß er es umgehen mußte. Dieses Generationenverhältnis spiegelt sich auch in der Entwicklung der Malerei. Die Sympathie Petrarcas und seine persönliche Freundschaft gewann Simone Martini, ein Maler, der gar nichts Antikes in seinem Werk hat, sondern dem großartigen Stil Giottos eine Mischung von religiöser Innerlichkeit und kultivierter Raffinesse gegenüberstellte. Es handelt sich um eine neuerliche Gotisierung, deren formale Eleganz viel dazu beitrug, den sogenannten internationalen schönen Stil um 1400 zu schaffen.

Petrarca ist für sein Zeitalter nicht zuerst der Dichter der Sonette und Kanzonen, der die europäische Lyrik prägen sollte, sondern ein lateinischer Autor von vollendeter Klassizität seines Prosastils ebenso wie seiner Metrik in Versepisteln und dem Epos *Africa*, das die Taten des jüngeren Scipio schildert, des philosophischen Feldherrn, der für die Renaissance zu einer Gestalt der Identifikation werden sollte.

Petrarca ist der Dichter des flüchtigen Augenblicks und der schwankenden Stimmung, der Weltverachtung und des Leidens und dabei des

Selbstgenusses im eigenen Leiden. Er steht und stellt sich bewußt gegen die herrschenden intellektuellen Tendenzen seiner Zeit. Er ist gegen die konstruktive Bemächtigung der Außenwelt, worin sich der objektivierend wissenschaftliche Geist der averroistischen wie der thomistischen Scholastik einig waren. Davon war Dante berührt, nicht lediglich in kosmologischen und theologischen Erörterungen innerhalb der *Divina Commedia*, sondern in der Struktur ihres Aufbaus, der plastischen Räumlichkeit und dem Ergründen der offenen philosophischen Fragen.

Petrarca richtet Invektiven gegen die Aristoteliker seiner Epoche, gegen die naturwissenschaftlich orientierten Ärzte, und in dieser Abwehr wird man nicht zu Unrecht das Motiv für seinen Rückzug zu Augustin vermuten. Nicht nur die Schönheit seiner Sprache, sondern die Intensität des Erlebens im flüchtigen Augenblick, die Subjektivität, die Leiden, Sehnsucht und sich liebendes Selbstbewußtsein ist und die sich dem Ewigen gegenüber gern aufgibt, aber nicht vor der Vorstellung eines überindividuell objektiven Geistes.

Augustin ist nicht lediglich in vielen Zitaten und darunter an strategisch entscheidenden Stellen gegenwärtig, er wird auf ganz eigentümliche Weise als Partner eines Gespräches beschworen, das Petrarcas verborgenem Leiden gilt. Das *Secretum* ist die Fiktion einer privaten Aufzeichnung, die gar nicht zur Veröffentlichung bestimmt sei. Hier führt die ›Wahrheit‹ Augustin in das Zimmer Petrarcas, damit der große Beichtiger den Leidenden in ihrem Angesicht in einem therapeutischen Gespräch über drei Tage heile. Die ›Wahrheit‹ erinnert, obwohl sie nur im Vorwort spricht, an die ›Philosophie‹, die in Boethius *De consolatione Philosophiae* den zum Tode Verurteilten durch antike Weisheit aufrichtet. Augustin übernimmt in gewisser Weise die Rolle, die in Dantes Epos Virgil spielt.

Im Unterschied der Auffassung des Weisen einer vergangenen Zeit, der den Irrenden leitet, zeigt sich aber der Gegensatz. Giuseppe Toffanin hat ihn in das Paradox gebracht, daß Dantes Virgil christlicher sei als Petrarcas Augustin. Nun ist die Ethik und die Seelenheilung durch Einsicht und Selbstbeherrschung fraglos eine Disziplin der antiken Philosophie. Augustins Lehrer Ambrosius hatte eine Ethik zum Gebrauch für Christen dadurch erstellt, daß er die Lehren aus Ciceros *De officiis* mit einigen Anmerkungen versah. Die Worte Augustins und seine Ermahnungen, die er in der Analyse des verblendeten Leidens von Petrarca ausspricht, am Leitfaden der Sünden, sind nicht aus seinen Werken oder Predigten gezogen. Es wäre ja ein Stil denkbar, der zitierend die eigenen

Worte so mit denen des autoritativen Textes durchsetzt, wie Augustin es in den *Confessiones* vor allem mit Worten der heiligen Schrift tut. Ebensogut hätte Cicero selbst das Gespräch führen können, aber der ist weniger Person, nicht in seiner Subjektivität so gegenwärtig wie als Werk und Stilideal. Augustin hat selber Sünden und Irrtümer durchlitten und eine Umkehr vollzogen. Damit hat er sich als Geleiter der Seele aus ihren Verstrickungen empfohlen (passionum expertarum curator optime).

Ehe er die fast unheilbaren Übel, Liebe und Ruhm, auszutreiben versucht, in denen Petrarca verharren möchte, weil er darin das Beste seiner selbst erblickt, geht Augustin entschlossen auf ein Leiden zu, das nicht der niederen Sphäre der Affekte zugehört, sondern eine Erkrankung des Geistes ist (»pestis animi«, nicht: »animae«). Diese unselige Krankheit (»funesta pestis«) nennen die Neueren Melancholie, die Alten Gram (»quam accidiam moderni, veteres egritudinem dixerunt«). Und Petrarca verabscheut schon den bloßen Namen. Während die Leidenschaften kurz und vorübergehend sind, nistet dieses Leiden sich ein und ist zu allem Elend mit einem perversen Genuß verbunden, vermischt mit einer falschen Seligkeit (»aliquid, licet falsi, dulcoris immixtum est«). Ganze Tage und Nächte foltere sie ihn, eine Zeit ohne Licht und Leben, sondern höllischer Finsternis und bittersten Todes (»ut integros dies noctesque illigatum torqueat, quod michi tempus non lucis aut vite, sed tartaree noctis et acerbissime mortis«). »Und was der Gipfel allen Jammers ist, so weide ich mich mit einer trüben Wollust an meinen Tränen und Schmerzen, so daß ich mich nur ungern davon losreiße« (»Et [qui supremus miseriarum cumulus dici potest] sic lacrimis et doloribus pascor, atra quadam cum voluptate, ut invitus avellar«, *Secretum*, II).

Augustin bemerkt, wie vortrefflich Petrarca seine eigene Krankheit kenne, und versucht ihn auch zur Einsicht ihrer Ursache zu treiben. Er möchte die einzelnen Veranlassungen kennen, weil er schon weiß, daß Petrarca, der das Leiden auf die wiederholten Schicksalsschläge zurückführt, sich selbst für unglücklich hält und nicht einzelnes verabscheut, sondern alles zusammen und sich mit. Diese »acedia« hebt sich von anderen Bestimmungen dieses Leidens deutlich ab. Sie ist nicht die grundlose Trauer von Mönchen oder Einsiedlern, denn sie weiß das erlittene Unrecht aufzuzählen, wenn es auch kein einzelnes für sich ist, was sie auslöst, sondern ihre Häufung. Die strikt medizinische Auffassung, die Dante mit den arabischen Ärzten im Rückgriff auf Hippokrates und Galen bei der Melancholie vertritt, ist aber auch nicht mehr gemeint.

Und noch weniger ist es jene Art der Melancholie, die im Bezug auf Aristoteles' *Problemata physica* (cap. 30) als Bedingung von Genialität und Größe definiert wird, worauf erst in der Renaissance Ficino und Agrippa von Nettesheim zurückkommen werden.

Hier eine und dieselbe Melancholie sehen zu wollen, deren Deutung sich immer wieder zeige, ist ein modernes Mißverständnis, das auch Walter Benjamin in dem schönen Melancholie-Kapitel seines *Trauerspiel*-Buches begegnet ist. Die edle, sinnende Melancholie des Künstlers, die Dürer auf dem Kupferstich von 1514 darstellt, ist die Voraussetzung schöpferischer Arbeit. Sie erneuert das antike Verständnis von Melancholie, ohne mit den Anfechtungen der Einsiedler oder mit der schlechten Komplexion der schwarzen Galle in Beziehung zu stehen. Dantes Melancholiker stecken bis zum Kopf im Schlamme, weil sie das Licht des Tages und die durchsonnte Luft verschmäht haben. Petrarca dagegen liebt die schöne Landschaft, doch er hadert mit der Welt, weil sie so viele Schmerzen bereite. Einem einzelnen, bestimmten Übel vermöchte er zu widerstehen. Es sind die Wiederholungen und Häufungen, die ihn überwältigen, wobei seine verletzbare Seele, wie Augustin diagnostiziert, bei *einem* Schmerz sich aller je erlittenen Schmerzen erinnert. Darin liegt die Charakteristik, die Petrarcas »acedia« am schärfsten von der Dumpfheit bzw. der lähmenden Traurigkeit anderer Formen dieses Leidens unterscheidet. Und es ist bezeichnend, daß der Francesco des Gespräches sich weigert, auf die Kur anzusprechen, das besondere Übel im Aufzählen alles einzelnen Elends herauszufinden. Selbst etwas so allgemeines wie der »discursus temporalium«, die Unruhe alles Irdischen, der leibliche Schmerz (»corporis dolor«) oder ein harter Schicksalsschlag (»an aliqua fortune durioris iniuria?«) sieht Petrarca als etwas einzelnes an, dem er noch zu widerstehen vermöchte.

Die Symptomatik umgreift ein ganzes Feld vom Zorn und vom Hadern mit dem Schicksal wegen erlittener Schläge über Haß und Niedergeschlagenheit bis zum Selbstmitleid. Augustin versteht es aber, ihn in die Enge zu treiben, bis Francesco zugesteht, daß es die Eitelkeit ist, sich selber für unglücklich zu halten. Daran leiden, entgegnet Augustin, die lächerlichen Helden der Komödien, von Terenz etwa. Ein Übersetzer um die Zeit der Jahrhundertwende fühlte sich denn auch bemüßigt, diese »acedia« mit »Weltschmerz« wiederzugeben.

Das Erstaunliche an diesem Dialog ist Petrarcas Fähigkeit, in zwei um ihn selber ringende Personen scharf konturiert auseinanderzutreten. Der zeitlich reale Francesco gibt sein wirkliches Leiden kund und verteidigt die Bedingungen seiner Existenz gegen das zeitlose Ideal antiker Ethik, welche hier streng analysierend und mit harten Forderungen Augustin verkörpert. Es kommt dabei zu einer wirklichen Konfrontation zweier Haltungen, deren eine mit ihrem Schmerz und dem Willen zur Heilung, ohne doch sich ändern zu wollen, die größere Lebendigkeit besitzt, während Augustin, der schon das Zeitliche und Vorläufige überwunden hat, was Francesco noch bevorstehe, mit dem Aufhören der Affekte mehr stoische Haltung als christliche Glückseligkeit erworben hat.

Zeit ist für Petrarca stets und wesentlich flüchtige Zeit. Auch die Erinnerung an die Kindheit, von der er sagt, sie stehe ihm wie der gestrige Tag vor Augen, tut es nicht als an sich unwirkliches Vergangenes, das nur im gegenwärtigen Augenblick real sei. Seine Zeitvorstellung ist stärker objektiviert als in den *Confessiones* Augustins. Sie ist eher räumlich gedacht, und die Kraft des erinnernden Gedächtnisses erweist sich daran, daß die Reihe vergangener Zeit blitzschnell durcheilt werden kann.

In einem Verfahren, das Francesco als Folter empfindet, nötigt Augustin seinen Patienten, das heillose Unglück zu erkennen, in welches ihn seine leidenschaftliche Liebe gestürzt habe. Das Abweichen von dem hoffnungsvollen Wege seiner Jugendzeit habe mit dieser Passion begonnen. »Durchlaufe still in dir, da du deine Erinnerung vollständig und frisch zu haben fühlst, durchlaufe deine ganze Lebenszeit und besinne dich, wo dieser Wechsel der Sitten eintrat« (»Percurre tecum tacitus [quando integram tibi sentis recentemque memoriam], percurre universum vite tue tempus, et ubi tanta morum varietas incesserit, recordare«). Francesco antwortet: »Siehe, in einem Zucken meines Auges bin ich die ganze Reihe meiner Jahre durchgegangen« (»Et in ictu oculi trepidantis annorum meorum numerum seriemque recensui«, *Secretum* III). Die irdische Existenz läßt sich mit den Forderungen der Leidenschaftslosigkeit anscheinend nicht länger vereinen. Über die fiktive Konstellation des Dialogs hinaus ist es bezeichnend, daß Augustin, der selbst die Sehnsucht nach Zeitlosigkeit in eine Leidenschaft zu verwandeln vermochte, hier literarisch fiktiv zum Zeugen des Eingeständnisses werden muß, daß dieses Ziel bei allem guten Willen im Ernste nicht mehr gelten kann. Petrarca erhebt sich weit über die Besonderheit einer Krise um die Mitte seines Lebens (etwa 1341) und über sein Leiden an einem Zwiespalt, den es für Augustin noch nicht gegeben hat. Sein Werk zu vollenden, mehr noch als die Erwartung des irdischen Ruhmes daraus, ist ein Verlangen, das er nicht zu bändigen vermag (»Sed desiderium frenare non valeo«). Und am Ende, wenn er die versprengten Trümmer seiner Seele wieder aufsammeln möchte (»sparsa anime fragmenta recolligam«), ist er voll guter Vorsätze für sein ewiges Heil, ohne darum in der Hartnäckigkeit seines irdischen Bestrebens im mindesten gebrochen oder gar geheilt zu sein. In diesem Ringen, das noch auf der letzten Seite als ein Streit (»lis«) bezeichnet wird, ist seine Seele wohl durchgearbeitet und beruhigt worden, aber zu keiner Umkehr bereitet. Darin liegt für den, der eine reuevolle Beichte erwartete, das Neue, freilich auch für den, der ein therapeutisches Gespräch darin erblickt, das Ehrliche und das überraschend Moderne, daß am Ende keine Versöhnung vorgespiegelt wird, sondern der klare Gegensatz zutage tritt.

Die Entdeckung der Landschaft

Ein ähnliches Verhältnis der Kritik seiner selbst und alles Irdischen aus dem Gesichtspunkt der auf Ewigkeit gerichteten Innerlichkeit Augustins gegenüber einer sich behauptenden Erscheinung der Außenwelt zeigt sich angesichts der erhabenen Natur. Und wiederum ist es Augustin, der ihn im *Secretum* mahnte, von der Darstellung der römischen Geschichte abzulassen, der ihn hier von der Bewunderung der Welt auf sich selber verweist.

Der berühmte Brief, in welchem Petrarca die Besteigung des Mont Ventoux schildert, vorgeblich unmittelbar nach der Strapaze, am Abend des 26. April wohl des Jahres 1336, ist ein vielleicht fünfzehn Jahre später erst geschriebenes oder doch zumindest bearbeitetes Werk höchster Stilisierung. Er richtet es an einen geistlichen Freund, den frommen und gelehrten Augustiner und späteren Bischof Dionysius von Borgo San Sepolcro, und er beginnt wie bei einer Beichte damit, daß er gesteht, den höchsten Berg dieser Landschaft heute bestiegen zu haben, »allein von der Begier des Schauens getrieben« (»sola videndi cupiditate ductus«).

Es ist die Landschaft seiner Kindheit, wo dieser Berg, der von allen Seiten zu sehen ist, ihm immer vor Augen stand. Und wieder kommt ihm zuerst die Beschäftigung mit der römischen Geschichte (»res romanas«) in den Sinn, da er bei Livius gelesen hat, daß der Makedonenkönig Philipp den Haemus in Thessalien bestiegen habe, weil man von da aus zwei Meere überschauen könne: die Adria und die Ägeis. Mit einer »captatio benevolentiae« schließt er daraus, daß man bei einem jungen Manne im Privatstand entschuldigen werde, was man bei einem König in hohem Alter nicht tadle (»excusabile visum est in iuvene privato, quod in rege sene non carpitur«). Das Besteigen eines Berges galt im Mittelalter ja nicht nur als unnütz, sondern als frevelhaft und vermessen.

Das Bekenntnis einer unerhörten Begebenheit eröffnet den Brief. Vor jeder geschilderten Handlung noch wird das Motiv angezeigt, die »cupiditas videndi«, die der lasterhaften »curiositas« zuzuordnen ist. Zugleich ist die Begier des Schauens schon wieder auf dem Wege zu dem, womit nach Iamblich als erster Pythagoras den Philosophen charakterisiert habe im Gegensatz zu allen anderen, die Ruhm oder Gewinn erwerben wollen. Petrarca nennt die reine »theoria« schon als das Mittel, um den Widerstreit antiker Autoren über den Ausblick vom Berge Haemus zu schlichten. Hier äußert sich der Geist des Forschens nach dem noch Unbekannten, bei Petrarca philologisch verursacht aus einem Widerspruch in dem als einheitliches Corpus gedachten Bestand antiker Literatur. Von dem eigenen Forschen, wie es einen Roger Bacon ergriffen hatte, ist er allerdings weit entfernt.

Sein gar nicht melancholisches Mißbehagen am Gegebenen äußert sich mit leichter Komik beim Durchmustern seiner Freunde auf der Suche nach einem Gefährten für das Abenteuer. In Gegensatzpaaren charakterisiert er die mangelnde Eignung dieser Menschen, bis er schließlich in seinem einzigen Bruder den geeigneten Begleiter findet. Mit zwei Dienern nur brechen sie auf und begegnen einem alten Hirten, der sie noch von ihrem Vorhaben abbringen will, das er selber vor fünfzig Jahren mit nichts als zerrissenen Kleidern und zerschundenen Gliedern beendet habe. Aber die Warnung steigerte nur die Begier (»crescebat ex prohibitione cupiditas«).

Der Aufstieg unter Schwierigkeiten, wobei er versucht, leichtere Zugänge zu gewinnen, die sich als mühevolle Umwege erweisen, ist zwischen Hoffen und Verzagen, Ermatten und Streben eine Wanderung der Seele mehr als des Körpers, ein Begehen des Läuterungsberges. Und seine Gedanken schweifen auch dabei vom Körperlichen zum Unkörperlichen, vom Raum und der Landschaft auf die Zeit und Zeitlichkeit. Zehn Jahre ist es her, daß er in Bologna seine Studien beendet hat, und zehn Jahre, so erwägt er, will er noch in der glänzenden Knechtschaft von »amor« und »ambitio« verweilen, um dann der Welt zu entsagen und sich auf Tod und Ewigkeit vorzubereiten.

Dieses Schwanken zwischen mehreren Berufungen, zwischen der Welt und ihrer Verneinung, ist für die ganze Zeit der Renaissance bis hin zu ihrem Ende in der Gegenreformation bezeichnend. Petrarca ist nur der erste, der im Bewußtsein seiner problematischen Persönlichkeit die gegenläufigen Versuchungen auszukosten wie zu erleiden vermag und die mögliche Entscheidung durch Berechnungen instrumentalisiert. Er steht jetzt im 32. Jahr, als Adam geschaffen und Christus gekreuzigt wurde und als Augustin seine Bekehrung erfährt, die Petrarca vor Augen steht. Er umspielt diesen Gedanken eines alles verändernden Augenblicks, bei dem nicht auszumachen ist, wie weit das eigene Wollen geht und was die Seele überwältigen muß. Auch er versucht, sich ein Zeichen zu gewinnen, indem er ein Buch seines Lebens aufschlägt. Das Buch, das er bei sich trägt und vom Adressaten des Briefes in einer handlichen Ausgabe geschenkt bekam, ist aber nicht die Heilige Schrift, welche bei Augustin und bei Antonius die Bekehrung bewirkte. Es sind vielmehr die *Confessiones* Augustins, ein Buch, das schreibend nachzuvollziehen ihn stärker bewegt als das Leben seines Verfassers.

Als er auf dem Gipfel des Berges steht und auf das Meer blickt und die Sonne sich schon zu senken beginnt, fällt sein Blick auf eine Stelle, die zu seinem Entsetzen von ihm selber spricht und von Bergen, Meeren und Gestirnen. »Und es gehen die Menschen hin und bestaunen die Gipfel der Berge und die ungeheuren Fluten des Meeres und den mächtigen Lauf der Ströme und den Saum des Ozeans und die Bahnen der Gestirne und achten nicht ihrer selbst« (»Et eunt homines admirari alta montium et ingentes fluctus maris et latissimos lapsus fluminum et oceani ambitum et giros siderum, et relinquunt se ipsos«, *Conf.*, X, 815). Von dieser Gewalt biblischer und asianischer Rhetorik, die eine ganze Welt aufzubieten vermag, um sie als nichts erscheinen zu lassen, ist er wie betäubt (»Obstupui fateor«), und er spricht kein Wort mehr, bis sie wieder unten angelangt waren. »Zum Erstaunen seines Bruders«, schreibt er, desselben, der später als Kartäuser von der Welt Abschied nehmen wird. Petrarca aber bereut diese Erfahrung nicht und kann sie nicht bedauern. Er erfährt an sich die nicht mehr mittelalterliche Dialektik des Bewußtseins von Verbot und Übertretung, von Größe und Bedrohung. Das Wort Augustins verweist ihn von der Herrlichkeit der äußeren Natur wieder zurück auf die Seele, deren Abgründe tiefer sind als jene Berge hoch und deren unbegrenzte Räume der Geist im Nu eines Augenblicks durcheilt. Diese Erfahrung hebt ihn über sich selbst hinaus. Sie bewegt ihn und macht ihn reicher in sich selbst, aber sie bekehrt ihn nicht. Er wird keine *Confessiones* schreiben, um die Überwindung des Irdischen zu bekunden und Sehnsucht auf das Jenseits daraus zu gewinnen. Er wird statt dessen immer wieder den gegenwärtigen Zwiespalt seiner Seele erörtern, das Schwanken selbst, und halb noch eine Bekehrung von der Gewalt derer des Augustin oder Antonius gewärtigend, sich doch in einer ganz anderen Sehnsucht nach antiker weltlicher Größe verzehren.

Schon diesen Brief beschließt er nach der Erschütterung durch Augustins Ermahnung und die christlichen Bekehrungen doch wieder mit der antiken Weisheit, die den glücklich preist, der erkennt, was die Welt im Innersten zusammenhält (»rerum cognoscere causas«, Virgil, *Georgica* II, 490). Die innerweltliche Ethik und das Erkenntnisstreben antiker Philosophie erhöhen das Bewußtsein, das im seiner selbst noch unsicheren Vertiefen und Verherrlichen der überlieferten Innerlichkeit wie der neugewonnenen Dimensionen der Außenwelt und des Gedankens sich behauptet gegen die Anmutung, das alles für nichtig zu erachten.

Auf diese Weise ergibt sich eine eigentümliche Spannung zwischen dem noch angstvoll zaudernden und doch voll Verlangen schon auf die Welt schauenden Blick und dem zeremoniös literarischen Stil, der Unmittelbarkeit fingiert und doch gar nicht anders kann, als die Erfahrung durch literarische Formen sich hindurchdrängen und Ausdruck verschaffen zu lassen. Die noch nicht als gänzlich unantik gesehene Haltung, die natürlichen Triebkräfte des Jugendalters für sündhaft zu betrachten und den Prozeß des Reifens für einen Fortschritt und Aufstieg (»provectus«) der Seele in der Gnade, hat ein Sensorium des eigenen Inneren ausgebildet, das der Antike wohl unnütz erschienen wäre, aber die besonderen Ausdrucksformen der modernen Kultur hervorgebracht hat.

Dieses Sensorium entwickelt sich in der Zeitlichkeit und bei den Versuchen, ihrer gewahr zu werden, in dem Spannungsfeld von Nichtigkeit und Erfüllung, Tod und Nachruhm, Vergänglichkeit und zeitlosem Ideal. Petrarca hat mehr als irgendein anderer den Ausdruck dieser Gefühle geprägt, samt den Gefahren, zu einer Mode und Manier zu werden. Dabei hat zunächst seine Moralphilosophie am stärksten gewirkt und selbst ein Publikum geschaffen, das sich an weltlicher Erbauung aufzurichten liebte. In zahllosen Abschriften und Auflagen wurde besonders die Schrift *De remediis utriusque fortunae* verbreitet, aber auch am raschesten überholt. Zuerst durch die Gespräche und Spruchsammlungen, die Erasmus von Rotterdam verfaßt hatte, später durch eine sich aus dem christlichen Denken lösende und selbständig die antike Weisheit erneuernde Reflexion der »condition humaine« bei Montaigne.

Einen bleibenden Anstoß hat Petrarca für zwei moderne Haltungen gegeben, die sich seit langem nicht mehr auf ihn zu berufen pflegen. Einmal hat er den schwankenden Status des lyrischen Ich geprägt und den die europäische Lyrik für mehrere Jahrhunderte bestimmenden Stil des Petrarkismus. Nachhaltiger noch als mit der Konzeption der »tenebrae« beeinflußte Petrarca das zeitliche Verhältnis der Philologie und Altertumswissenschaften zur Vergangenheit, aus einer sich selbst unklaren Gegenwart sich auf ein Ideal aus der Geschichte hin zu orientieren. Beides scheint auf den ersten Blick kaum etwas miteinander gemeinsam zu haben, aber sie teilen ein Zeitempfinden, das später als »unglückliches Bewußtsein« bezeichnet werden wird. Petrarca steht erst an seinem Beginn. Seine Auffassung wird nicht lediglich dadurch zunächst glänzend bestätigt, daß die vage erhoffte Erneuerung der Antike als Renaissance eintreffen wird, sondern nicht weniger dadurch, daß neue Klassizismen im 16. Jahrhundert in den Niederlanden, im 17. in Frankreich und im 18. in Deutschland auftreten, welche alle dem gleichen Zeitschema folgen werden. Was zunächst die Einteilung der überlieferten lateinischen Literatur nach Stilmerkmalen gewesen ist, wird zu einer Weltansicht, die den jeweiligen Inhalt von Geschichte gliedert und durch ganz verschiedene Gefühlsinhalte besetzt werden kann. Würde, Schönheit und Größe des öffentlichen und privaten Lebens und die Klassizität ihres Ausdrucks gehören danach einer vergangenen Zeit an und sind fast unwiederbringlich verloren, erwecken jedoch die Sehnsucht ihrer Erneuerung. Zwischen einer erfüllten Vergangenheit und einer Zukunft im Lichte vager Hoffnung erstreckt sich eine ungeliebte Gegenwart, eine Zwischenzeit, die flüchtig und doch schmerzvoll ist und in beidem unwahr. Auf eine völlig andere Weise als bei Augustin wird die Zeit abgelehnt, nicht Zeit schlechthin und Zeitliches, sondern diese Gegenwart jetzt. Unwillig in traurigen Zeiten zu leben, empfindet er als sein Schicksal und wäre lieber früher oder später geboren, denn es gab und gibt vielleicht wieder eine glücklichere Zeit. Dazwischen häufen sich Gemeinheit und Schande in unserer Gegenwart:

> »Vivo, sed indignans, quae nos in tristia fatum
> Saecula dilatos peioribus intulit annis.
> Aut prius, aut multo decuit post tempore nasci;
> Nam fuit, et fortassis erit, felicius aevum.
> In medium sordes, in nostrum turpia tempus
> Confluxisse vides; ...«(*Epist. metr.* III, 33, in.)

Für die Lage, in der Petrarca sich sieht, hat die Ewigkeit ihre Überzeugungskraft verloren. Weltablehnung ist eine Möglichkeit, gar eine Versuchung, aber sie ist Sache eines besonderen Berufes geworden – die strengen Reformorden widmen sich dem. Mit einer irdischen Aufgabe, mit einem Werk scheint sie anders als in der Spätantike nicht mehr zu vereinbaren zu sein. Das erschütterte Gemüt beharrt nicht nur in den wirklich durchlittenen Krisen, sondern in deren literarischer Stilisierung, welche allein uns vorliegt, auf der Fortführung des eigenen Werkes und auf der Bewunderung des Großen und Schönen in der Welt und der Geschichte. Der Verweis auf das Innere löst jene nicht auf, wie wir gesehen haben, sondern macht sie in bedeutender Brechung zu einem Gleichnis des Innern.

In dem späten, bekenntnishaften Stück *De tristitia et miseria,* das Petrarca den *De remediis utriusque fortunae* einfügt (II, 93), versucht die Vernunft, den Schmerz zu besänftigen. Über den dem Menschen verliehenen Talenten und der schönen Natur liege die Unsterblichkeit der Seele und die Hoffnung, daß sie mit dem Leibe zusammen auferstehe, wobei Augustins Überzeugung, daß es nur eine kleine Schar der Erwählten sein werde, keine Spur hinterlassen hat. Als höchstes preist die Vernunft die Fleischwerdung Gottes, die sie als Apotheose des Menschlichen deutet. Darin äußert sich die eigentümliche, häufig verkannte Religiosität der Renaissance. »Ipsa humanitas sic coniuncta divinitati«: dergestalt vereinigte sich das Menschliche dem Göttlichen, daß Gott Mensch wurde und als derselbe, der Zahl nach eine, zwei Naturen vollkommen in sich vereinigte und Gott und Mensch wurde, menschgeworden den Menschen zum Gott machte. Darin erblickt die Vernunft die unaussprechliche Gnade Gottes und die Seligkeit des Menschen, in dieser heilsgeschichtlichen Verbindung (»salutare commercium«), welche die »conditio humana« in all ihrem sonstigen Elend auszeichne.

Nicht seine Natur sei es, welche den Menschen betrübt mache, sondern die Schuld. So spricht, im ersten Teil des Werkes, die Freude (»gaudium«) mäßigend, im zweiten, den Schmerz (»dolor«) besänftigend, die Vernunft (»ratio«). So wie in der bildenden Kunst die Gebärden heiliger Figuren durch die antiken Pathosformeln erhöht und in der Architektur die sakralen Räume edler werden, so geschieht hier eine Verwandlung der christlichen Religion mittels der Vernunft, die das Menschliche vergöttlicht und das Göttliche menschlich gemacht hat.

Geschichte ist die Geschichte Roms

Die Beurteilung vergangener Zeit als Zeit eines wirklich gewesenen Ideals ist für Petrarca nicht an der Heilsgeschichte ersichtlich und an den Berichten des Alten Testaments, sondern so gut wie ausschließlich an der

Geschichte Roms. Schwankungen seiner Stimmung verhindern es wohl, eine spätere Konzeption als die endgültige anzusehen, ändern aber nicht eine Leidenschaft, auf die er immer wieder zurückgekommen ist. Die Konzeption nicht lediglich der »tenebrae«, sondern der zentralen Stellung der römischen Geschichte in seinem historischen Weltbild hängt nicht davon ab, daß von zwei Phasen seiner historiographischen Pläne der eine sich als »noch mittelalterlich« und der andere als »schon humanistisch« unterscheiden lassen. Darin ist die vorzügliche Studie Theodor E. Mommsens, *Petrarch's Conception of the ›Dark Ages‹* durch die kritische Edition der *De viris illustribus* von Guido Martellotti korrigiert worden. Seine These hängt aber nicht an diesem einen Beispiel. Für Petrarcas Charakter und seine Neigung, begonnene Arbeiten liegenzulassen und wiederaufzunehmen, dem Drängen fürstlicher Auftraggeber nachzugeben und selbst im Alter noch Krisen zu erleiden, scheint es viel typischer zu sein, daß er noch zu einem »Rückfall« in die weniger humanistische Form fähig ist, den ja auch die bildende Kunst mit der Re-Gotisierung im ausgehenden 14. Jahrhundert aufzuweisen hat, oder daß beide Formen in Petrarcas Alter koexistieren. Entscheidend ist vielmehr, daß solche Revisionen von nun an äußerlich bleiben und die geschichtliche Anschauung gar nicht mehr zu erfassen vermögen. Zwischen der Auflösung des universalgeschichtlichen Rahmens zugunsten einer römischen Geschichtsschreibung und der Erweiterung des ja selbst im Kern antiken Programms *De viris illustribus* auf Beispiele »aus allen Zeiten und Ländern« liegt mindestens so viel weltliche Neugier wie christliche Revision. Auch Boccaccio wird um 1360 seine *De casibus virorum illustrium* in einer Mischung von humanistischer Anschauung und mittelalterlichen Betrachtungen über den Wechsel des Glücks und den Kampf der franziskanischen Domina Paupertas gegen die Fortuna schreiben. Unbedenklich läßt er die gekrönten Personen aus aller Art Geschichtsbüchern vor sich auftreten, um ihre Begebenheiten zu erzählen, und wenn er in seinem Bemühen erschlafft, wird Petrarca ihm erscheinen, um mit ernsten Worten ihn, wie Augustin diesen im *Secretum*, zum Ausharren zu ermahnen, ohne daß die Möglichkeit des Konflikts von Anschauungen zwischen beiden sichtbar würde.

Der junge Petrarca schon hatte vor dem *Secretum* neben dem Epos *Africa* die Lebensbeschreibungen großer Männer geplant. Und zwar sind es damals wie bei der späteren Revision keine Gelehrten, Dichter oder Heilige, sondern Männer der Tat, Helden und Könige. Daran hält er im Wandel der Pläne fest. Ob es zuerst eine Reihe »von Romulus bis Titus«

gewesen ist und später dann rückblickend die Behauptung folgt, daß die Einsamkeit von Vaucluse ihm den »Mut verlieh, ruhmvolle Männer aus allen Ländern und Zeiten zu vereinen« (»ex omnibus terris ac seculis illustres viros in unum contrahendi illa michi solitudo dedit animum«, *Fam.* VIII, 3), ist kaum von Bedeutung. Es scheint nun so, daß er den nicht weit ausgeführten Plan später von Adam an bis auf einige mittelalterliche Helden ausdehnen wollte, wie es auch Boccaccio in den *De casibus* tun wird.

In allen Plänen nimmt die römische Geschichte den breitesten Raum ein und liefert die vorbildlichen Helden. Als Petrarca selbst endlich die ersehnte Roma betritt, um sich 1341 auf dem Kapitol als Dichter krönen zu lassen, ruft er in seinem Brief ausführlich das heidnische Rom in die Erinnerung und ganz knapp nur die christliche Zeit der Stadt. Das wird den modernen Leser verwundern, denn der Beginn des wohlstilisierten Briefes (*Fam.* II, 56) enthält ein Bekenntnis zu den christlichen Wahrheiten, ohne welche die Weisheit der Antike eitel sei. Im gleichen Sinne ermahnt ihn der Augustin des *Secretum*, und mit diesem Gefühl steigt er schweigend vom Mont Ventoux herab.

Die christliche Überlieferung ist zu einem Element der Selbstvergewisserung geworden im Aufbruch zur Entdeckung der Außenwelt und der antiken Größe, womit die Geschichte des christlichen Zeitalters und die scholastische Philosophie in seinen Augen in gar keiner Weise konkurrieren können. In einem Brief, den er nach dem spektakulären Fund der Attikus-Briefe rückwärts in der Zeit an Cicero richtet, wird er diesen über alles verehrten Heiden bei Gelegenheit des Datums, das nicht mehr nach Konsuln gesetzt wird, bedauern, weil er vor der Ankunft des Erlösers verstorben sei (»anno ab ortu Dei illius quem tu non noveras MCCCXLV«). Nicht im mindesten aber will er damit sagen, daß er, von wenigen Ausnahmen abgesehen, darum auch die christliche Literatur schätze. Umgekehrt liegt die Chance der Erneuerung der Antike darin, christliche Innerlichkeit mit weltlicher Größe zu vereinen. Darin beruht die Hoffnung auf den Ruhm seines Lebenswerkes, und dabei geht ihm eine geschichtsphilosophische Einsicht über die Trennung weltgeschichtlicher Perioden auf, welche Hegel später am entschiedensten wohl einer historischen Anschauung zugrunde legen wird.

In einem anderen Brief teilt Petrarca die Relationsbegriffe »antiquus«/ »novus« in der Geschichte auf für die Zeit vor bzw. nach der Durchsetzung des Christentums im Römischen Reich. Während der Adressat des Briefes, ein Ordensgeistlicher, besser in den »historiis novis« zu Hause sei, fühlt er sich selbst erfahrener in den »antiquis« (»in antiquis ego viderer expertior«, *Fam.* VI, 2). Selbst im Personal seiner *Trionfi*, die in Verbindung mit der Leidenschaft der Renaissance und des Barock für allegorische Maskenzüge und Festgepränge zu seinen beliebtesten Werken gehörten, stammt die Mehrzahl der Helden aus der klassischen Antike. Liebe, Keuschheit, Tod, Ruhm, Zeit und Ewigkeit sind die Begriffe, unter denen ihrer Schicksale gedacht wird. Dabei stehen sie in aufsteigender Reihenfolge, denn in der Regel überwindet das Folgende das Vorhergegangene, die Keuschheit die Liebe, der Ruhm den Tod, die Zeit den Ruhm und die Ewigkeit die Zeit. Neben die antiken Helden treten wenige mittelalterliche Namen, die fast legendär sind wie Karl der Große, Gottfried von Bouillon und Saladin oder die gänzlich der Poesie zugehören wie König Artus, Tristan und Isolde, Lancelot und Genevra, oder aber der Zeitgeschichte des 14. Jahrhunderts. Petrarca selbst zeigt sich in seinem Zwiespalt als den, der immer klagt und in seiner Klage doch über das Lachen jedes anderen hinaus selig sei:

»Ecco chi pianse sempre, e nel suo pianto
sovra 'l riso d'ogni altro fu beato! – «

Aus der Betrachtung der gewaltigen Überreste des antiken Rom schließt er auf dessen einstige Größe, denn: »Überreste geringer Dinge können nicht groß sein ... niemand falle von oben, der schon unten liegt« (»Minutarum rerum ruina magna esse non potest; ... nunquam cadet ex alto, qui in imo iacet ... Apologia contra cuiusdam anonymi Galli calumnias«, *Opera omnia*, Basel 1554, p. 1180). Dort faßt er schließlich die Überzeugung der Renaissance zusammen und gibt seiner Auffassung die kürzeste Formel: »Was ist denn alle Geschichte anderes als ein Preisen Roms?« (»Quid est enim aliud omnis historia quam Romana laus?« ibid. 1187).

Das Argument der »Fallhöhe«, das Schopenhauer zu Unrecht der antiken Tragödie entnehmen wollte, trägt er aus dem Gefühl der Ruinensentimentalität in die Anschauung der Vergangenheit. Daraus schließt er aber nicht, wie es christlich oder romantisch zu denken wäre, daß Großes vergänglich ist, sondern daß es erneuert und verwirklicht werden kann, weil es einst wirklich gewesen ist.

Das Gefühl von Vorläufigkeit begrenzt sich auf die noch andauernde Zwischenzeit der »tenebrae«, deren Ende zu hoffen steht. Ohne notwendige Konsequenz, aber durch keine Erfahrung zu enttäuschen, behauptet sich im Leiden an der Gegenwart die Aussicht auf bessere Zeiten. Dafür stehen nur die Erinnerungen an die Antike als Modell bereit, und selbst der über die Zwischenzeit hin erforderliche Trost artikuliert sich im Aufnehmen stoischer Philosophie. Zeit ist ihm vor allem die flüchtige, die verschlingende Zeit. Aber sie beginnt sich zu objektivieren und deutet selbst aus der Erfahrung des Verfalls auf die einstige Dauer.

Die Erinnerung des Vergangenen und die Sehnsucht nach dem Ruhm bei der Nachwelt sind nicht lediglich im Augenblick wirklich, der selbst keine Ausdehnung hat. Vielmehr durcheilt der Geist in einem Wimpernzucken die lange Reihe durchlebter Jahre, um sich der eigenen Kindheit zu erinnern. In beidem spricht sich eine verräumlichte Vorstellung der Vergangenheit aus, wie sie die historische Betrachtung und die philologische Unterscheidung aufeinanderfolgender Stile nahelegen. Und vor der lächelnden Besonnenheit des Dichters kann selbst der Tod seinen so viel mißbrauchten Schrecken verlieren:

> »Tandem omnia librans, / Rideo meque
> Simul mortali quidquid in orbe est.«
> (*Epist. metr.* II, 19; cf. Horaz, *Carm.* II, 78)

Zeitkritik statt Weltablehnung

Wie Petrarca eine Tendenz seines Zeitalters durch intensives Subjektivieren zu einer geschichtlichen Ansicht machte, die sich in der Folgezeit durchsetzen sollte, wiewohl mit teilweise ganz anderen und selbst gegensätzlichen Inhalten, haben wir uns vor Augen geführt. Die Verherrlichung der Antike auf Kosten des christlichen Jahrtausends der »tenebrae« bedeutet implizit die Verabschiedung sowohl von Augustins Ansicht der Geschichte wie von der des Orosius und der mittelalterlichen Chronikenschreiber und Historiker. Die heidnische Zeit ist nicht widerlegt und kann nicht als Zeit der Misere gelten. Das Christentum ist wohl innerer Besitz, es hat sich aber ebensowenig zur Gestaltung der Welt wie zu der einer literarischen Kultur als fähig erwiesen. Diese Auffassung vermochten natürlich die Scholastiker oder die naturwissenschaftlich orientierten Aristoteliker nicht zu teilen, welche die gesamte Renaissance hindurch an den Universitäten bedeutenden Einfluß behielten.

Petrarca gab ein zweigliedriges Schema vor, das die Verteilung von Licht und Dunkel bis zu seiner Zeit darstellte und eine Hoffnung für die Zukunft offen ließ. Der Humanismus und die Künstlerbiographik von Boccaccio an bis zu Vasari sahen die künftige Hoffnung bereits in der Gegenwart verwirklicht, Boccaccio schon in Giotto, Vasari erst in Raffael, Lionardo und schließlich in Michelangelo. In der Bezeichnung der zeitlichen Relationsbegriffe war bei Vasari endlich aus dem schlechten Neuen, der von den Humanisten abgelehnten byzantinischen Architektur und Malerei, durch den Rückgriff auf den antiken Stil und die Erwekkung und Belebung einer schönen und wahren Natur ein ruhmvoll Neues, ein »moderno si glorioso« entstanden (Vasari, *Opere*, ed. Milanesi, IV, p. 8). Davon war Petrarca noch weit entfernt, aber er hatte die Voraussetzungen dafür geschaffen. Das Zeitliche ist für ihn primär noch das Quälende und Bedrückende, wie er es an Augustins *Confessiones* in der Ambivalenz der genossenen Leidenschaft und der Lust der Tränen sah, doch es ist kein Einerlei irdischer Geschichte. Gegen die finstere und jämmerliche Gegenwart erhebt sich aus dem Dunkel der Geschichte lichtvoll die in ihren Trümmern und in literarischen Werken noch bestehende Herrlichkeit römischer Tugend, Macht und Größe. Dabei spielen die noch gegenwärtige Lokalität mit den gewaltigen Trümmern, das beanspruchte nationale Erbe und ein beinahe natürliches Verhältnis zur lateinischen Sprache in Italien eine ganz andere Rolle als in den übrigen europäischen Staaten.

Es ist kein Zweifel, daß Petrarcas Ansicht der Geschichte in einem Gegensatz zu der Augustins steht. Unklar aber ist, ob Petrarca ein Bewußtsein davon haben konnte – eine Frage, welche sich auch die Gegner unter seinen Zeitgenossen gar nicht gestellt haben; sie ist kaum weniger schwierig als die der Selbststilisierung von Augustins Bekehrung. Diese hatte Richard Reitzenstein wohl am deutlichsten in seinem Vortrag in der Bibliothek Warburg (»Augustin als antiker und als mittelalterlicher Mensch«) formuliert. Die theologische Augustin-Literatur, Henri-Irénée Marrou z. B., hat sie nicht widerlegt, sondern mißvergnügt umgangen (»Ambivalence du temps«). Die Briefe Augustins aus der Zeit seiner Bekehrung geben ein anderes Bild vom Seelenzustand ihres Autors als die *Confessiones*. Die spätere Erfahrung und das Ereignis des literarischen Bekennens mögen den geschilderten Sachverhalt weit über seine damalige Bedeutung aufgeladen haben. Das ist in Memoiren durchaus nicht ungewöhnlich und erweist lediglich den nicht immer erwünschten, aber vertrauten Tatbestand historischer Deutungen, die von der jeweiligen Gegenwart aus ein vergangenes Ereignis zu einem Wendepunkt, zu einer Epoche allererst machen.

Bei Autoren von derartiger Intensität des Empfindens und der Selbstbeobachtung stellt sich die andere Frage, welche nicht ihre vielleicht mangelnde historische Genauigkeit, sondern ihr geschichtsphilosophisches Selbstbewußtsein betrifft: ahnten sie etwas davon, was sie stellvertretend für eine Generation vollzogen und was für ein Weltalter Geltung besitzen sollte?

Die innere Kategorisierung älterer Texte ist nur durch Schlüsse ex negativo zu erkunden. Und dazu bedarf es der »geschulten Rücksichtslosigkeit des Blickes« oder eines Gespürs für verborgene Regeln und Gesetze. Nicht die Mauriner der *Acta sanctorum* sind es gewesen, sondern Gibbon, der die glänzende Beobachtung gemacht hat, daß die Heiligen in der patristischen Literatur nur die Wunder berichten, die andere vollzogen haben: »In the long series of ecclesiastical history, does there exist a single instance of a saint asserting that he himself possessed the gift of miracles?« (*Decline*, chap. XV, n. 82). Entsprechend respektieren die Dämonen, denen nicht nur Augustin lange Ausführungen in *De civitate Dei* widmet, ziemlich strikt die literarischen Gattungen, wie Arnaldo Momigliano es formulierte (*The Conflict between Paganism*, p. 93). Sie erscheinen in der dogmatischen Literatur und in der hagiographischen, sind aber nicht in der historischen Literatur zu finden. Dort treten die Barbaren an ihre Stelle oder sie an deren Platz in den anderen Gattungen. Andererseits konnten wir nicht umhin zu bemerken, daß die gesteigerte Bewußtheit autobiographischer Erfahrung noch keineswegs zu dem Vermögen führt, sich in eine andere Person zu versetzen oder eine von der eigenen abweichende Ansicht zu verstehen. So schreibt Augustin im Umbruch der Zeiten eine Schrift von dem reichen Gehalt der *De civitate Dei*, ohne historisch-politische Erfahrung aus der biblischen oder der römischen Geschichte zu ziehen.

Petrarca fehlte es nicht an Kritikern, die ihm mangelndes Wissen vorwarfen, und er selber hat sich zu geringe Frömmigkeit bescheinigt. Ob er aber seine Differenz zu Augustin und die des geschichtlichen Augustin zu der Fiktion seines *Secretum* wahrzunehmen vermochte, ist kaum auszumachen. Die Erörterungen, die seit dem Historismus über den historischen Sinn, über Anachronismen usw. angestellt wurden, projizieren im allgemeinen moderne Verfahren in die Vergangenheit und scheitern daran, die geschichtliche Ansicht einer anderen Zeit herauszuarbeiten. Auch mag z. B. das stilistische Unterscheidungsvermögen eines Philologen des 15. oder 16. Jahrhunderts besser ausgebildet gewesen sein als das eines Historikers des 19. Jahrhunderts, so daß beide ganz verschiedene Irrtümer begehen können. Selbst Ranke konnte in solchen Dingen naiver sein als ein Lorenzo Valla und hatte doch über vierhundert Jahre kontinuierlicher Arbeit mehr zu verfügen.

Unter ethischen Kategorien wird alle Geschichte zeitgenössisch wie in

Dantes *Commedia*. Und das gilt auch für die nicht am historischen Unterschied orientierten Beispielsammlungen des guten und widrigen Glückes bei Petrarca und in geringerem Maße für die *De casibus* Boccaccios. Dort steht die Identifikation im Vordergrund, das zitierte Beispiel ist immer eines für das eigene Leiden oder die eigene Freude. Hier wird der historische Abstand aufgewiesen, wenngleich die Personen in einer zeitlosen Präsenz, wie er für alle Totengespräche gilt, ins Gedächtnis gerufen werden und sich im Zimmer des ihren Ruhm schreibend sichernden Autors versammeln.

Die religiöse Erschütterung, die Petrarca bei der Besteigung des Mont Ventoux erfährt und von der das *Secretum* Rechenschaft gibt, gehört zu den tiefgreifenden Wirkungen, die Augustin in der Lektüre und die franziskanische Spiritualität in der Gegenwart der Renaissance ausübten. Noch die Wirtschaftsgesinnung der Florentiner Bankiers und Gewerbeverleger stand lange und immer wieder in der Spannung zwischen einer Ethik der Armut und einer Ethik des Besitzerwerbs, der sich altruistisch rechtfertigen konnte. Die sehr weit ins 15. Jahrhundert hinein im allgemeinen strenge kaufmännische Moral und die Striktheit der religiösen Weltablehnung mögen gegenseitig zu ihrer professionellen Steigerung beigetragen haben. Die bildende Kunst und die Poesie der Zeit bezeugen das und zogen Gewinn aus beidem.

Die römische Geschichte, die bei Dante das Kaisertum legitimierte und mit einem unerfüllbaren Auftrag versah, ist inzwischen zum Vorbild der republikanischen Tugenden der Stadtstaaten geworden. Ein und derselbe Ereignisverlauf, dessen römischer Selbstdeutung Augustin einst, als er noch kaum zu Ende war, den inneren Sinn und die zukunftsweisende Bedeutung nehmen wollte, ist ein Jahrtausend später mehr als bloße Erinnerung. Er ist ein Ideal, an welchem sich die meisten Vorstellungen von der Gestaltung der Zukunft orientieren. Er ist eine zeitlose Instanz, vor welcher die jeweilige Gegenwart beurteilt wird. Daß sich dabei gerade die Elemente, die Augustin von antiker Kultur beibehalten hat, Platonismus, stoische Ethik und rhetorische Kunst, zum Vehikel der Erneuerung antiken Denkens in der Renaissance wandeln sollten, hat die Verbindung mit dem christlichen Element und seine Verwandlung nur erleichtert. Umgekehrt wird es bei ihrer sehr bewußten Christlichkeit Petrarca und den auf ihn folgenden Autoren der Renaissance kaum deutlich geworden sein, wie stark sie bei all ihrem Bezug auf die Antike doch in Stil und Rhythmus von ihr abweichen. Petrarca war sich gewiß des zeitlichen Unterschieds und der gewandelten Bildungsvoraussetzungen bewußt, wenn er durch die Zeiten an Cicero schreibt. Und er geht immer aus von der schmerzlichen Einsicht, daß Roms Größe gesunken sei und daß alles, was damals glänzend war, jetzt im argen liege. In jedem Einzelfall ist eigens zu bestimmen, in welchem Maße das christliche Modell einer »imitatio« auf die Antike angewendet werden konnte. Gewiß nicht in einer bloßen Umbesetzung. Zwischen den Empfindungen, der Antike hoffnungslos fern zu stehen, der, sie in einem Werk erneuernd zu beleben und darin nicht länger nur nachzuahmen, sondern sich selber auszudrücken, ist die ganze Vielfalt humanistischer Individualität anzusiedeln. Poliziano, in der letzten der fünf glanzvollen italienischen Humanistengenerationen seit Petrarca, brachte es auf die stolze und glückliche Formel: »non imitabor, sed me exprimo«.

Die Spannung zwischen einem Ideal aus anderer Zeit und der aktuellen Wirklichkeit bedingt es, daß auch gelungene Realisierungen partikulär bleiben, daß sie die Welt ebensowenig gänzlich verwandeln wie einst das Christentum und daß sie mithin ihrerseits Kritik und Widerstand hervorrufen, wie es der Kultur der Renaissance von Reformatoren wie Gegenreformatoren widerfahren ist.

Das Geheimnis von Augustins Wirkung in Renaissance und Humanismus und nicht weniger stark in den Jahrhunderten darauf scheint in der Entschiedenheit seiner Weltablehnung zu liegen und darin, daß sie unter Entfaltung höchster affektiver Leidenschaft sich in den rhetorisch-poetischen Formen der Antike äußert und somit deren Fundament mit ihren eigenen Mitteln untergräbt. Die Folgen des am tiefsten greifenden Verwandlungsprozesses, den die Geschichte kennt, der einzigen wirklichen »Crisis«, wie Jacob Burckhardt glaubt, ließen Petrarca und die Humanisten nur die Verluste empfinden und benennen, nicht die sich langsam herausbildenden neuen Formen der Gesellschaft, der Kultur und des Denkens, in denen sie doch selber lebten und handelten und auch Werke in den neuen Volkssprachen schufen, wie z. B. in der Lyrik Petrarcas selbst.

In diesem modernen Zwiespalt, in welchem viele Zeitgenossen und Nachfolger die Antike rühmen und sie zugleich gotisieren oder burgundisch kostümieren werden oder das antike Ideal mit einer höfischen Kultur versöhnen wollen und voll republikanischer Sehnsüchte Hofdichter werden statt Tyrannenmörder, lebt man seither. Die bildende Kunst und Literatur des Zeitalters zwischen Augustin und Petrarca wird als ausdrucksarm empfunden. Für Gewissensregungen und Schuldgefühle mag sie hinreichen, dem dynamischen Ausdruck persönlicher Leidenschaft bietet sie, selbst für die Gebärde der Trauer, keine Vorbilder mehr. In einer ersten Phase, welche durch Dante und in der bildenden Kunst durch Giotto und den älteren Pisano bezeichnet wird, sucht man Formen und Haltungen leidenschaftlichen Ausdrucks oder man entdeckt sie jetzt in den Werken, die stets zugänglich gewesen sind, um den christlichen Gehalt menschlicher Gefühle zu steigern und ins Allgemeine zu erheben.

In einer zweiten Phase, die sich bei Petrarca andeutet, verselbständigt sich die Form, zerfällt aber auch schon aus Mangel an integrierender Kraft und erweist in Brüchen und Schwankungen ihre Subjektivität, ihr Ungenügen und das Mißverhältnis von Wollen und Vollbringen. Auf dem langen Wege zur Hochrenaissance neigt auch die bildende Kunst zunächst dazu, die literarisch vorgegebenen Szenen als einzelne schöne Figuren nebeneinander aufzufassen, ehe sie diese in einer dramatischen beziehungsvollen Einheit zusammenzufassen vermag. In dieser Zeit erst werden antike Gruppenwerke wie der *Laokoon* aus der Erde gegraben und erscheinen als Offenbarung des ersehnten spannungsvollen Ausdrucks, der sich in einzelnen Figuren abgestuft verkörpert. Passion und Leidenschaft können fortan nicht dahinter zurückfallen, ohne wie in manchen Klassizismen zur leeren Form zu werden oder zu ihrer Verweigerung oder zu Formlosigkeit wie in manchen antiklassischen Repristinationen eines inneren Gehalts.

Augustins Konzentration auf das Gegenüber der Seele zu Gott bedeutete eine Preisgabe oder eine Zerstörung der vielfältigeren Beziehung von Welt und Mensch im Denken der Antike. Diese Konstellation hatte selbst der Manichäismus noch zu bewahren versucht. Das Werk Dantes und die Konzeption Petrarcas lösten unausgesprochen die augustinische Konzentrierung auf. Die gesteigerte Subjektivität bedurfte wiederum der ›Welt‹, um sich zu objektivieren. Mag das bei Dante eine kosmologisch gesehene Natur und eine Universalgeschichte sein und bei Petrarca Natur als Stimmung für lyrische Empfindungen und Geschichte die erhabene Erinnerung als Gegenbild zur eigenen Zeit. Beide besetzen die zeitliche Kontinuität und die räumliche Ausdehnung völlig gegensätzlich, tun es aber bewußt und besitzergreifend. Beide stehen in einem inneren Gegensatz zu Augustins Haltung, welche die Reformorden aufzunehmen versuchen.

Deren mächtige Bewegungen in der europäischen Neuzeit machten zunehmend deutlich, daß die Religiosität der Moderne wohl eine freiere Stellung zur Zeitlichkeit gewinnen kann, daß sie aber das, was sie der Überlieferung gemäß für ihre Pflicht hält, gar nicht mehr ernstlich wollen kann. Anders als in der Spätantike wird Weltablehnung arbeitsteilig verstanden, als Form oder Gegenform einer bestimmten Virtuosität. Ihre Stellung in der Welt kann sich nicht mehr lediglich nach ihrer Intention bemessen, sondern wird nach den Folgen beurteilt, die sie politisch und wirtschaftlich zeitigt, nach den Gesetzen einer Ethik, die aus der klassischen Antike stammt.

Seit die Religion nicht mehr die Welt im ganzen ablehnt um einer besseren willen, sondern sich mit ihrem Bestand abfindet, ist Religiosität einzelnes Schicksal geworden. Damit verbindet sie sich der künstlerischen Produktivität, der wissenschaftlichen Erkenntnis, dem politischen Charisma, die immanenten Gesetzen unterliegen, so sehr sie diese auch zu überschreiten und zu brechen lieben. Um nicht selbstzerstörerisch zu wirken, haben sie sich immer wieder den »Denkraum der Besonnenheit«, wie Aby Warburg es nannte, zurückzuerobern.

In Petrarca artikuliert sich die nachmittelalterliche Bewußtheit des Mißbehagens an der Gegenwart, der Ungeduld, der Lust am Leiden, der maßlosen Liebe und Ruhmbegier sehr deutlich. Naiv und krisengeschüttelt zugleich ist er ein ganz anderes Wesen als Augustin, und es scheint bezeichnend, daß er eine Nachahmung der *Confessiones* unterlassen hat. Der Grund dafür wird nicht im Mangel an berichtenswerten Ereignissen liegen. Und noch weniger am fehlenden Bewußtsein der Besonderheit und des Gleichnishaften seines Lebens. Nicht nur die große Passion für Madonna Laura, die eine spätere Zeit sich gern als Roman dachte, sondern sein ganzes Leben ist voll davon.

In der Verbannung geboren und früh weit herumgekommen, macht er als Siebenjähriger die traumatische Erfahrung eines Schiffbruchs vor Marseille, erduldet den schmerzlichen Konflikt mit dem Vater, der seine geliebten Handschriften antiker Autoren vor seinen Augen verbrennt, um ihn zu nützlicheren Studien zu zwingen. Ein mit Bedacht stilisiertes, geradezu inszeniertes Ereignis wie die Besteigung des Mont Ventoux ist Bruchstück einer großen Konfession, wie es die eigenen Erfahrungen sind, die er in *De remediis utriusque fortunae* affektiv zu bemeistern versucht. Auf dem Mont Ventoux ist er einer Bekehrung gewärtig, und es ist nicht nur für ihn, sondern für seine Epoche bedeutsam, daß sie nicht zustande kommt. Der tiefe Eindruck macht ihn betroffen (»obstupui«), doch er ist nicht bereit, die Herrlichkeit dieser Welt für nichts zu achten. In einer dialektischen Verschränkung konfrontiert er die unbegrenzte Außenwelt mit dem Vorwurf Augustins, der keine Erkenntnis ist, sondern ein Gefühl, das tiefer ist als andere. In der Bewußtheit der subjektiven Unendlichkeit erfährt die Moderne, daß sie mehr erfaßt und inniger empfindet als die Antike, und sie tut es mit einem schlechten Gewissen.

Petrarca schreibt keine Biographie, weil sein Leben keinen Wendepunkt hat, weil er die sowohl erhoffte wie gefürchtete Bekehrung nicht erlebt. Das Zeitliche eignet sich nicht für endgültige Entschlüsse. Wie er es im *Secretum* gesteht, muß er seine Werke erst vollenden, bevor er einer anderen Sehnsucht folgen kann, und sei es die religiöser Unbedingtheit. Aber Werk schließt sich an Werk. Trost wechselt mit Verteidigung, Invektive mit dem Ausdruck des Innern und der Beschwörung großer Vergangenheit. Immer ist es Petrarca, immer der möglichst vollkommene Stil. Jeder Schmerz und jede Freude sind sein Schmerz und seine Freude. Das moderne Gelehrtenleben hat keine epische Einheit, und im Maße steigender Bewußtheit ist eine endgültige Stilisierung nur mehr pathologisch zu erfahren. Die Erkenntnis des Ich hat sich an Gegenständen zu bewähren.

Der Begriff Mittelalter

Petrarcas Konzeption der finsteren Zwischenzeit, der »tenebrae«, hat keinen Begriff von Mittelalter hervorgebracht, auf welchen sich die Erforschung dieser Periode der Geschichte stützen könnte. Aus dem diffusen Bereich alter Zeit hat er das klassische Altertum herausgehoben und es zum zeitlosen Ideal geschichtlichen Handelns und sprachlicher Vollkommenheit stilisiert. Damit löst er sich von der linear gedachten Zeit von Geschlechtsregistern und Herrscherlisten, aber auch von der Gliederung eines Kontinuums in Perioden, wie es die Lehre von den vier Monarchien und die von den sechs »aetates« getan hatten.

Petrarca ersetzt nicht eine Chronik der Welt durch eine andere. Er spricht in seinen Briefen und Werken und in den einer historischen Darstellung noch am ehesten sich nähernden biographischen Skizzen sein Mißbehagen an der Gegenwart und seine Bewunderung für die klassische Antike aus. Und doch unterscheidet er sich aufs deutlichste von geschichtlichen Auffassungen der eigenen Zeit, die den gegenwärtigen Niedergang beklagen und die Beispiele für rhetorische Übungen oder den Enthusiasmus, den die Erinnerung an vergangene Taten erwecken soll, aus einer lange zurückliegenden Zeit holen, wie es schon in der Spätantike der Fall gewesen ist, als man die römische Republik verklärte und die Erwähnung der eigenen Zeit in den Schulgattungen so gut wie völlig ausspartes. Das mag an einer Perspektive des erforderlichen historischen Abstands liegen, der zur Darstellung nötig erscheint, und ebenso an dem ebenso weltfremden wie konservativen Charakter der Beispiele grammatisch-rhetorischer Übungen. Petrarcas Fremdheit in der Welt aber ist ganz im Gegensatz dazu über die unsicher beurteilte, im Umgang mit den Mächtigen indes genau kalkulierte eigene Zeit hinaus auf die Zukunft gerichtet. Sowenig man einem einzelnen die Rolle des Verursachers zuschreiben kann, so stark hat Petrarca doch auf den Stil der europäischen Klassizismen der nächsten Jahrhunderte prägend gewirkt, und Spätere erkannten sich in ihm und in seiner vielberufenen ›Modernität‹ wieder.

Das geschah mit einer Aufspaltung der überlieferten Kontinuität, die kaum weniger gewaltsam ist als diejenige bei Augustin. Hatte jene Teilung in der Längenausdehnung der Zeit durch die ganze Geschichte hindurch das kleine Häuflein der Auserwählten abgehoben von der Mehrzahl der im Jenseits Verdammten, so spaltete Petrarca die Zeit quer zu ihrer Erstreckung in erwählte und verworfene Epochen. Damit setzte er sich dem Risiko aus, statt für die noch unsichtbare Zukunft eine Verheißung auszusprechen, die sichtbare Welt zu beurteilen, von der Vergangenheit aus nach Maßgabe ihrer irdischen Unsterblichkeit, ihrer Macht und Größe, ihrer »Virtus« und »Dignitas«. Das bedeutet, in einer unsicheren Welt die bezweifelbare und christlich gerade von Augustin bezweifelte Evidenz gegen die Kraft der Verheißung aufzurichten und für die Zukunft eine höchst zweifelhafte, nicht den höheren Mächten anheimgestellte, sondern von menschlichem Handeln abhängige Aussicht zu zeichnen.

Es läßt sich nur als Frage stellen, wie weit dabei die polemische Stellung zur Gegenwart Bedingung ist, um das klassische Altertum als Konstrukt aus den Gegebenheiten einer wirklich gewesenen Vergangenheit, die aber nicht mehr als Anhaltspunkte in ihren Überresten an die Hand gibt, zu erforschen oder gar ihre Erneuerung in den europäischen Klassizismen von der Renaissance in Italien an zu versuchen. Ebenso ist nur zu fragen, ob in dem gespannten Verhältnis zur eigenen Zeit ein Element von jenem Negieren der irdischen Welt geblieben ist, das Augustin geübt hatte. Dafür hat die Renaissance-Kritik in der ersten Hälfte des 20. Jahrhunderts, die sich von neuscholastischen oder nationalen Standpunkten aus eher gegen die liberalen Vertreter einer einst modischen Forschungsrichtung wendete als gegen das historische Phänomen selbst, keine Argumente erbracht. Der denunziatorische Vorwitz, der eine spätere Richtung als bloße Umbesetzung der vorhergegangenen entlarven möchte und sich dazu etwa eines Begriffs wie Säkularisation bedient, mißdeutet ein Epiphänomen und bleibt die Erklärung der christlichen Interpretation der antiken Geschichte schuldig.

Geschichtsschreibung ist eine wissenschaftliche Disziplin und eine literarische Gattung zugleich. Die Werke seit der Renaissance, die ihr von beiden Ansprüchen her zugerechnet werden können, knüpfen an Livius, Sallust und Tacitus, an Herodot und Thukydides in dem Maße an, wie die Mathematiker an Euklid und Archimedes, die Architekten an Vitruv und an die erhaltenen Werke ungenannter Erbauer anknüpfen. Sie alle konnten mit einigem Recht ein Jahrtausend und mehr einer für ihre Arbeit finsteren Zeit negieren. Damit wird es zu einer weitaus schwierigeren Aufgabe, die in der Zwischenzeit erworbenen Bestandteile herauszuarbeiten, die sie nicht aufgeben, sondern aus denen in der Beziehung auf das neuentdeckte Alte nun ein wirklich Neues hervorgeht.

In der historischen Realität sind es nicht Epochen, die sich nach einem Dreierschema abschichten, sondern vielfältige Bezüge, die sich nach Gattungen und Arbeitstechniken unterscheiden und verflechten. So hat in der Jurisprudenz das »Jus civile« die römische Geschichte als zugehörigen Sachbereich, das »Jus canonicum« die Geschichte der Kirche, das »Jus feudale« die Geschichte einzelner nationaler und dynastischer Überlieferungen. Diese Geschichten überschneiden sich jeweils, ohne sich wirklich zu ergänzen oder nebeneinander ein klares Bild des historischen Verlaufs zu ergeben. Und wenn die Humanisten von alter, mittlerer und neuer Zeit zu sprechen beginnen, so meinen sie den Stil lateinischer Schriften der schönen Literatur, dem sich erst nach und nach andere historische Realitäten zuordnen lassen.

Das humanistische Selbstbewußtsein ist noch deutlicher vielleicht als das anderer, eine geistige Bewegung tragender Personenkreise an die Orte gebunden, von denen es ausstrahlt, und an die begrenzten Zeiten direkter Wirkung. Die seit langem unternommene gemeinsame Suche von Mediävisten und Renaissancegelehrten nach frühen Belegen für den Begriff Mittelalter ergibt über eine längere Zeit vom späten 15. bis ins 16. Jahrhundert zunächst überhaupt ganz wenige Belege. Diese spärlichen Belege sind auf eine gemeinsame Quelle zurückzuverfolgen. Es war Johannes Andrea Bussi (de Buxis), früher Sekretär des Nikolaus von Kues und später Bischof von Aleria, der sich um die Herausgabe klassischer Texte in der ersten römischen Druckerei von Sweinheim und Pammartz große Verdienste erwarb. Im Vorwort zu seiner Ausgabe des Apuleius 1469 gedenkt er seines kürzlich verstorbenen früheren Herrn und rühmt dessen historische Kenntnisse: »Vir ipse, quod rarum est in Germanis, supra opinionem eloquens et latinus, historias idem omnes, non priscas modo, sed mediae tempestatis, tum veteres, tum recentiores usque ad nostra tempora, memoria retinebat.« Hartmann Schedel übersetzt das folgendermaßen: »Er was zumal ein wolgesprechig und des lateins fertig man, und aller hystorien und geschichten, nicht allain der newen und gegenwärtigen sunder auch der alten gantz wissend und frisch gedechtig.« Schedel rückt diesen Text in seinem *Liber chronicarum* (Nürnberg 1493, fol. CCLII^r^) in der lateinischen Fassung beim Todesjahr des Kardinals (1464) ein und gibt in der seitengleichen deutschen Ausgabe obige Übersetzung, die den Begriff »media tempestas« ausläßt. Darin ist kein bloßes Versäumnis zu erblicken. Auf deutsch gab es diesen Begriff und seinen Sachverhalt noch nicht. In Italien konnte man 100 Jahre nach Petrarca und eine Generation nach Lorenzo Vallas *Elegantiae linguae latinae*, deren Vorwort exemplarisch den tödlichen Schlaf der Künste und der Literatur und ihre Wiederbelebung zu dieser Zeit darstellte, als Mantegna den antiken Stil in der Malerei erneuerte, wie Brunelleschi und Donatello es zuvor schon für die Architektur und Plastik getan hatten, als Marsilio Ficino den Geburtstag Platos mit einer feierlichen Inszenierung des ›Symposion‹ begeht, im Bewußtsein einer neuen Epoche die eben vergangene als »media tempestas« bezeichnen. Nördlich der Alpen sollte erst eine Generation nach Schedel dieser Begriff vereinzelt von Basler und Straßburger Humanisten gebraucht werden. Der nächste Beleg ist wiederum ein Zitat ebendieser Stelle von Bussi. Diesmal setzt Jacques Lefèvre d'Etaples (Jacobus Faber Stapulensis) es auf die erste Seite seiner Ausgabe der Werke des Cusaners (Paris 1514).

Die längst schon verachtete und im Zusammenhang der Künste und der lateinischen Literatur geschmähte Zeit wird nicht unter einem Begriff gefaßt. Und wo sie als »media tempestas«, später »media antiquitas« oder »medium tempus« auftritt, wird ihrer rühmend gedacht oder ihre Kenntnis, wie sie etwa für das Kirchenrecht, die Rechte der Städte und Herrschaften und die regionalen Überlieferungen wichtig ist, anerkannt. Die polemische Sicht des Mittelalters, aus der heraus seine Konzeption geschaffen wurde, gilt schon nicht mehr für die ersten Belege des seltenen Wortgebrauchs.

Schedels Auslassung ist für Nürnberg 1493 ein sprechendes Indiz, daß man von einem Mittelalter dort noch nicht reden konnte, weil man noch mitten darin steckte. Nördlich der Alpen ist Joachim von Watt (Vadianus) der erste, der es selbständig gebraucht. In seinem Kommentar zu

Pomponius Mela (1518) nennt er Walafrid Strabo einen nicht zu verachtenden Schriftsteller der mittleren Zeit: »mediae aetatis autor non ignobilis«. Im Jahr danach gebraucht Beatus Rhenanus in seiner Ausgabe des Tacitus den Begriff schon technisch. Die Autoren der »prisca antiquitas« seien zu erläutern durch diejenigen der »media antiquitas«. Watt wiederum ist es, der zuerst auf deutsch den Zeitbegriff verwendet, wenn er (fränkische Chroniken) »mittler jare« und »mitteljärige chronikschreiber« erwähnt (*Vom Mönchsstande*, 1519).

Dieser Wortgebrauch bleibt auf die humanistischen Zentren begrenzt und findet keinerlei Verwendung bei den Reformatoren und den protestantischen Kirchenhistorikern des 16. Jahrhunderts. Diese haben ja auch keinen Anlaß, sich positiv auf die vergangenen Jahrhunderte zu beziehen, die sie ihrerseits negieren, um nur das in der Geschichte schwankende Bild der frühen Kirche anzuerkennen. Für die Humanisten nördlich der Alpen hingegen ist das Mittelalter das Altertum ihrer Völker, keine »sacrosancta vetustas«, aber immerhin eine, von der man sagen kann, daß manches »non ignobilis« gewesen sei. So entdecken sie, daß man das Feudalrecht gegen die privatrechtliche Auslegung des römischen Rechts stark machen kann, um die unpassende Übertragung des spätrömischen Kaiserrechts auf die Fürsten des 16. Jahrhunderts zu kritisieren. Die italienischen Humanisten sahen in ihrer Antike zunächst den Verlust einstiger Macht und Größe, den sie beklagten. Für die Humanisten nördlich der Alpen war die Antike ein fremdes, zunächst einmal literarisches Ideal, das sie mit den eigenen Überlieferungen zu verknüpfen suchten, in der Herleitung ihrer Sprachen und Dynastien gelegentlich auf höchst gewaltsame und abenteuerliche Weise.

Eine neuartige gelehrte Arbeit an der antiken Überlieferung läßt im 16. Jahrhundert in Frankreich eine historische Rechtsauslegung in dem »mos gallicus« entstehen, der die dogmatische Interpretation des »mos italicus« zu ersetzen beginnt. Dabei werden die eigenen Institutionen und Rechtstraditionen zu einem Arsenal, dessen noch unausgeschöpfte Möglichkeiten die Argumente für die gegenwärtigen politischen Auseinandersetzungen der Stände mit der Regentin liefern sollen. Dabei ist das vergangene Jahrtausend nicht eine lediglich verachtete Zwischenzeit ohne eigenen Gehalt, sie wird zum Ursprung geltender und zunehmend beanspruchter Rechte. Aus diesem vermittelnden Humanismus, der die Invasion der Barbaren in der Völkerwanderung nicht lediglich als Zerstörung ansieht, sondern den bewundernden Blick der *Germania* des Tacitus auf die eigenen Vorfahren richten möchte, stammen die großen Versuche, die Freiheit im Staat im Rückgriff auf nationale Überlieferungen und doch mit antiker Begrifflichkeit zu begründen. Unter dem Eindruck der Bartholomäus-Nacht schreibt Hotman 1573 die *Franco-Gallia*, einige Jahre darauf greift Buchanan in die Diskussionen um die schottischen Rechte ein: *De jure regni apud Scotos*, 1579. Die erste Konzeption einer umfassenden und auf politisches Handeln bezogenen Geschichte, einer »historia integra« oder »historia universa«, welche nicht mehr heilsgeschichtlich gedeutete »historia universalis« ist, schafft François Baudouin durch die Verbindung mit der neuen Rechtsinterpretation.

Hier werden notwendig die Grenzen einer so individuellen Konzeption wie der Petrarcas deutlich. Ebensowenig wie die Geschichtsschreibung und die Machtpolitik des Mittelalters mit der strikten Auffassung Augustins hätte arbeiten wollen oder können, ebensowenig war Petrarcas Vision geeignet, unmittelbar in politisches Handeln umgesetzt zu werden oder einer lebendigen Forschung, die auf die eigene Gegenwart bezogen war, die Wege zu weisen. In diesem Unterschied ist nicht ein kleiner Rest nur zu sehen, der nicht aufgegangen wäre und den man ignorieren könnte. In dem Kontrast, der zwischen einer Vision und ihrer Erfüllbarkeit liegt, kommt ein Faktor der starken Ausstrahlung der Vision selbst zur Geltung. Aus dem Gefühl irdischen Ungenügens lassen sich Energien gewinnen, die im Innersten der Menschen liegen und die nicht durch den Erfolg auszubeuten sind. Durch die Entblößung eines ihnen bislang unbekannten Bereiches innerer Wirklichkeit kommen Kräfte zum Vorschein, die nicht gleich die Welt verändern, aber ihre Ansicht grundlegend wandeln.

Die Entdeckung etwa der Intensität kindlichen Erlebens und Schuldbewußtseins und die Dramatisierung der Zeitwahrnehmung hat mit der christlichen Lehre so wenig zu tun wie das im Mißbehagen und Unglück über die Gegenwart gesteigerte Selbstbewußtsein der Moderne mit dem klassischen Altertum. Und doch werden beide zu Quellen der Erneuerung im vollständigen und individuellen Ausdruck eines Autors, in dem andere sich wiedererkennen werden. Daneben und dagegen stehen andere Auffassungen. Man kann und muß wohl den Verlauf der Geschichte anders sehen, als Augustin und Petrarca es getan haben. Aber die Antike mußte einmal so vollständig verabschiedet werden, wie Augustin es tat. Und das nicht nur, damit sich im geschichtlichen Verlauf ein Neues leichter und selbständiger herausbilden konnte als etwa im zunächst stabileren oströmischen Reich, sondern auch aus dem von Augustin nicht im mindesten beabsichtigten Grunde – die Geschichte läßt sich nun einmal nicht aus Absichten erklären –, daß die Antike in der Entfernung als ein Ideal erscheinen und zum Gegenstand einer unerfüllbaren Sehnsucht werden konnte. Das Selbstverständnis der Moderne wie ihre damit einhergehende Selbstverkennung wären ohne beides nicht möglich gewesen.

Die Einteilung der Geschichte in ein von der »neuen« Zeit aus in Relation gesehenes Altertum und in ein dazwischenliegendes Mittelalter ist dabei wohl das dürftigste Resultat. Man kann auch ohne einen eigenen Begriff des Mittelalters die mit der Völkerwanderung beginnende neue Zeit von dem Altertum unterscheiden, wie es bereits Machiavelli tat. In einer weiter gefaßten Ansicht der Geschichte wird man auf eine Gliederung in Perioden überhaupt verzichten, weil sie mehr Irrtümer und Vorentscheidungen mit sich bringen als Klärung, und man kann sich funktional auf einzelne Sachbereiche oder Quellengattungen in zeitlicher und räumlicher Abgrenzung einschränken. Danach ließe sich etwa in vielen Abschichtungen anzeigen, wann und wo und worin etwas, das wir dem ›Mittelalter‹ zuzusprechen gewohnt sind, zu Ende gegangen oder immer noch nicht beendet sei, und wo andererseits eine Erscheinung aus dieser Epoche so bedeutend sich heraushebt, daß man sie nicht gut ›mittelalterlich‹ nennen kann. Der heuristische Wert dieser Periodengliederung ist gering, die Evidenz, die sie sich durch die Arbeitsteilung in der Abgrenzung der Quellenbereiche selbst geschaffen hat, so fadenscheinig wie unerschütterlich. Für den Begriff bleibt festzuhalten, daß er die Ambivalenz bei seiner Prägung schon in sich trägt. Als Konzeption bestimmt zur negativen Bezeichnung der »tenebrae« zwischen den als gleichzeitig angesehenen Blütezeiten der Kunst, des Geistes und der Macht, als eine Lücke, bezeichnet der Begriff schon im 16. Jahrhundert die Mitte in der Entwicklung zur Moderne.

Vom Mittelalter gilt in mehrerlei Hinsicht, daß es »einen Anfang« darstelle, »der keiner ist« (Overbeck, *Vorgeschichte und Jugend der mittelalterlichen Scholastik*, Basel 1917, S. 5). Die Hypothese einer kontinuierlichen Veränderung etwa der wirtschaftlichen und gesellschaftlichen Strukturen hat sich und wird sich in konkreten Bereichen als die fruchtbarere erweisen, seien es die elementaren ornamentalen Formen, die in der populären Kunst überliefert und zu neuen Aufgaben durchgebildet wurden, sei es die Landwirtschaft und die Sklavenhaltung.

»Et tenebrae erant super faciem abyssi.« In geschichtsphilosophischer Deutung läßt sich die naive Frage nach dem Sein des Nichts rechtfertigen, die Fridugis von Tours, ein Schüler Alcuins am Hofe Karls des Großen, an diese Aussage des Schöpfungsberichtes knüpfte (Gen. 1,2). Gewährleistet ein kategorisch bejahtes Urteil zwar noch nicht, daß einem Nomen Substanz zukomme, wie Fridugis glaubte, um mittels der Ratio die Autorität der Schrift zu bestätigen, so scheint es doch bei der Schöpfung und zwischen dem Altertum und der neueren Zeit zukunftsträchtige Finsternisse gegeben zu haben, die Welten zur Entstehung verhalfen. Das Neue trat punktuell auf und läßt sich nach Jahren und Landschaften bemessen. Es hängt von einzelnen Wirkungen ab und tritt in wenigen Individuen auf, die Zeugnis ablegen von einer weltgeschichtlichen Veränderung oder bewußt schon diese Veränderung tragen.

3. Rousseau und das revolutionäre Zeitbewußtsein

Die gereizte Empfindung des Innern und der Drang danach, die äußere Welt anzuerkennen und ihre Gestaltung zu fordern, hatte ein neues Temperament zu einem historischen Bewußtsein verwandelt. Nicht Kontinuität zu schaffen, sondern Größe oder zumindest Ruhm zu ersehnen und politisches Handeln weder verantwortlich zu planen noch darauf prinzipiell Verzicht zu tun, sondern es durch das Protokoll der eigenen schwankenden Empfindung zu ersetzen, das bedeutet es nun, mittelalterliches Bewußtsein abzuschließen, ohne doch ein antikes erwerben zu können. Unglücklich in der Gegenwart ein Neues zu erhoffen kennzeichnet seither die moderne Zeit.

Darin rücken im Abstand der Zeiten Petrarca und Rousseau enger aneinander. Heute ist es kaum noch vorstellbar, welche Revolution im Bewußtsein die Schriften und das Beispiel Rousseaus für seine Zeitgenossen bedeuten konnten. Kein anderer hat so tief aufgewühlt, was als anthropologische Grunderfahrung erschien: daß der Mensch ursprünglich gut sei, und daß er folglich durch die Änderung der Zustände wieder in die Lage versetzt werden müsse, gut zu werden. Zum Beweis nimmt Rousseau sich selbst und das Beispiel seines Lebens. Aber er beschuldigt nicht sich selbst in einer Beichte vor Gott, wie Augustin es getan hatte, sondern er rechtfertigt sich selbst vor der Öffentlichkeit aller und konkret vor dem einzelnen Leser, den er in ein unerhörtes Vertrauen zieht. Und er wird von der Rechtfertigung seiner selbst zur Anklage der anderen, der ganzen Gesellschaft schreiten.

Wie Petrarca im *Secretum* fühlt er sich »mißverstanden und unzufrieden mit allem und mit sich selber« (»inquiet, mécontent de tout et de moi«, *Confessions*, éd. Pléiade, S. 41). Aber keineswegs möchte er sich heilen lassen durch stoische Weisheit, und selbst wenn er dazu bereit wäre, so würde er doch nicht Augustin dazu berufen. Er zieht sich in sich selbst zurück und entdeckt dort die Seligkeiten einer kindlich phantasierenden Begierde, die noch kein Objekt kennt. Die Unschuld dieser Begierde, die seine eigene Unschuld ist, verteidigt er um so heftiger, als er sich mißverstanden fühlt und verfolgt glaubt, von den ehemaligen

Freunden verlassen, und die menschliche Gesellschaft als unerträglich empfindet.

Gegen die immer wieder beschworenen Leiden seines Körpers, die mißlichen Situationen, die seine reinen Absichten verkehren, Situationen, denen er gar nicht gewachsen sein kann, die unablässigen Enttäuschungen und die Störungen seines Ruhebedürfnisses stellt er die wenigen kurzen Zeiten reinen Glücks, die er genossen hat. Darin, in diesen ereignislosen Augenblicken, glaubt er seine Existenz gerechtfertigt und damit seine Güte bewiesen. Diese Phasen seines Lebens sucht er biographisch zu lokalisieren, aber unterschiedlich und jeweils ausschließlich, ohne sich festlegen zu wollen. »Nur da war ich glücklich«, »erst da lernte ich das Glück kennen« steht verbindungslos an verschiedenen Stellen seines Werkes. Und ebenso, aber entschiedener will er den Beginn seines Unglücks festlegen, der im Schreiben für die Öffentlichkeit liege, der aber zugleich ein Augenblick höchster Seligkeit und Entrückung gewesen sei.

Sein Leben hat keine epische Einheit auf der Ebene der Ereignisse. Nennenswerte Taten sind nicht zu vermelden, denn niemals drang die reine Absicht durch alle Widerstände hindurch. Die Einheit, die er beschwört, ist die Einheit seiner Intention, die auch in keiner seiner Schriften ganz sich äußert. Von einem Unerreichbaren her sind alle seine Schriften Teile eines Werkes und seiner selbst. Er bedarf mehrerer, um den einen Gedanken, um den es ihm geht, auszuführen, und weiterer, um sich und diese zu rechtfertigen. Ist überhaupt eine Haltung zum Werk denkbar, die weniger antik ist?

Wie er sein Leben beschreibe, sei einzigartig. Trotz Augustin und trotz Montaigne, der ihm dabei viel deutlicher vor Augen steht, sei ihm darin keiner vorangegangen. Und in dem, worauf es ihm ankomme, werde er, so glaubt er, auch keinen Nachfolger finden. Das Ziel deutet das Motto der *Confessions* an: »Intus et in cute« (»von innen und unter der Haut«, Persius, *Sat.* III, 30). Montaigne dagegen habe sich zwar genau, aber nur von außen gezeichnet. Nicht Schule machen möchte er damit, jedoch den Leser erziehen, indem er ihn von der Wahrheit der Darstellung überzeugt, die nur einen einzigen Richter über sich dulden kann, vor welchem er auch mit diesem Buche am Jüngsten Tage erscheinen will (S. 5).

Ganz im Gegensatz zu Augustin zieht er alle Kraft der Überzeugung aus der Tatsache der ursprünglichen Güte des Menschen. Er erweist sie an sich selber. Den anderen schreibt er leicht Gefühle der Feindseligkeit zu. Die Umstände sind seit jeher gegen ihn: »Schwach und kränklich kam ich auf die Welt; meine Mutter kostete ich das Leben, und die Geburt wurde das erste meiner Mißgeschicke« (S. 7). Auf der Suche nach der Mutter ist er bei allen Beziehungen zu Frauen im Laufe seines Lebens. Er kann aber auch den Vater verklären, gegen den sich die kindliche Eifersucht nie zu richten brauchte. Sein Vater, der ihn zärtlich liebte, kam mit der strengen bürgerlichen Wirklichkeit Genfs nicht zurecht und floh mit dem Knaben in eine ausschweifende Romanlektüre, über der sie alles andere vergaßen. Selbst die Stadt seiner ersten Leiden idealisiert er, das puritanische Genf, das den Lebenswandel seiner Bürger ständig überwachte.

Auch in der Geschichte sind es die Anfänge, die ihm gut und unverdorben erscheinen. Seine eigene Lektüre begann damit, und seine Sehnsucht führt ihn dahin zurück. »Mit sechs Jahren fiel mir der Plutarch in die Hände, mit acht wußte ich ihn auswendig«, schreibt er im zweiten Brief an Malesherbes (1762). Dort stilisiert er sein Leben auf eine Vision hin, die in den *Confessions* merklich nüchterner beschrieben wird. Auf einen Schlag sei ihm deutlich vor Augen gestanden, daß es die Widersprüche des gesellschaftlichen Systems sind (»les contradictions du système social«), die Mißbräuche unserer Einrichtungen (»les abus de nos institutions«, *Œuvres compl.*, Pléiade I, 1135), welche den Menschen, der von Natur aus gut sei (»bon naturellement«), schlecht gemacht haben.

Die Vision habe ihn überkommen, als er Diderot besuchte, den sein *Brief über die Blinden* in die Dunkelhaft des Turmes von Vincennes gebracht hatte, welche dann in eine gewisse Bewegungsfreiheit auf Ehrenwort ermäßigt worden war. Auf dem langen Weg dorthin an einem heißen Oktobertag blätterte er in der Nummer des *Mercure de France*, worin die Akademie von Dijon ihre Preisaufgabe angezeigt hatte, ob »die Erneuerung der Künste und Wissenschaften die Sitten verbessert habe«. Da habe ihn, schreibt er dreizehn Jahre später in diesem Brief, eine plötzliche Eingebung überkommen (»une inspiration subite«), die er genau zu schildern versucht: »ich fühle auf einen Schlag meinen Geist von tausend Lichtern geblendet; Massen lebhafter Vorstellungen sind dort auf einmal mit einer Gewalt und in einer Verwirrung gegenwärtig, die mich in eine unaussprechliche Bestürzung wirft; ich fühle meinen Kopf von einem Schwindel wie von Trunkenheit ergriffen. Ein gewaltsames Herzklopfen bedrückt mich und beengt mir die Brust; und da ich beim Gehen nicht mehr atmen kann, lasse ich mich unter einen der Allee-Bäume fallen und verbringe dort eine halbe Stunde in derartiger Erregung, daß ich beim Aufstehen bemerke, wie meine Weste vorn ganz von Tränen durchnäßt ist, ohne daß ich bemerkte, sie vergossen zu haben« (»tout à coup je me sens l'esprit ébloui de milles lumières; des foules d'idées vives s'y presenterent à la fois avec une force et une confusion qui me jetta dans un trouble inexprimable; je sens ma tête prise par un etourdissement semblable à l'ivresse. Une violente palpitation m'oppresse, souleve ma poitrine; ne pouvant plus respirer en marchant, je me laisse tomber sous un des arbres de l'avenue, et j'y passe une demie heure dans une telle agitation qu'en me relevant j'apperçus tout le devant de ma veste mouillé de mes larmes sans avoir senti que j'en repandois«).

Ein Bruchteil dieser überwältigenden Anschauung wäre hinreichend, alles Verkehrte und Verderbliche an unserer gesellschaftlichen Situation ins klare zu bringen und einsichtig darzustellen. Was Rousseau aus dieser Vision rettet, ist die Rede des Fabricius. Dieses Muster altrömischer Einfachheit und Unbestechlichkeit wird nun keineswegs zum Sprachrohr einer Analyse der modernen Welt, sondern wendet sich in heftigen Worten an die Römer der Kaiserzeit, die er durch Pflege der Künste verdorben glaubt. Und er fordert sie auf, zu zerstören, woran sie ihr Herz hängen. Diese Rede wurde im französischen Schulunterricht des 19. Jahrhunderts zu einem Prunkstück rhetorischer Deklamation, und Lessing wird in seiner Rezension des *Ersten Discours* übersetzen, was Rousseau selbst, wie er in den *Confessions* berichtet, von seiner Eingebung »mit Bleistift unter einer Eiche« zu Papier zu bringen vermochte.

Die Rede des Fabricius

Im Achten Buch der *Confessions*, wo Rousseau auf seine Vision zu sprechen kommt, teilt er eine der merkwürdigsten Beobachtungen über sein Gedächtnis mit. Die Erinnerung versage ihm, sobald er eine Sache einmal zu Papier gebracht habe. So habe er die Einzelheiten der Umstände seiner Vision in einem der Briefe an Malesherbes geschildert, und deshalb könne er sie nicht wiederholen; er fügt sie aber auch nicht dem Text bei, obwohl Malesherbes ihm eine Abschrift dieser Briefe geschickt hatte. Ganz ähnlich ergehe es ihm in der Musik mit Liedern, die er oft gesungen habe und die er vergaß, seit er Noten lesen könne.

Das Geständnis dieser Eigenheit steht sonderbar zwischen starken Behauptungen über den einschneidenden Charakter dieser Erfahrung für sein ganzes Leben. »Von dem Augenblicke der Lektüre [der Preisaufgabe] erblickte ich eine andere Welt und wurde ich ein anderer Mensch«

(»A l'instant de cette lecture je vis un autre univers et je devins un autre homme!«). Nachdem er Diderot seine Notizen vorgelesen hat, forderte dieser ihn auf, an dem Wettbewerb teilzunehmen: »Ich tat es, und von diesem Augenblick an war ich verloren. All mein übriges Leben und meine Mißgeschicke waren die unvermeidliche Wirkung dieses Augenblicks der Verwirrung« (»Je le fis, et dès cet instant je fus perdu. Tout le reste de ma vie et de mes malheurs fut l'effet inévitable de cet instant d'égarement«, S. 351). Was nun folgt, ist keineswegs die Schilderung seiner Mißgeschicke. »Eine Begeisterung für die Wahrheit, die Freiheit und die Tugend ergriff ihn, deren Glut vier oder fünf Jahre sich in seinem Herzen erhielt, in einem höheren Grade vielleicht, als es je bei einem anderen Menschen der Fall gewesen ist« (S. 351). Und diese Glut der Begeisterung ließ ihn, der bisher wohl gut, aber noch nicht tugendhaft gewesen sei, die Haltung der Tugend annehmen, woraus er schließt, daß diese Haltung ihm auch die Tugend zur zweiten Natur hätte werden lassen. Seine philosophischen Freunde fanden ihn lächerlich und versuchten ihn wieder auf die Erde zu bringen. Er selbst ist überzeugt, daß diese im Anfang lächerliche Haltung ihn schließlich »verehrungswürdig« (»respectable«, S. 416) gemacht hätte, wenn es ihm ermöglicht worden wäre, darin zu verharren.

Er scheint überzeugt davon, daß sein Charakter durch Mimesis zu verwandeln und er als Mann von nahezu vierzig Jahren noch gänzlich erziehbar sei. Aber er steht ja auch unter dem Eindruck, mit Erstaunen in sich zum erstenmal durch diese Eingebung seiner rhetorischen Begabung gewahr geworden zu sein (»Voilà d'où naquit ma subite éloquence«, S. 416). Er war plötzlich ein anderer geworden, kühn und selbstsicher, und gern würde er glauben, daß diese neue Haltung ihn noch wahrhaft tugendhaft hätte werden lassen, wenn ihn keiner dabei gestört hätte. So wie später lediglich die Fähigkeit, Glück zu genießen, zur Rechtfertigung seiner Existenz ausreichen sollte, so ist es hier eine doch wenig aktive, im grammatischen wie im psychologischen Sinne mediale Eignung zu einer Vision, welche die Gewähr wirklicher »vertu« leisten soll.

Augustins Arbeit an seinem Leben, die den Augenblick der Bekehrung zum Ausgangspunkt einer neuen Existenz nimmt, worin die vergangene Sünde zur Bedingung überwältigender Gnade wird, bezeigt eine entschieden stärkere Aktivität, und Petrarcas Zögern vor einer Bekehrung und das Eingeständnis, daß sie sich mit seinem Werk nicht recht vertrage, eine höhere Bewußtheit als Rousseaus Rechtfertigung gegenüber ersehnten, jedoch unerreichten Lebensmöglichkeiten. Der Spott der Philosophenfreunde habe verhindert, daß die lächerliche angenommene Haltung verehrungswürdige wirkliche Haltung wurde! Handelt es sich dabei nicht um ein mimetisches Vorschützen eines anderen zum Ausdruck der eignen Vision, die sich auf dem Boden der eigenen Zeit nicht zu artikulieren vermöchte, wie es schon in der Rede des Fabricius enthalten ist?

Auf eine andere fiktive Rede, die Rousseau auf diesem Wege zu dem verhafteten Diderot vor Augen stand, hat Jean Starobinski hingewiesen, auf dessen Interpretation ich mich wiederholt beziehe: die Rede des sterbenden Saunderson, des blinden Geometers, in dem *Brief über die Blinden zum Gebrauch der Sehenden*, der Diderot ins Gefängnis gebracht hatte. Diese Einkerkerung seines Freundes hat Rousseau, wie er mehrfach betont, bis zum Wahnsinn erregt (S. 348, 350, 351). Er sah ihn dort für immer festgehalten und bangte um ihn, er verging fast vor Schmerz und Freude zwischen Tränen und Seufzern, Zärtlichkeit und Entzücken, als er ihn nach den ersten Wochen der Dunkelhaft im Turm erstmals im Park von Vincennes besuchen durfte.

Diderot hatte den blinden englischen Geometer, der ein Jahrzehnt zuvor gestorben war, kühne Lehren von einer Vielfalt der Welten, von einem langen Prozeß einer experimentierenden Schöpfung, die über Monstren und Mißgebilde zu einer funktionsfähigen, sich fortpflanzenden Natur gelangt sei, äußern lassen, welche den Zorn der geistlichen Zensur erregten. Er hatte das Bild einer wahrhaft unbegrenzten Welt entfaltet, gegen welche die anerkannte Lehre einer plötzlichen Schöpfung oder geradlinigen Entwicklung sich als Ansicht von Eintagsfliegen ausnahm. »Saunderson sah vermittels der Haut« und war an keines der Vorurteile der Sehenden gebunden. Die Welt, die sein Denkvermögen sich aufgrund der Wahrnehmungen seines Tastsinns schuf, war im Vergleich zu der Welt derer, die sehend blind sind, die eines wahrhaft Sehenden.

Die Rede des sterbenden Saunderson ist ein rhetorisches Meisterstück, das über die Umkehrung hinaus, die Menschen durch einen blinden Seher ihre Augen gebrauchen zu lehren, starke affektive Wirkungen aus der Situation des nahenden Todes zieht. Auch Rousseau will sein moralisches Paradox nicht selber aussprechen. Daß die Bewegung, die man Aufklärung nannte und rückblickend mit der ›Wiederherstellung‹ der Wissenschaften und Künste in der Renaissance beginnen ließ, ein Fehlschlag gewesen sei, weil sie nicht zugleich die Sitten verbessert habe, ist trivial und im einzelnen doch nicht wahr. Ein zeitgenössischer Tugendprediger würde ihr keine Überzeugung verleihen. So greift er zurück (oder seine

Vision tut es für ihn) auf die Helden seiner Kindheit aus der Lektüre des Plutarch, den er dreißig Jahre zuvor schon auswendig kannte.

In einer überraschenden Wendung läßt Rousseau aus dem Grabe den Fabricius erstehen, der nicht unmittelbar die Leser des 18. Jahrhunderts anspricht, sondern die verderbten Römer der Kaiserzeit. Darin kommt ein Paradoxon der Geschichte zum Vorschein: Das Pathos republikanischer Tugend haben die Schriftsteller erst der Kaiserzeit hervorgebracht, um die Verderbnis ihrer eigenen Zeit im Kontrast zu einer positiven Vergangenheit heftiger anzuklagen. Die moralische Entrüstung über die Dekadenz holt ihre Kraft aus der Stilisierung der barbarischen Naivität, Einfachheit und Unbestechlichkeit der frühen Republik. Es ist Livius, dem Tacitus seine Wirkung verdankt. Ein längst verlorenes und vielleicht nie verwirklichtes Ideal verleiht auch Plutarchs Helden Licht und Schatten.

Die Folgerung, die Rousseau seinen Fabricius, dem Grabe entsteigend, aus dem geschichtlichen Wandel ziehen läßt, ist trotzdem höchst erstaunlich – nicht als Gedanke und Meinung, wie der ältere Cato sie im Konflikt zweier Welten gelebt hat, sondern für einen Künstler und Gelehrten um die Mitte des 18. Jahrhunderts. Lessing ist davon nicht unberührt geblieben, wenn er schreibt, »Herr Rousseau... hat so erhabene Gesinnungen mit einer so männlichen Beredsamkeit zu verbinden gewußt, daß seine Rede ein Meisterstück sein würde, wenn sie auch von keiner Akademie dafür wäre erkannt worden.« Seine Übersetzung schlägt den Ton an, in dem er selber den *Philotas* gehalten hat, und der spätere Interpreten oft so hilflos macht. Das 18. Jahrhundert war in seiner gesellschaftlichen Kultur, wenn es sich mit dem vorhergegangenen Jahrhundert verglich, so sehr von der Angst vor der eigenen Effeminierung betroffen, daß es sich eine neue heroische Sprache schuf, von welcher wiederum nicht leicht auszumachen ist, was daran authentisch und was angenommene Haltung sein mag.

»O Fabricius, was würde deine große Seele gedacht haben, wenn du, zu deinem Unglücke, wieder aufgestanden wärest, und die blendende Pracht des durch deinen Arm erretteten Roms, welches dein Name mehr, als alle seine Eroberungen, berühmt machte, gesehen hättest. Götter! würdest du gesagt haben, wo sind die strohern Hütten, worunter ehemals Mäßigkeit und Tugend wohnten? Welche verderbliche Pracht hat mit der römischen Einfalt abgewechselt? Was ist das für eine fremde Sprache? Was sind das für weibische Sitten? Was bedeuten diese Bildsäulen? diese Gemälde? diese Gebäude? Unsinnige! was habt ihr getan? Ihr, ihr Herren der Welt, ihr habt euch zu Sklaven nichtiger von euch überwundener Leute gemacht. Rhetors sind es, die euch beherrschen? Habt ihr deswegen Asien und Griechenland mit eurem Blute befeuchtet, um Baumeister, Maler und Bildhauer reich zu machen? ... Auf, ihr Römer! reißet eure Schauplätze ungesäumt nieder; zerschmettert diese Marmor; verbrennet diese Bilder; verjaget diese Sklaven, welche euch unter dem Joche halten, und deren unselige Künste euch verderben. Laßt fremde Hände durch eitle Geschicklichkeit berühmt werden; die einzige den Römern anständige Geschicklichkeit ist die Welt zu überwinden, und die Tugend daselbst herrschen zu lassen. Als Cineas unsern Rat für eine Versammlung von Königen hielt, so ward er weder von eiteler Pomp noch von ausgesuchter Zierlichkeit verblendet... O ihr Bürger! Ein Anblick rührte ihn, welchen euch nimmermehr weder eure Reichtümer noch eure Künste verschaffen werden; der schönste Anblick, welcher jemals unter der Sonne gewesen ist; die Versammlung von zweihundert tugendhaften Männern, welche alle in Rom zu befehlen und die Welt zu beherrschen verdienten.«

Das sind Aufforderungen zur Gewalt und Zerstörung, worin Lessing »erhabene Gesinnungen« zu vernehmen glaubte. Die Übertreibungen des Arguments glaubt er berichtigen zu können, aber er scheint die angenommene Haltung für den Charakter des Autors zu nehmen. Blieb ihm die Dialektik von Schwäche und Zerstörungswut verborgen, das Dilettantische als Grund der Kunstfeindschaft beim Komponisten des entzükkend naiven *Le Devin du village*? Das Wesen, das sich von einer adligen Dame nach der anderen verwöhnen ließ und ihr im Gefühl einer einzigartigen Unschuld huldigte in blinder Liebe, ahnte er nicht. Aber auch das Ressentiment als Ursprung von Kulturkritik wird ihm nicht sichtbar. Rousseaus Kritik der Kultur mochte manchen überraschen, doch sie kam den Mitgliedern der provinziellen Akademie von Dijon sehr entgegen. Das entsprach durchaus der bürgerlichen, jansenistisch getönten Kritik am Hof, der Kritik an Prunk und Falschheit der Großen. Die Verleiher und der Träger des Preises stehen sich in ihren Anschauungen viel näher, als es zunächst scheinen mochte.

Die Kritik weltlicher Kultur war nicht neu. Und wo sie kühn erscheint, ist doch ihr Stellenwert jedesmal eigens auszumachen. Die Kritik von Luxus, Verweichlichung und Verfall ist gute Tradition der Antike. Daneben gab es seit der Spätantike eine christlich weltfeindliche Kulturkritik, die immer wieder mit zeittypischen Varianten neu aufgelegt wurde. Im späten 17. und im 18. Jahrhundert formiert sich eine moraltheologisch argumentierende, bürgerliche Kritik an einer Kultur, die auf die Höfe orientiert und aristokratisch geprägt zu sein schien. Und das traf weniger für die wissenschaftlichen und künstlerischen Arbeiten zu als für die Lust der Fürsten, sich auch mit ihnen zu schmücken. Zunächst konnte man noch glauben, in der Kritik der Kultur ihre Auftraggeber zu besserem

Gebrauch ihrer Mittel und besserer Bestimmung ihrer Zwecke aufzurufen. Aber ist es zulässig, sich so völlig über den Aufruf zur Zerstörung zu täuschen?

Von welchem Boden aus wird der Angriff geführt? Rousseau hält einer verdorbenen Zeit, wie sie ihm erscheint, das Ideal eines agrarisch einfachen, heroischen Römertums entgegen, dessen Mythos zu destruieren Augustin einst versucht hatte. Es ist aber nicht das Ideal jener Größe, die Petrarca bewunderte, weil sie vereint mit einer hohen Kultur ein Imperium schuf. Rousseau verwirft mit rhetorischen Mitteln auch die Rhetorik, und er ist viel radikaler im Verwerfen als Petrarca, gerade deswegen, weil die erhoffte und für die Späteren offensichtliche Erneuerung ihr eigentliches Ziel verfehlt zu haben schien.

Aus diesem Grunde bestreitet Rousseau nicht nur dem eben vergangenen Jahrtausend das Recht, Kontinuität zu bilden, wie Petrarca es getan hatte, sondern er dehnt die negierte Zeitspanne um das Doppelte aus, indem er sie von Petrarcas Epoche bis zu seiner Gegenwart verlängert und rückwärts von der Spätantike bis zur Krise der Republik. Dabei hat er kein Bewußtsein irgendeiner Gemeinsamkeit mit Petrarca, den er lediglich als Lyriker kennt. Er greift auch nicht dessen und der Renaissance idealen Helden, Scipio, auf, sondern den von Petrarca mit einer sehr knappen Vita bedachten Fabricius, der kriegerisch, arm und unbestechlich war. Im Vergleich zu Rousseau erscheint Augustin mit einemmal als ein besonnener oder, wenn man will, kompromißbereiter Bürger seiner Zeit, von der er zugesteht, daß sie nicht besser sein kann als diejenigen, die in ihr leben: »quales sumus, talia sunt tempora«. Und ausdrücklich mahnt er, nicht mit Gewalt die Menschen an den Pflug des Cincinnatus oder den Herd des Fabricius zurückführen zu wollen: »Non eos volumus ad aratrum Quintii et ad Fabricii focum per nos illa coercitione perduci« (*Epist.* 104,6).

Rousseau verwandelt jedoch auch die Gestalt des Caius Fabricius, wie Plutarch sie in der Pyrrhus-Vita zeichnet. Eine große und heftige Rede hält dort nur der alte und erblindete Appius Claudius, der lieber auch noch taub sein möchte, als je von der Bereitschaft zum Bündnis mit einem Feinde zu hören. Fabricius führt Verhandlungen über den Austausch von Gefangenen, erwirbt die Achtung des Pyrrhus und schlägt ein angebotenes Goldgeschenk aus. Pyrrhus bewundert die erhabene Gesinnung dieses Mannes und will ihn zum Feldherrn machen. Darauf soll der ihm »leise« geantwortet haben: »Das ist für dich, König, gar nicht ratsam. Denn diejenigen sogar, die jetzt dich ehren und bewundern, werden, wenn sie mich näher kennen lernen, lieber mich als dich zum Könige haben wollen.« Dialektische Feinheit ist sein Charakterzug bei Plutarch, kein greisenhaftes Pathos. So schildert man ihm im Lager des Pyrrhus die Lehre Epikurs, die er gleich taktisch einschätzt. »Beim Himmel«, ruft er aus, »möchten doch Pyrrhus und die Samniter, so lange sie mit uns Krieg führen, diese Lehrsätze annehmen.«

Damit allerdings artikuliert er wieder eine Sorge des 18. Jahrhunderts. Größe und Niedergang der Römer waren ein Thema, mit dem man nicht zu Ende kommen konnte. Die Identifikation mit dem römischen Staat war so unmittelbar, daß man den römischen Konsuln und Imperatoren Ratschläge geben mochte, wie man Lehren von ihnen empfing. Der Verfall des Reiches war weniger ein Gegenstand historischer Betrachtung als der Erwägung von politischen Handlungsmöglichkeiten, die ihn hätten aufhalten können. Man stellte die inneren und äußeren Gründe gegenüber, die ihn beschleunigten, man erörterte Bedingungen und Fehlentscheidungen.

Neigt die naive historische Literatur des 18. Jahrhunderts zur unvermittelten Moralisierung des einzelnen Ereignisses, das als Exempel gedeutet wird, welches seinen Lohn oder seine Strafe nach sich ziehe, so übt sich die reflektierte Beobachtung in administrativen und strategischen Sandkastenspielen. Militärisch fühlte man sich der hellenistischen und römischen Kampftechnik sehr nahe und war es im Gegensatz zum Mittelalter auch. Diese Nähe führte aber wiederum dazu, mythische Berichte auf reale Größenverhältnisse zu reduzieren. Montesquieu macht sich in den *Considérations sur les causes de la grandeur des Romains et de leur décadence* (1734) geradezu ein Vergnügen daraus, das früheste Rom als ein schäbiges Dorf darzustellen und noch am Ende einer großen Entwicklung zu fragen, warum Rom für eine Eroberung von dem Ausmaß, die Alexander in acht Jahren bewältigte, acht Jahrhunderte benötigt habe. Ein ähnliches Verfahren wandte Schloezer an, wenn er Truppenstärken und Einwohnerzahlen mit gegenwärtigen Größen verglich und demgemäß Miltiades »wie einen Dorfschulzen« behandelte.

Die Identifikation mit den Römertugenden sollte auch in der amerikanischen Freiheitsbewegung eine Rolle spielen und, durch deren Erfolg bestärkt, den Stil der Selbstdarstellung während der Französischen Revolution kennzeichnen. Wie zunächst von einer moraltheologischen Position aus Adel und Hof konnte man nun auch den Klerus und die unheroische moderne bürgerliche Welt in die Schranken fordern. Mit Petrarca und der Renaissance teilte Rousseau die Auffassung, daß es dem Christentum versagt war, eine eigene politische Ethik zu schaffen. Dabei war seine Stellung gegenüber dem Christentum stets unklar, und im Zweifelsfall suchte er es eher zu vereinnahmen als abzulehnen, indem er dessen Sache selber besser zu leisten versuchte. Die Revision der Lehre von den beiden Civitates, die Petrarca unbewußt vorgenommen hatte, geschieht hier gründlicher, allerdings nicht offen.

Die Aktualisierung einer Staatsgesinnung, die alle Ziele der militärischen Disziplin unterordnet und das konsequent nur durch Zerstörung der Kultur tun kann, in der Schrift eines dem öffentlichen Leben fernstehenden Literaten und Musikers, ist ein zweideutiges Geschäft. Sind die Ziele nicht zuletzt ihm selbst unklar, so lassen sich die verwendeten Mittel doch aufschlüsseln. Das geschichtsphilosophische Modell in der Rede des Fabricius ist dasjenige, mit welchem Rousseau sein eigenes Leben deutet. Auf einen reinen Ursprung folgt die selbstbewirkte, wiewohl unverschuldete Verderbnis durch fremde, äußere Bedingungen, und es bleibt die Hoffnung auf eine Heilung, wobei im Übel selbst die mögliche Therapie verborgen liege.

Im ersten *Discours* folgt die – sei es nun fingierte oder in der Vision eingegebene – Rede des Fabricius auf eine andere Rede, die einfaches Zitat ist, die Verteidigung des Nichtwissens durch Sokrates in der *Apologie* Platons. Im Kerker von Vincennes hatte Diderot, den seine Freunde (und auch er sich selbst) gern als »nouveau Socrate« ansahen, diese Schrift ins Französische übersetzt. Die Freunde werden bei den Besuchen davon gesprochen haben. Und auf Sokrates, der den Wissenschaften und Künsten die Ethik vorgezogen hat, kommt der *Discours* zurück unmittelbar nach der Rede des Fabricius, der gegen Prunk und Verfeinerung die Tugend verficht. Nichts habe Fabricius gesagt, was nicht auch die guten Könige Frankreichs, Ludwig XII. und Heinrich IV., hätten sagen können. Nur seien die Zeiten jetzt noch verderbter, wenngleich weniger grausam als in der Antike. Sokrates müßte im 18. Jahrhundert nicht mehr den Schierlingsbecher leeren, man hätte ihn auf andere Weise vernichtet: indem man ihn lächerlich und verächtlich gemacht haben würde.

In beiden Fällen zitiert Rousseau große, aber vergebliche Mahner. Sokrates konnte den Verfall der Ethik im Scheinwissen so wenig aufhalten wie der wirkliche Fabricius, selbst wenn er aus dem Grabe gesprochen hätte, den Niedergang Roms. Trotzdem sei ihr Beispiel groß, und es sei größer, als es heute sein könnte. Ungenannt erscheint dahinter die Rede des blinden Saunderson, die ihren Verfasser ebenso wie Sokrates in den Kerker brachte. Rousseau bleibt das erspart, und die Akademie erteilt ihm den Preis, aber er selber hält seine literarische Tätigkeit für sein Unglück. Die meisten seiner Schriften werden in der Tat verboten, und er muß auf preußischem Territorium, in Neuchâtel, Zuflucht suchen. Sich selbst und anderen wird er als Märtyrer der Tugend erscheinen.

Mit rhetorischen Mitteln beklagt oder denunziert er die Macht der Rede: »Rhetors sind es, die euch beherrschen?« (»Ce sont des Rhéteurs qui vous gouvernent?« S. 14). Die Rhetorik, die doch die bedrohte und äußerlich vernichtete Freiheit einer Zukunft übermittelte, gilt hier als Kunst der Sklaven, der besiegten Griechen, die damit, selber machtlos, ihre Überwinder beherrschen und gleichwohl nicht herrschen können. Denn ihre Rede ist leer, sie erwägt kein Handeln mehr und bereitet nicht länger Entschließungen vor, womit »in Rom zu befehlen und die Welt zu beherrschen« wäre. Ganz allgemein scheint ihm dies der Fluch der modernen Sprachen zu sein, die schon von ihrer Lautbildung her nicht befähigen, sich in einer großen Versammlung Gehör zu verschaffen. Eine Sprache der Innenräume, »Geflüster der Boudoirs« erzwängen die physiologischen und phonetischen Bedingungen der nördlichen Sprachen. Das wird er im Schlußkapitel seines *Essai sur l'origine des langues* beklagen. Die Erneuerung politischer Rede erscheint ihm so unwahrscheinlich, daß er an deren Stelle die Vision des revolutionären Festes setzen wird, bei welchem alle sich als Glieder eines Ganzen fühlen.

Die antike »Parrhesia«, die freie Rede als Voraussetzung politischer Freiheit, ist ihm nicht zugänglich. Sein verlorenes Ideal Genf bot dafür auch keine Anschauung. Die Rede des Fabricius ist eine Predigt unter wunderlichen, höchst theatralischen Bedingungen. Wie eine Predigt führt sie den Ton der Anklage gegen Zustände und darin wieder ist sie wirklichkeitsfremd in den heftigen Aufforderungen, deren Erfüllung ihren Verfasser tief erschrecken würde. Dazu gehört auch, daß innerhalb des *Discours* und auch innerhalb von Rousseaus Denken eine Gegenrede schwerlich vorstellbar ist. Das unterscheidet ihn von Diderot, der im Dialog dachte, im Argumentieren gegeneinander, und der selbst große Monologe durch die Rahmenfiktion oder durch ihren Schluß dialektisch zu wenden verstand.

Darin vielleicht wird man bei dem überraschend neuen Ton die offensichtlichste Verarmung in Rousseaus Denken erblicken. Er will überwältigen, sogar mit rhetorischen Mitteln; er will den Leser beherrschen und kann sich Gegenstellungen nur als vernichtenswert denken im gleichen Zuge, in welchem er sich, und das heißt seine Intention, gegen seine geschichtliche Wirklichkeit rechtfertigt. Daß er dabei, im Werk und als

Erwecker poetischer Gedanken über die Existenz des Menschen sich selber und die eigenen Bedingungen überwinden kann, ist das Geheimnis seiner Wirkung und Größe. Er vermag traditionelle metaphysische Themen gänzlich neu zu beleuchten. Bei einer autodidaktisch erworbenen philosophischen Bildung und bei der Verachtung nicht nur der zünftigen, sondern auch der oppositionellen Philosophie der Gruppe um die *Encyclopédie* arbeitet er Gesichtspunkte heraus, die dem modernen Denken manches Mal nur zu sehr entgegenkommen.

Der Schriftsteller Rousseau ist von seinen Handlungen und Auffassungen seltsam abgelöst. Üblicherweise, wenn auch vielleicht nur aufgrund eines Vorurteils, erwartet man, daß ein Autor seine Überzeugung vertrete. Mit Rousseau und seiner Zeit ändert sich etwas, das später auf den Begriff des »zerrissenen Bewußtseins« gebracht werden wird. Die Überzeugungskraft Rousseaus beruht nicht auf seinen Taten und nicht vor allem auf Gedanken, für die er Rechenschaft geben könnte. Das betrifft nicht nur ihre innere Konsistenz und ihre Reichweite, sondern auch die Weise, wie er auf sie stieß und wie sie unabhängig von ihm fortbestehen.

Dabei möchte ich konkurrierende Darstellungen der Genese des ersten *Discours* nicht als Argument heranziehen. Berühmt wurde die Schilderung, die Marmontel in seinen *Mémoires* gibt, die er von Diderot habe und Voltaire erzählte. Bei dem Besuch in Vincennes, den Rousseau in seinen *Confessions* berichtet, sei man auf die Frage der Akademie zu sprechen gekommen, und er habe, auf Diderots Frage, wie er sie zu beantworten gedenke, gesagt: Ich werde sie bejahen. – Das ist die Eselsfalle, erklärte Diderot, denn alle mittleren Begabungen werden diesen Weg einschlagen, und Sie werden da nur allgemeine Gedanken finden, während der entgegengesetzte Standpunkt der Philosophie und Beredsamkeit ein neues, reiches und fruchtbares Feld bietet. – Sie haben recht, erwiderte Rousseau, und ich werde Ihrem Rat folgen. (Marmontel, *Mémoires*, 7. Buch).

Marmontel und Voltaire sind sich in ihrem Gespräch einig in der Beurteilung Rousseaus. Marmontel erschien er »in seinen Schriften nur als beredter Sophist und im Charakter als unaufrichtiger Kyniker, der in seiner Tonne vor Hochmut und Ärger platzen würde, wenn man aufhörte, ihn zu beachten«. Voltaire hält ihn »von Kopf bis Fuß für erkünstelt, im Geist und in der Seele. Aber mag er nur bald den Stoiker, bald den Kyniker spielen, er wird sich unaufhörlich widersprechen, und seine Maske wird ihn ersticken«. Die Veranlassung eines Gedankens sagt wenig über seine Wahrheit, und gar nichts ändert sie an seiner Überzeugungskraft. Daß die Kritik der Gesellschaft durch einen von ihr verdorbenen Charakter durchaus wahr sein kann, macht Diderot auf tiefere Weise zum Gegenstand des *Neveu de Rameau*, der Züge Rousseaus und seiner selbst mit denen der historischen Persönlichkeit dieses Namens unauflösbar verbindet.

Hier geht es uns darum, wie Rousseau zu den Gedanken steht, die er selber beschreibt. Hat sein Gedächtnis die von ihm erwähnte Eigenart, das einmal zu Papier gebrachte Faktum seiner Erinnerung zu entrücken, so kann das bei einem so wesentlich autobiographischen Autor nicht zufällig sein. Der Akt des Schreibens in der idealen Gegenwart des Lesers, vor dem er sich »von innen und unter der Haut« darstellt, löscht die Spuren der Erinnerung, indem er sie festhält. Er nimmt sich die Vergangenheit, indem er sich entlastet oder beraubt, und verliert ihre Einzelheiten.

Daß ihm bei seiner Vision die Antike vor Augen steht, ist kein Wunder. Ihre Vorstellungswelt hat seine früheste Jugend geprägt, und sie ist so weit entfernt, daß der übliche Konflikt seiner übersteigerten Erwartungen mit der Realität nicht loszubrechen braucht. Noch ihre Überreste gewähren ihm, wie Petrarca, den Eindruck unbezweifelbarer Größe. So macht er die Bemerkung, im vierten Buch der *Confessions*, daß seine überaus lebhafte Vorstellungskraft (»une imagination trop active«, S. 159) von der Erwartung, die übertriebene Schilderungen in ihm erregten, stets enttäuscht wurde. Eine einzige Ausnahme gesteht er zu: »Diesmal übertraf der Gegenstand meine Erwartung, und das war das einzige Mal in meinem Leben. Nur den Römern gebührte es, diese Wirkung zu erzielen« (»Pour le coup l'objet passa mon attente, et ce fus la seule fois en ma vie. Il n'appartenoit qu'aux Romains de produire cet effet«, S. 255). Dahin hatten ihn die durch Lektüre erregte Einbildungskraft und seine über die Wirklichkeit hinauszielenden edlen Gefühle geführt (vgl. ebda., S. 40f.). Ein Träumen mit antiken Versatzstücken gibt den Gegensatz archaischer Einfachheit zur Üppigkeit der späteren Zeiten vor, zugleich mit der gänzlich unhistorischen Deutung, die darin lediglich moralischen Verfall wittern kann. Rousseau macht sich und Fabricius diese Deutung zu eigen und hätte damit allein sich in noch keine tieferen Konflikte gestürzt, als jede lateinische Fibel sie in sich birgt. Die Beantwortung der Preisfrage wäre damit ja noch nicht vorentschieden, noch hätte sie sich harmonisieren lassen, wenn die Künste, die in der Antike den Verfall bezeichnen, mit ihrer Wiederherstellung in einem christlichen und gesitteten Zeitalter die drohende Gefahr bannten. Andere Träume wären möglich gewesen, von jener Frage veranlaßt, so der »von Rittertum und Pfäfferei«, von der Anarchie heilloser Zustände im Mittelalter, wie ihn mit Voltaire die Aufklärer träumten, oder von den während tausend Jahren schlafenden und begrabenen Künsten, wie ihn die Humanisten und die Künstler seit der Renaissance hegten. Daß solche Träume ihm nicht gekommen sind, die keine Vorkenntnisse mehr voraussetzten, lag nicht an den Mängeln seiner Bildung, sondern an dem beabsichtigten Widerspruch.

Allerdings hat er sich keinen der Sachbereiche erarbeitet, die annähernd diesem Schema der Humanisten und Aufklärer entsprachen. Er besaß musikalisches Talent, und seine Leidenschaft galt der Moral und dem ungeschichtlichen Stand des Menschen. Ihm waren die Gegenstände, bildende Kunst und Architektur, Mathematik und Astronomie, fremd geblieben, über welche eine lange Nacht gesunken war, ehe die Renaissance sie wieder ans Licht zog. Die Aufklärer ihrerseits waren betroffen von der geringen Durchsetzungskraft der Bemühungen, die mit der Renaissance begonnen hatten und von Gegenreformation und protestantischer Orthodoxie, von Krieg und neuer Barbarei wieder zurückgedrängt wurden. So schienen Wissenschaft und Kultur im 17. Jahrhundert wieder dorthin geworfen, wo sie im 15. Jahrhundert schon gewesen seien, faßte Johann Georg Eichhorn 1796 in seiner großen Übersicht der Literaturgeschichte der Wissenschaften eine verbreitete Meinung zusammen.

Man darf sich die Sache nicht so vorstellen, als habe Rousseau Jahrhundert um Jahrhundert geprüft, um schließlich deren doppelte Menge verwerfen zu müssen wie Petrarca. Er orientiert sich, ein wenig leichtgläubig und unbedingt, an den Schilderungen reiner Sitten und ursprünglicher Naivität. Was konnte Plutarch davon wissen und wie unzureichend waren die Reisebeschreibungen, wenn deren Autoren nicht länger mit den Wilden gemeinsam gelebt haben. Von der Geschichte europäischer Kultur freilich hat er keinen Begriff. Er ist nicht in der Lage, den Niedergang der Latinität gegen die Romanisierung der während der Völkerwanderung nach Westen gedrungenen Barbarenstämme einzuschätzen, die Ausbreitung des Islam gegen die Selbstbehauptung des lateinischen Christentums, die Sitten von Verfallszeiten wie dem 7. Jahrhundert gegen die von Blütezeiten wie dem 12. Der kulturelle Wandel und seine möglichen Faktoren sind ihm so unbekannt wie gleichgültig. Ihm genügen eine diffuse, durch die Zeiten verteilte Ursprünglichkeit und ein Affekt gegen Geschichte überhaupt. Er vermag das offensichtliche Elend bewegt zu schildern und führt es auf eben die rastlose Unruhe und Veränderung zurück, welche bei Leibniz als Bedingung eines möglichen Fortschreitens zur Glückseligkeit erscheint.

Nach Montesquieus Erörterung der »Ursachen von Größe und Niedergang der Römer« ist diese Unterscheidung zu einfach, um noch als Erklärung taugen zu können. Das Zerstörerische an der römischen Machtausdehnung und ihre innere Konsequenz, die Vernichtung der Freiheit erst der anderen – und damit ihrer Sittlichkeit – und dann der eigenen, durfte man nicht mehr verkennen. Noch mehr aber umgeht der Rückgriff auf mythische Zeiten die eigentlich gestellte Aufgabe, ob seit der Renaissance gegenüber dem Mittelalter die Sitten sich geläutert haben. Das zu bestreiten wäre als Paradox erst fruchtbar zu machen, wie Diderot die Frage sofort auffaßte und wie sie im Laufe des Jahrhunderts von Vico an in mehreren Anläufen beantwortet wurde. So ließe sich die gewaltige Phantasie und Roheit früher Zeiten gegen die Kraftlosigkeit der späteren ausspielen, wobei mit gerechteren Institutionen und ruhigeren Sitten der Niedergang großer Kunst erkauft wurde. Oder, in der näheren Vergangenheit, es erschienen die Gelehrten und Reformatoren des 16. Jahrhunderts gewaltiger, aber weniger geschickt und scharfsinnig als ihre Nachfolger im 17., wie Bayle es beurteilte.

Der Ursprung der Ungleichheit

Montaigne schon hatte darauf hingewiesen, daß die Italiener durch Künste und verfeinerte Sitten gegen Ende des 15. Jahrhunderts den noch roheren Franzosen nicht widerstehen konnten, und vor dem analogen Prozeß im eigenen Vaterlande gewarnt. Aus dessen Essai *Du Pedantisme* (I, XXV; Pléiade S. 143) entlehnt Rousseau mehrere Zitate. Er will aber gar nicht eine Erfahrung des ›Sens commun‹ aussprechen, zu deren Bestärkung Montaigne Anekdoten aus alten und neueren Autoren heranzieht, ohne deshalb einen seiner Gewährsleute aus dem Grabe erscheinen zu lassen.

Rousseau verläßt den Boden der Geschichte, um sich gegen ihren Verlauf überhaupt zu stellen. Er bringt eine aufsehenerregende Schrift hervor, ohne neue Gründe oder bessere Schlußfolgerungen zu haben. Der *Discours* ist eine politische Tat, und er hat für den Schreibenden auch die Funktion, die er dem Aufzeichnen seiner Erinnerungen zuerkennt. Er löscht die Spuren und Beziehungen aus, die er im Gedächtnis hatte, statt sie zu verbinden, und usurpiert einen Gedankengang als alleiniges Eigentum seines Autors. Damit tilgt er die selbständige Existenz geschichtlicher Wirklichkeit sowie die einzelnen Anregungen und Anleihen und verbirgt deren innere Dialektik hinter einer prophetischen Gebärde.

Hat er nun aber eine eigenständige geschichtsphilosophische Ansicht in die Rede des Fabricius gelegt, oder nur einen moralischen Gemeinplatz dramatisiert? Rousseau hat sich später von der Durchführung des Gedankens im ersten *Discours* distanziert, der Eingebung aber, die sein Leben verwandelte und ihn zum Schriftsteller bestimmte, die Treue bewahrt. Sie war das Ereignis, das seine bislang verborgene Beredsamkeit an den Tag brachte. Größere Klarheit erlangte er bei einer anderen Preisaufgabe der Akademie von Dijon, über den Ursprung der Ungleichheit unter den Menschen. Hier wird völlig deutlich, daß er gar nicht eine Epoche der Geschichte gegen eine andere abwägen will. Die Geschichte des Menschen ist sein Unglück; sie hat ihn seiner eignen Natur entfremdet. Und »dem Menschen« verspricht Rousseau daher in der Vorrede: »Hier ist deine Geschichte, wie ich sie zu lesen glaubte, nicht in den Büchern von deinesgleichen, die Lügner sind, sondern in der Natur, die niemals lügt« (»voici ton histoire telle que j'ai cru la lire, non dans les Livres de tes semblables qui sont menteurs, mais dans la Nature qui ne ment jamais«, S. 132).

Für einen Gegenstand, der den Menschen im allgemeinen betrifft, sucht Rousseau nach einer Sprache für alle Völker oder vielmehr unabhängig von Zeit und Raum. Und dazu begibt er sich gleichsam in das Lykeion Athens. Hier sind es nicht die Römer und auch nicht das Christentum, dem er sich in den Jahren seit dem ersten *Discours* trotz seiner heroischen Vision durch eifrige Bibellektüre genähert hatte, sondern der Ort, wo ideale Staatsverfassungen erörtert werden, wo die Theorie zu Hause ist. Da wird nicht länger von einer frühen Zeit aus der spätere Niedergang kritisiert oder mahnend abzuwehren versucht. Daß Geschichte ist und nicht vielmehr Natur, sei der Ursprung aller menschlichen Übel. Was er dafür an Evidenz aus Historikern und Reiseberichten heranzieht, aus Erzählungen über Findelkinder und der eigenen Deutung des Schöpfungsberichtes, ist nicht so viel oder so originell, daß es die Wirkung dieser Schrift erklären könnte. In einigem stützt er sich wiederum auf Montaigne, und was er am Schluß des *Discours* an Beispielen der Unvernunft und der Verstöße gegen die Natur anführt, hatte dieser in seinem Essai *Des Cannibales* (I,XXXI) versammelt und ironisch entschärft, da es ja Meinungen lediglich von Kannibalen seien.

Die Rückkehr nach Athen, das er und andere sonst eher Sparta gegenüber geringschätzten, zugleich aber auch zur Schöpfungsgeschichte der Bibel, zu den Wilden und zu den kleinen Republiken, wobei Genf sich mit Athen und dem frühen Rom verflechten mochte, ist nicht ohne Widersprüche. Rousseaus eigener Standpunkt ist deutlicher geworden, ohne daß mehr Licht auf die Geschichte fiele. Zwischen dem Naturzustand am Anfang, wo es Recht und Unrecht noch nicht geben konnte, und dem düsteren Bild des Despotismus am Ende, wo kein Recht und Unrecht mehr zu unterscheiden ist, dehnt sich unbeachtet die Geschichte aus. Vereinzelte Phasen der Tugend rechtfertigen sie nicht, sondern begründen allenfalls die Hoffnung auf gänzliche Veränderung der gegenwärtigen Übel.

Als Diderot von dieser Frage der Akademie hörte, meinte er, man könne sie doch gar nicht unter einer monarchischen Regierung beantworten. Voltaire schrieb nach der Lektüre des zweiten *Discours* an Rousseau, daß er ein Buch gegen die Menschheit verfaßt habe. Der große Aufklärer, der gegen viele einzelne Mißstände erfolgreich gekämpft hatte, ja, es unermüdlich weiter tat und der zum führenden Historiker Europas geworden war, mußte über diesen Umgang mit der Geschichte erschrecken. Sein eigenes Bemühen war es gewesen, ihre Auffassung als eines »tableau de la misère humaine«, wie Bayle sie noch mit den Jansenisten und auf Orosius und Augustin zurückgreifend angesehen hatte, zu verändern. Sinn war in die Geschichte nur zu bringen, indem man sie als menschliches Handeln zwischen Entscheidungsmöglichkeiten erweisen konnte, als ein Abwägen zwischen nützlichem und schädlichem Tun, dazwischen, Wissenschaft und Kunst zu fördern oder sie selbstzerstörerisch zu behindern, ein geregeltes System der Freiheit zu errichten oder in Barbarei zu verfallen.

In einer Zeit, die eben Montesquieus *Esprit des Lois* zu bewundern lernte und in der Voltaire den *Essai sur les moeurs* vorbereitete, mußte der zweite *Discours* als ein Rückfall mit avancierten Mitteln erscheinen. Erarbeitete man dort die Grundbegriffe der bürgerlichen Gesetze und Verfassungen, suchte die Verwaltung zu verbessern, Vernunft in die öffentlichen Angelegenheiten und Toleranz in die religiösen zu bringen, so schien Rousseau all das zu verhöhnen. Daß er nicht als belanglos abzutun war, mochte Voltaire empören, ohne daß er sich das erklären konnte. Nicht die Kritik einer in ihrem drohenden Übermaß als lästig und bedenklich erscheinenden Kultur war überraschend. Darin war ihm Montaigne vorangegangen. Es war aber auch nicht so sehr das naturrechtliche

Denken, worin er weniger juristisch argumentierte (nach Pufendorfs Vorbild) als mit der Rhetorik der Unmittelbarkeit und des »Sens commun«, der Etienne de La Boétie mit seiner Schrift über die freiwillige Knechtschaft den Weg gebahnt hatte.

Die *Abhandlung über den Ursprung der Ungleichheit unter den Menschen* ist eine späte Rache Augustins an der Aufklärung – nicht ohne vermittelnde Gestalten, unter denen der weniger genannte als verborgen dem Denken des 18. Jahrhunderts stets präsente Pascal gewirkt haben mag, neben den calvinistischen Einflüssen. Breiter noch ist ganz allgemein die jansenistische Strömung einer spezifisch bürgerlichen und moralischen Kritik der Kultur und des Luxus. Schon die Kühnheit der Akademie von Dijon, diese Frage zu stellen, was Rousseau bewundert (*Confessions*, p. 388) und die ihm den Mut verliehen habe, sie zu beantworten, darf man nur als sehr gelinde revolutionär einschätzen. Sowenig ihre Mitglieder mit einer rhetorischen Gewalt und einer bohrenden Grundsätzlichkeit rechnen konnten, wie die ihnen vorgelegte Schrift sie bot, so deutlich tendierten sie im allgemeinen zu dieser Lösung. Sie hatten das Ausmaß ihrer philosophischen Beantwortung nicht gemeint und nicht ermessen, denn sie dachten gar nicht an eine Frage, deren Erörterung die Grundlagen der Monarchie und der feudalen Rechtsordnung unterwühlen müßte. Sie fragten nicht nach den Ständen der Gesellschaft, deren Ungleichheit Gegenstand historischer Untersuchungen gewesen war und auch für Rousseau hätte sein können. Die Überzeugung von einer ursprünglichen Freiheit in der Geschichte der fränkischen Monarchie und die öffentlich-rechtliche Argumentation gegen den privat- und besitzrechtlichen Mißbrauch der Königsherrschaft hatten im 16. Jahrhundert kühne und darum nicht weniger gelehrte Schriften hervorgebracht. Die *Franco-Gallia* Hotmans, 1573 unter dem Eindruck der Bartholomäusnacht veröffentlicht, und die anonymen *Vindiciae contra tyrannos* von 1579 sind nur die neben der Schrift von La Boétie bekanntesten und bedeutendsten Werke, die aus der Geschichte die Fragen der Gegenwart aufnehmen und die den Zugriff und die Auffassung der Geschichte tiefgreifend verändert haben.

Vergleicht man mit diesen Schriften den zweiten *Discours*, so hat man den Eindruck, Rousseau winde sich aus der Geschichte heraus, ohne sich erst in sie hineinbegeben zu haben. Zwar liegt es ihm fern, die Ursprünge zu denunzieren und wie Augustin auf Adam und Romulus zurückzugreifen. Es ist die historisch gar nicht zu fassende erste Entfernung von einem noch weniger faßbaren Urzustand irdischer Seligkeit, die Akkumulation der Güter, und das Unrecht, das mit Eigentum, Herrschaft und Arbeitsteilung begonnen habe. Was im 16. Jahrhundert bei Montaigne eher Klage über die »condition humaine« ist, allenfalls Mahnung zum Besseren, und bei den Monarchomachen Anklage eines gegenwärtigen politischen Unrechts, das kehrt sich bei Rousseau um. Er beklagt die politischen Zustände, deren Änderung ihm wenig wahrscheinlich und sehr gefährlich dünkt, aber die »condition humaine« klagt er an.

In seinem Brief an den Pariser Erzbischof Christophe de Beaumont fällt es ihm denn auch viel leichter, die gemeinsame Aufgabe zu kennzeichnen und den Vorzug der von ihm gegebenen Lösung, als in jenem Brief an Voltaire, worin er den *Discours* verteidigen möchte. »Der Mensch wurde gut erschaffen, darin stimmen wir beide, glaube ich, überein: Sie aber sagen, daß er böse sei, weil er böse geworden ist, und ich zeige, wie er böse geworden ist. Wer von uns beiden dringt Ihrer Meinung nach besser zum Ursprung vor?« (»... remonte le mieux au principe«, *Œuvres*, IV, S. 940).

Rousseau konkurriert so wenig wie Augustin mit den Geschichtsschreibern und auch nicht mit der aufklärerischen Kritik an den Mißbräuchen in der Gegenwart. Doch er bekennt, mit den Theologen zu konkurrieren. Dabei kann er sich allerdings nicht mit der üblichen Deutung des Sündenfalls begnügen, welche Gott rechtfertigt, um dem Menschen die Schuld zuzusprechen. Rousseau rechtfertigt die Schöpfung und mit ihr die ursprüngliche Natur des Menschen. Die Zeugen, die er dafür aufruft, sind eher zufällig: edle Wilde, Findelkinder und tugendhafte Römer werden ziemlich unterschiedslos herbeizitiert. Die Überzeugung von der Wahrheit seiner »hypothetischen Geschichte« beruht nicht auf der Gewißheit ihres Hergangs, daß es so gewesen sei, sondern auf dem Prinzip der Veränderung, daß es jedenfalls so gekommen ist (vgl. S. 133). Mit entschiedener Gebärde fordert er den Leser auf, alle wissenschaftlichen Bücher zu schließen, »die uns die Menschen nur dergestalt sehen lehren, was sie aus sich gemacht haben, statt über die ersten und einfachsten Regungen der Seele zu sinnen, wobei ich glaube, zwei unvordenkliche Prinzipien wahrzunehmen« (»... appercevoir deux principes antérieurs à la raison«, S. 125 f.). Es sind dies die beiden alten stoischen Prinzipien der Selbsterhaltung und des Mitleids, auf welchen auch die Theorie der Tragödie aufgebaut war. Und wie diese Prinzipien, so soll auch der verlorene Naturzustand des Menschen durch Selbstbesinnung und durch Erinnerung erkannt werden. Es geht um die Natur der Sache, und wie bei den Untersuchungen der Astronomen über die

Gesetze des Alls und der Naturforscher über das Leben auf der Erde könne man nur hypothetisch verfahren und in Vermutungen (»conjectures«) voranschreiten.

Die Überzeugung, daß der Mensch von Natur gut ist, kann nur die Empfindung geben. Sie geht allen Argumenten voraus und entzieht sich der empirischen Überprüfung. Mit der Beobachtung frühkindlichen Verhaltens kann man ja auch auf das Gegenteil geraten, wie es Augustin geschehen ist. Der historischen Forschung ist der Stand der Natur unerreichbar. Sie hat es immer schon mit abgeleiteten Zuständen zu tun. Beispiele aus der Reiseliteratur können nur Indizien sein, die hier und da bestätigen. Das ist auch die Funktion der Zustände annähernden Glückes in Rousseaus Erinnerungen, auf die er sich nicht endgültig festzulegen vermochte, die die ursprüngliche Güte und Glücksfähigkeit eines sonst fast ununterbrochen Leidenden und Verfolgten beweisen sollen. Und sie selbst deuten wiederum zurück auf das ursprüngliche Glück eines objektlosen Genießens.

Des Bürgerrechts des Paradieses muß man in der Erinnerung zumindest versichert sein, um den ganzen Schmerz seines Verlustes fassen zu können. Die Hypothesen und Fiktionen dienen lediglich der Absicherung; sie sind ein Zugeständnis an das Jahrhundert und an die literarische Gattung. Der *Abhandlung* sollen sie den Charakter allgemeiner Gültigkeit verleihen, die ostentativ verachtete Lektüre doch wieder ausbreiten und ihr das Ansehen eines philosophischen Werkes geben. Die Grundüberzeugung freilich ist ein Akt von Selbstgewißheit und Selbstliebe, der gar nicht Ausgangspunkt einer folgerichtigen Argumentation sein kann, weil alle empirischen Daten unter gegenteiligen Bedingungen gewonnen werden mußten.

Die konkurrierende Darstellung des Sündenfalls ist eine poetische Tat. Sie rückt den Mythos näher an die beobachtbare Welt der Menschen, wobei die Schilderung in ihren Elementen nicht neu oder eigenständig zu sein braucht. Allerdings versucht sie, mögliche andere Folgerungen zu vermeiden und etwa Hobbes' bittere Ansicht der heillos wilden Freiheit zu revidieren. Das Goldene Zeitalter und das irdische Paradies, die »wilden Männer« des Mittelalters samt ihrer zotteligen Sippschaft und die edlen Wilden stellten jeweils eine Gegenwelt zu dem vielfältig bedingten vertrauten und beklagten eigenen Leben dar. Der Gegensatz konnte Sehnsucht, Kritik oder Resignation bedeuten.

Bei einem Autor von praktischer politischer Erfahrung und Lebensweisheit wie bei Montaigne heißt es, Achtung vor einer andersartigen

Existenz zu bezeugen, die eigenen Ansichten und Maßstäbe in Frage zu stellen und dadurch konkrete Kritik an dem der eigenen Kultur Selbstverständlichen zu üben. Die Kannibalen sind das andere unserer selbst. Sie sind Wesen von vernünftigem Urteil da, wo europäische Eigenarten und Rechte gegen die Vernunft gerichtet sind, und Opfer der Brutalität nicht nur der Spanier, und sie sind Menschen, mit denen wir jedoch, selbst wenn wir sie verstehen, nicht kommunizieren können (*Des Coches*, *Essais*, III,VI).

In den staatsrechtlichen und naturrechtlichen Lehren sind die Wilden der Ausgangspunkt und die Legitimation der konstruierten Entwicklung zum gegenwärtigen Zustand. Das Anschauliche haben sie in patriarchalischer Einfachheit zu verkörpern. Familien in der Urhütte, die Vitruv beschrieben hat, unter der so natürlichen wie von Gott eingesetzten Herrschaft des Hausvaters. Durch einen bloßen Zusammenschluß dieser Hausväter, die einem aus ihrer Mitte Gewählten ihren Willen unterwarfen, wollte man die erheblich erweiterten Gewalten und Rechtsverhältnisse der Gegenwart erklären. Rousseau tat etwas gänzlich anderes. Er setzt zwei zeitliche Welten gegeneinander, die so grundsätzlich sich voneinander unterscheiden wie die beiden »Civitates« Augustins. Die eine Bürgerschaft entspricht dem seligen Zustand nach der Erschaffung des Menschen, seinen Spuren in den kleinen Republiken und bei den edlen Wilden, als Verheißung seiner zwar in den Mitteln ungewissen, aber leidenschaftlich ersehnten Erneuerung. Der anderen entspricht das, was mit dem Prinzip der Veränderung begonnen habe. Die »perfectibilité« führe zu immer neuen Fortschritten in der Entfremdung unserer selbst, Fortschritten im Elend und Leiden, in der Unterdrückung und Unfreiheit. Das sei, seit es Geschichte gebe, die herrschende Bürgerschaft in der noch andauernden Zeitlichkeit. Die Veränderung wird, so wie die Sünde Bedingung der Gnade ist, sich durch die Mittel des Verderbens vollziehen. Wie bei der Wunde des Telephos nur die Waffe, die sie schlug, sie auch zu heilen imstande ist, so werden ausgerechnet die Wissenschaften und Künste, die ja nicht nur als Anzeichen oder Ausdruck des Verderbens gelten, sondern, wie Rousseau auf Voltaires erschrockene Anfrage bekräftigt, als dessen Ursache anzusehen seien, auch die Keime der Veränderung zur Wirkung bringen.

Darin ist, sobald der erste täuschende Eindruck von Ähnlichkeiten an der Oberfläche überwunden ist, keine Fortsetzung der Theologie mit anderen Mitteln zu erblicken. Rousseau wendet ein mythisches Erklärungsschema an, das selber vor jeder Theologie liegt. Und wie die Gewißheit anfänglicher Seligkeit nicht auf einem jenseitigen Grunde beruht, sondern auf der höchst irdischen Vergegenwärtigung des kindlichen Gefühlslebens, so bedarf die Bewältigung der Zukunft keiner neuen Eschatologie, sondern eines besseren Staatsrechts. Dieser konsequenten Forderung, die sich aus dem zweiten *Discours* ergibt, versuchte Rousseau im *Contrat social* Genüge zu tun.

Das Staatsrecht der Neuzeit ist ein Spannungsfeld der verschiedensten theoretischen Möglichkeiten. Rousseau wollte und konnte sich nicht seines historischen Potentials bedienen. Ihm hätte das nur bedeutet, das gegenwärtige Unrecht aus den geschichtlichen Bedingungen zu legitimieren, wie er es von Grotius vermutete. Er versuchte vielmehr, die konstruktiven Elemente des Staatsrechts zu nutzen, dessen fiktiven und hypothetischen Charakter konsequenter durchzuführen, um in der Gewißheit einer Realität des Gefühls die regulative Idee einer unendlichen Aufgabe zu gewinnen.

Das Übel in der Welt und die Existenz des Menschen

Kurz nach der Veröffentlichung des zweiten *Discours* ereignete sich 1755 jene Katastrophe, die Voltaires Bild der Welt ins Wanken zu bringen drohte: das Erdbeben von Lissabon. Das Ereignis, das erst Wochen später in Mitteleuropa bekannt wurde, erhob Voltaire durch sein Poem *Sur le désastre de Lisbonne* zu einem Geschehen, dessen Ungeheuerlichkeit die Güte Gottes und die Gerechtigkeit in der Welt vor den Richterstuhl der aufgeklärten Vernunft zitierte.

Dieses Verfahren wurde nicht zum erstenmal geführt. Der Ursprung des Übels war für das 17. und 18. Jahrhundert das eigentlich historische Problem, hinter welches alle einzelnen Ereignisse zurücktraten. Rousseau hatte auf seine Weise eine Antwort darauf gegeben und wollte sich durch die Vernichtung von 20000 Menschen und einer blühenden Stadt nicht erschüttern lassen. Er rettet sich in vernünftelnde Erwägungen, wie viel geringer der Schaden geblieben wäre, wenn die Menschen statt in räumlicher Zusammenballung nomadisch verstreut leben würden, wie viele ihr Leben gerettet hätten, wenn ihnen nicht ihre Habe wichtiger als ihr Leben gewesen wäre und wenn sie die Häuser gleich verlassen und nicht bei der ersten trügenden Beruhigung voreilig wieder aufgesucht hätten. Ihm bestätigt der Verlauf des Geschehens die Entfremdung des Menschen, die er gerade in seiner Schrift entwickelt hatte.

Das Jahrhundert der Religionskriege und der großen Verwüstungen war schon fast vergessen, und man war der großen Katastrophen entwöhnt. Die einzelnen Kriege und Schreckenstaten glaubte man ihren Verursachern zuordnen zu müssen und sie nicht länger als ein Geschick hinnehmen zu können. Die Hungersnöte und Verheerungen der Natur hatten sich so weit in Grenzen gehalten, daß nichts der deistischen Vorstellung von einem wohltätig ruhenden Gott zu widersprechen schien. Diese Anschauung sollte sich durch das Unheil in einer blühenden und wohlgeordneten Stadt widerlegt sehen. »Le mal est sur la terre«, muß Voltaire einräumen, und der Mensch kenne weder die Welt noch sich selbst (»l'homme, étranger à soi, de l'homme est ignoré«, *Œuvres*, Moland, Bd. 9, S. 474 und 477).

Rousseau, dem freilich alles als falsch erscheint, was Voltaire äußert, ja, der selbst dessen Ansiedlung in der Nähe von Genf als Gefahr für seine Vaterstadt empfindet, fühlt sich verletzt durch diese Folgerung. In seinem Brief an Voltaire vom 18. August 1756 erklärt er: »Der Optimismus, den Sie so grausam finden, tröstet mich doch in eben den Leiden, die Sie mir als unerträglich darstellen« (»Cet optimisme, que vous trouvez si cruel, me console pourtant dans les mêmes douleurs que vous me peignez comme insupportables«, *Œuvres*, Bd. 4, S. 1060). Rousseau, den Voltaire aufgrund der Kulturkritik der beiden *Discours* als Gegner des Menschengeschlechts beargwöhnen mußte, wirft sich zum Verteidiger der besten aller möglichen Welten auf. Dabei läßt er es sich nicht nehmen, seine Leiden und sein Unglück, das nur die Hoffnung ihn ertragen lasse, als Argument gegen Voltaires Wohlstand zu zitieren. Nicht vom schon erfüllten Glück her sei die Welt zu rechtfertigen, sondern von unserer eigenen Existenz, von der Tatsache, »daß es besser für uns ist, zu sein, als nicht zu sein« (»s'il est mieux pour nous d'être que de n'être pas«, ebda., S. 1063). »Lieber will ich sein, und selbst ein impertinenter Schwätzer sein, als nicht sein«, läßt Diderot Rameaus Neffen darauf als ein Echo ertönen. Und er oder doch das ›Ich‹ des Dialogs gibt dazu zu bedenken: »Jeder denkt wie Ihr, und doch will jeder an der Ordnung der Dinge, wie sie sind, etwas aussetzen, ohne zu merken, daß er auf sein eigen Dasein Verzicht tut« (in Goethes Übersetzung, S. 31 der zweisprachigen Edition, 1984). Es wird immer strittig sein, ob man in Rousseaus Widerspruch Metaphysik erblicken darf oder ihre Verweigerung. Nicht zu bestreiten ist dagegen, daß er damit eine Bahn gebrochen hat, worin die Moderne ihm williger zu folgen bereit war als Leibniz, dessen Argument er auf bloße Faktizität reduziert. »Heil uns, wir sind!« ruft Kant noch 1759 aus, um die Evidenz des metaphysischen Optimismus zu erweisen. Als er ein Menschenalter später über das Mißlingen aller philosophischen Versuche in der Theodizee Rechenschaft zu geben versucht, ist er wieder bei der skeptischen Ansicht Bayles angelangt, zu deren Widerlegung Leibniz zu Beginn des 18. Jahrhunderts das System des Optimum errichtet hatte, dem die Jesuiten von Trévoux 1737 den Namen »Optimismus« gegeben haben. Es bleibt also kein Glaube, auf den die Moralität sich gründen ließe, vielmehr muß die sittliche Gewißheit ihrerseits dem Glauben als Fundament dienen.

»Me voici donc seul sur la terre...« In den späten *Rêveries d'un promeneur solitaire* kehrt Rousseau nach den großen Werken, in denen er sein Programm erfüllt hat, welches die frühen Abhandlungen andeuteten oder erforderten, zurück zum Gedanken der bloßen Existenz, deren die Erinnerung ihn versichern muß. »Me voici donc seul sur la terre...« (»So bin ich einsam hier auf dieser Erde«, Bd. 3, S. 995) hebt seine Elegie an. Verraten und verfolgt glaubt er sich gerade von denen, die er für seine Freunde gehalten hatte. Der Wahn, der ihn vereinsamt und zu wiederholter Rechtfertigung treibt, läßt ihn an diese letzte Klippe sich klammern. Natürlich hat er Gönner und Bewunderer, aber er liebt es, die Welt zu teilen in sein einsames Ich und in die nichtigen anderen: »Les voilà donc étrangers, inconnus, nuls enfin pour moi puis qu'ils l'ont voulu« (»Fremd sind sie, unbekannt und schließlich nichts für mich, denn das haben sie ja gewollt«, ebda.). Die andern und mit ihnen die eigenen Leiden löscht er durch sein schreibendes Erinnern; an deren Stelle setzt er diffus und wechselnd die Zeiten des Glückes und der seltenen Wonne. Er findet das Glück nicht in den süßen Wonnen und dem Taumel der Leidenschaft. Diese Empfindungen sind flüchtig schon, solange sie noch währen. »Kaum gibt es in unseren lebhaftesten Wonnen einen Augenblick, da das Herz wirklich zu uns sagen könnte: ich möchte, daß dieser Augenblick immer währte« (»un instant où le cœur puisse véritablement nous dire: *Je voudrois que cet instant durât toujours*«, S. 1046). Die Erwägung, die er daran anschließt, hätte Augustin formuliert haben können: »und wie kann man Glück einen flüchtigen Zustand nennen, der uns das Herz unruhig und leer läßt, der uns etwas, das davor liegt, bedauern oder noch etwas danach ersehnen läßt?« (»et comment peut-on appeller bonheur un état fugitif qui nous laisse encor le cœur inquiet et vuide, qui nous fait regretter quelque chose avant, ou desirer encor quelque chose après?«). Die Empfindung des Glücks, welche ihn seiner Existenz ganz vergewissert, ist kein erregender Moment des Wahnes und der Leidenschaft. So haben es die Stoiker und auch Epikur gelehrt, so haben es Rousseau und Augustin bei jenen, bei Seneca zumal, gelesen.

Die Seligkeit muß eine andere zeitliche Verfassung haben. In diesem Zustand ruht die Seele gänzlich und sammelt sich, »ohne sich des Vergangenen erinnern oder aufs Künftige vorgreifen zu müssen« (»sans avoir besoin de rappeller le passé ni d'enjamber sur l'avenir«, ebda.). Die verschiedenen konkurrierenden Beschreibungen, die von der Wahrnehmung der Zeit geläufig sind, der Augenblick ohne Ausdehnung, in welchem allein auch Erinnerung und Erwartung ihre Existenz haben, oder umgekehrt die erfüllte Dauer gelebter Zeit, die an den bestimmenden Prozessen der Außenwelt sich orientiert, können hier nicht gelten. Es ist jener einzigartige Zustand,

> »wo die Zeit nichts für sich selber ist, wo die Gegenwart immer währt, ohne doch ihre Dauer einzuzeichnen und ohne irgendeine Spur der Folge, ohne irgendein anderes Gefühl von Mangel oder Genuß, von Lust oder Schmerz, von Sehnsucht oder Furcht als allein das unseres Daseins, und daß dieses Gefühl allein sie gänzlich auszufüllen vermag« (où le tems ne soit rien pour elle, où le présent dure toujours sans neanmoins marquer sa durée et sans aucune trace de succession, sans aucun autre sentiment de privation ni de jouissance, de plaisir ni de peine, de desir ni de crainte que celui seul de notre existence, et que ce sentiment seul puisse la remplir tout entiere« (ebda., S. 1046).

Solange dieser Zustand währt, genießt der, dem es ihn zu empfinden vergönnt ist, ein Glück, das kein »unvollkommenes, armes und relatives ist, wie jenes, das man in den Vergnügungen des Lebens findet« (»non d'un bonheur imparfait, pauvre et relatif tel que celui qu'on trouve dans les plaisirs de la vie«), sondern ein Glück, das »hinreichend, vollkommen und erfüllt ist« (»suffisant, parfait et plein«). Dieses Glück glaubte Rousseau in den Wochen, die er auf der St. Petersinsel im Bieler See zubrachte, auf dem See im Boote, auf dem Rücken liegend und von sanften Wellen geschaukelt und in den Himmel blickend, in süßem »far niente« (S. 1042) zu empfinden. Das ließ ihn die Wonne seines Daseins innewerden, ohne ihm die Mühe des Denkens zu bereiten.

Was genießt man in einer derartigen Seligkeit? »Nichts außerhalb seiner, nichts als sich selbst und das eigene Dasein, und solange dieser Zustand währt, ist man wie Gott sich selbst genug« (»De rien d'exterieur à soi, de rien sinon de soi-même et de sa propre existence, tant que cet état dure on se suffit à soi-même comme Dieu«, S. 1047). Was da geschieht, ist nicht länger stoische Selbstgenügsamkeit, und es hat noch weniger mit dem cartesianischen Begründen der Selbstgewißheit der Existenz auf dem denkenden Ich zu schaffen. Eine Welt trennt die *Rêveries* Rousseaus von den *Meditationes* des Descartes. Den Gedanken, die seine reinen Empfindungen nicht umzusetzen vermochten, schreibt er die in seinem Leben begangenen Fehler zu. Und daraus zog er die Vision einer heillosen Geschichte des durch das Denken sich verändernden und immer weiter fortschreitenden Menschengeschlechts. Im Rückblick auf sein Leben gesteht er in der Siebenten *Rêverie*:

> »Ich habe manchesmal ziemlich tief nachgedacht, aber selten mit Vergnügen, fast immer wie gegen meinen Willen und wie unter Zwang: die Träumerei erquickt und erheitert mich, die Reflexion macht mich müde und traurig; Denken war für mich immer eine mühsame und reizlose Beschäftigung.« («J'ai pensé quelquefois assez profondement; mais rarement avec plaisir, presque toujours contre mon gré et comme par force: la rêverie me delasse et m'amuse, la reflexion me fatigue et m'attriste; penser fut toujours pour moi une occupation pénible et sans charme«, S. 1061 f.).

Diese Empfindung, die ihn seiner Glücksfähigkeit und der Reinheit seiner Seele versichert, geht hinter alle Reflexion zurück. Sie vereint und versöhnt den an der Welt der anderen Leidenden mit seinem Ursprung. Die zehnte *Rêverie* beginnt damit, seine erste unschuldige Liebe zu »Maman«, Mme. de Warens, in ihrer ländlichen Umgebung zu beschwören. Wieder ist es ihm die einzige und eine kurze Zeit seines Lebens, von der er sagen kann, daß »ich völlig ich war ohne Vermischung und ohne Hindernis und wo ich wahrhaft sagen konnte, gelebt zu haben« (»où je fus moi pleinement sans mélange et sans obstacle et où je puis véritablement dire avoir vécu«, S. 1099). Die einzige Sorge sei die Furcht gewesen, daß dieses Glück nicht lange währe. Mit dieser *Rêverie*, die plötzlich abbricht und die Rousseaus letztes Werk bleiben sollte – wenige Wochen darauf ist er gestorben –, war er zu seiner Seligkeit zurückgekehrt. Auf dem langen Wege der Versuche, sein eigenes Unglück zu heilen durch schreibendes Erinnern, hatte er ein Ziel erreicht und Ruhe gefunden.

Dieses Zurücktasten in der erlebten Zeit nach den Phasen wahren Glücks, das er nach der Niederschrift der *Confessions* und den Dialogen *Rousseau juge de Jean-Jacques* noch einmal wiederaufgenommen hat, wird man nicht als ein Berichtigen früherer Darstellungen auffassen dürfen. Er reduziert jeweils sein ganzes Leben auf eine einzige Zeit des Glükkes. Die Tatsache, daß diese Phasen zwar mit ausschließlichem Anspruch, aber verschieden lokalisiert werden, bedeutet ihm keinen Widerspruch. Jedes Erinnern richtet sich auf eine Phase und deutet in ihrem Lichte das übrige Leben. Das gilt nicht nur für die Zeiten des Glücks, deren eine jeweils alles andere in den Schatten eines allgemeinen Unglücks treten läßt; es gilt überhaupt für sein Verfahren schreibenden Erinnerns.

Nicht die Beteuerungen der Einzigkeit allein sind es, die sich wiederholen. Er beklagt die Folgenlosigkeit der Ereignisse seines Lebens und gerade jener Ereignisse, denen er in seiner Darstellung besonderes Gewicht zuspricht. Dieses Gewicht haben sie; das wird schon dadurch bestätigt, daß deren Eindrücke ihn verfolgen und doch, wenn auch nicht in detaillierter Schilderung, wie es die Eigenheit seines Gedächtnisses ausschlösse, mehrfach in seinen autobiographischen Schriften auftreten und Rechtfertigung verlangen. Am Ende des zweiten Buches der *Confessions* erwähnt er eine Lüge, die er als junger Mann in abhängiger Stellung getan und bisher keinem zu gestehen wagte. Er war Diener in einem Haushalt gewesen, dessen Herrin verstarb und wo er ein Band entwendet hatte, das man in seinen Sachen fand. In der erregten Situation der exakten Registratur des gesamten Nachlasses zur Rede gestellt, antwortete er, die Köchin Marion habe es ihm gegeben. Das sagt er, wie er es sich später erklärt, weil er gerade an sie dachte, da er es ihr ja schenken wollte. Sie fleht ihn an, sein Wort zurückzunehmen, wozu er aber in der unfreien und zwanghaften Lage, in der er sich sieht, nicht imstande ist. Beide werden entlassen.

Dieser Fehler habe ihm einen »schrecklichen Eindruck« für die ganze folgende Zeit gemacht und ihn sein Leben lang die Lüge verabscheuen lassen. Es ist vielleicht gar nicht verwunderlich, daß im dritten Buche und fernerhin keinerlei Spur dieses Eindrucks erwähnt wird. Als Tat verdrängt, beherrscht sie gerade deshalb die spätere Erinnerung und tritt in der vierten *Rêverie* über Wahrhaftigkeit und Lüge noch einmal auf. Der Beginn des dritten Buches der *Confessions* aber schildert mit einem Wechsel des Ortes und seiner Lage den Taumel jugendlicher Verliebtheit ohne die mindeste Spur der vorangegangenen Tat. Verwunderlicher ist eher, daß der erhabene Enthusiasmus für die Tugend, der ihn seit jener Vision unter der Eiche auf dem Wege nach Vincennes erfaßt habe und mehrere Jahre anhielt, gerade bei der Schilderung der darauffolgenden Zeit im achten Buche der *Confessions* weder die berichteten Handlungen noch ihre Darstellung irgend zu tönen vermochte.

Man wird es als Genauigkeit in seinem Erinnern und als Ehrlichkeit des Erzählers ansehen können, daß seine Beteuerungen isoliert und ohne Wirkung in seinem Text bleiben. Für den Romanautor wie für den Historiker wäre das ein Kunstfehler gewesen, der gegen das Gebot innerer

Folgerichtigkeit und einheitlichen Charakters verstoßen hätte. Die *Confessions* jedoch sind nicht die Geschichte des Lebens ihres Autors. Sie sind eine Folge von Erinnerungen, deren eine in ihrer Intensität die zuvor berichtete auslöscht und die nächste nicht berührt. Von dem Kontinuum der Dinge, das Leibniz so wesentlich war, ist hier keinerlei Bewußtsein zu finden.

Dem entspricht sein Bild der Geschichte des Menschen. Die Fortschritte entfernen ihn von seinem Ursprung, vermischen seine reine Menschlichkeit und setzen ihr Hindernisse entgegen. Schließlich unterwerfen sie den freien Menschen der Knechtschaft und liefern ihn einem schrecklichen Despotismus aus. Ursprung aber ist nicht allein der zeitliche Beginn im irdischen Paradies. Dort war Ursprung, und bei den Wilden ist er immer noch. Ursprung war in den griechischen Freistaaten, in der römischen Republik und schließlich im zeitgenössischen Genf. Für den Historiker, der die Verfassungen vergleicht, für den Anthropologen, der die Lebensbedingungen untersucht, ist das gewiß eine unbegreifliche Zusammenstellung. Es ist weder innere Folge noch äußere Zugehörigkeit darin zu finden. Ebensowenig systematisch begründet sind die Hoffnungen und die Ansätze zur Heilung, die Rousseau selber hegt und unternimmt. Was er für Genf zu leisten fähig ist, was er den Korsen oder den Polen empfiehlt und was er schließlich, ohne es mit der Gegenwart verknüpft zu sehen, einer idealen Gesellschaft vorschlägt, entwickelt sich aus seiner Vision, gewiß nicht ohne Arbeit und ausgreifende Lektüre, aber nicht aus einer Analyse gegebener Zustände. Die völlige Entwertung bestehender Institutionen ist in ihrer Radikalität wohl der zu vergleichen, die Augustin mit der römischen Geschichte vornahm und Petrarca mit dem »finsteren« Mittelalter.

Historische Konzeptionen und die geschichtliche Wirklichkeit

In seiner *Geschichte der Menschheit* stellt Isaak Iselin Betrachtungen darüber an, daß die unbändige Lust des Eroberns und Herrschens nicht auf die politische Welt begrenzt bleibe:

> »Die gelehrte Republic bringt nicht weniger Eroberer und Zerstörer hervor. Männer von seltnen Gaben, Helden im Denken, wie es andere im Handeln sind. Mit Adlersblicken umfassen sie das ungeheure Gebiet der Gelehrsamkeit, oder den engern Bezirk einzelner Wissenschaften. Weit über die Sphäre ihrer Zeitgenossen erhoben, sehen sie die mannigfaltigen Verhältnisse der Dinge in

> einem ganz neuen Lichte. Ihre feurige Phantasie leihet jedem Gegenstande eine andere Gestalt. Das Vergnügen zu denken und zu erfinden, reisset ihre ruhelosen Gemüter dahin; und der noch lebhaftere Ehrgeiz, die Geister zu beherrschen, entflammet sie mit einem unbezähmbaren Feuer. Jedes Genie, das vor ihnen in dem Reiche der Meinungen gethronet hat, ist in ihren Augen ein ungerechter Eindringling; und jedes Vorurtheil, jede Wahrheit, die ihre Zeitgenossen beherrschen, sind für sie Mißbräuche, welche zu zerstören, von welchen das menschliche Geschlecht zu befreien, sie sich berufen glauben.«
> (Buch I, Kap. 32, S. 114f., Basel [4]1779, zuerst 1764)

Iselin hat bei dieser Beschreibung Rousseau und Voltaire vor Augen, deren auf die Dauer wohltätige Wirkungen nicht ihren gegenwärtigen Konflikt mit den staatlichen Obrigkeiten entschärfen: »Immer wird Genf auf den Philosophen oder besser zu sagen auf den beredten Schriftsteller stolz seyn, den es nicht ohne Grund verurtheilet hat; wenn die Meinungen eines Schriftstellers, Gegenstände einer richterlichen Bestrafung sein können« (ebda., S. 119). Erst mit der Zeit »machet die göttliche Fürsehung auch die gefährlichsten Gaben zu Werkzeugen der allgemeinen Glückseligkeit«. Diese Kräfte der Zerstörung und Zerrüttung seien notwendig, »damit Weise und Tugendhafte Freyheit, Ordnung und Wahrheit desto glücklicher vestsetzen können«.

Ein Jahrhundert später läßt Victor Hugo in seinem Roman *1793* einen alten Aristokraten, der gegen die revolutionären Kräfte kämpft, im Schreckensjahr der Terreur ausrufen: »Und dies alles wäre nicht geschehen, wenn man Voltaire gehenkt und Rousseau auf die Galeeren geschickt hätte.« Seine Tirade gegen den Umsturz führt er fort mit der Ergänzung: »Die Schmierer, die Versemacher haben das fertiggebracht. Die Enzyklopädisten! Diderot!« So unsinnig eine derartige Behauptung auch ist, welche eine große politische und soziale Umwälzung auf einzelne Verursacher zurückzuführen trachtet, sie sollte eine der in den gegensätzlichen politischen Lagern beliebtesten Deutungen von nachhaltiger Wirkung sein. Und vor allem, wie die Leser des zweiten *Discours* sich erinnern, ist es eine Interpretation, der Rousseau selbst das Feuer seiner Beredsamkeit geliehen hatte.

Daß Schriftsteller nicht nur ihre Zeit zum Ausdruck bringen, sondern deren künftige Umwälzungen initiieren, ist eine Wunsch- oder Angstvorstellung des modernen historischen Denkens. Daß ein Philosoph oder ein Autor die Sitten verderben oder den Mächtigen mißliebig sich äußern könne, war auch der Antike vertraut. Die griechischen Historiker nahmen häufig das Exil zum Anlaß, ihre Werke zu schreiben, während den römischen Historikern aufgrund ihrer Werke das Exil drohte, wie Arnaldo Momigliano zwei gegenläufige Merkmale antiker Historiographie formulierte. Daß der Historiker ein Fremdling sein solle, der »nur in seinen Büchern zu Hause ist, aber in keiner Stadt, nur dem eigenen Gesetz verpflichtet und keinem Herren, nicht die Meinungen von diesem oder jenem erwägt, sondern Tatsachen feststellt«, hatte Lukian gefordert (*Hist. conscr.* 41,1), wohl wissend, daß er von dieser Gattung kaum ein Exemplar finden werde. Als ein Fremdling wollte auch Rousseau seiner Zeit erscheinen. Mehrfach gebraucht er ein Zitat, ausgerechnet von Ovid, seiner antithetischen Umkehrung halber: »Barbarus hic ego sum quia non intelligor illis« (als Motto des ersten *Discours* und von *Rousseau juge de Jean-Jacques*; Ovid, *Tristia*, 10).

Die einzelnen Gedanken in Rousseaus Kulturkritik waren nicht neu. Viele vor ihm hatten schon vom naturrechtlichen Standpunkt aus die Entwicklung zu Eigentum und Herrschaft überhaupt beklagt, ganz zu schweigen von der Verurteilung ihrer Mißbräuche. Das gewichtigste Lexikon im frühen 18. Jahrhundert in Deutschland, der Zedler, erläutert seinem Leser die Entstehung der Stände folgendermaßen im Artikel ›Herrschaft‹:

»Die Leute wollten nach dem eingeführten Eigentum entweder aus Ehrgeiz oder Geitz ein mehrers besitzen als sie selber erwerben kunten. Oder sie wollten aus Faulheit ihre eignen Güter nicht verwalten.«

Was hier als Erklärung angeführt wird, sind nach christlichem Verständnis Sünden, nach einer weltlichen Ethik Laster und Schwächen, welche zu beseitigen sind oder wobei man dem, der sich davon befreien möchte, Hilfestellung zu leisten hat. Das Lästige an der Herrschaft selbst für den, der sie trägt, und das an einer Machtausdehnung wie der des Römischen Reiches erst für die anderen und dann für die eigenen Bürger Zerstörerische hatten auch andere neben und ohne Augustin beobachtet.

Dies ist es aber gerade nicht, woran die Moralisten Petrarca und Rousseau anknüpfen. Vielmehr sehen beide die römischen »virtutes«, Rousseau zumindest die der frühen Republik, als vorbildlich an und als zur Erneuerung geeignet. Schon die frühe Vision auf dem Wege nach Vincennes wollte indes mehr als einen tugendhaften Kleinstaat. Dort hatte er Fabricius vom römischen Senat behaupten lassen, daß er würdig sei, in Rom zu befehlen und die Welt zu beherrschen. Wie sollte sich das mit einer kleinen Republik vertragen, die doch die einzige Verfassung sei, worin der einzelne seine Kräfte entfalten könne? Bei einem Römer des 3. Jahrhunderts v. Chr. hatte eine solche Aussage noch keinen Gegenstand, auf den sie sich bezöge. Sie erscheint dort als Prophetie. Dem Selbstbewußtsein der Generation aber, die während der Revolution in der Nationalversammlung nicht die Sache Frankreichs allein, sondern die der Menschheit verhandelte, kam sie sehr entgegen.

In seiner – die Ansicht der Geschichte umwälzenden – Auffassung des Menschen steht Rousseau nicht nur gegen Voltaire, der gerade dabei war, seinerseits die Geschichtsschreibung zu verwandeln, sondern auch gegen die traditionelle Darstellung der Vergangenheit, die Bossuet stark für das französische Bewußtsein geprägt hatte. Während Bossuet als Historiker der Reformation in seinen *Variations des églises protestantes* (1689) selbständige Arbeit an den Quellen mit einer scharfsichtigen politischen Beurteilung verband, kam es im *Discours sur l'histoire universelle* (1681) darauf an, die mit Karl dem Großen beginnende französische Monarchie auf möglichst gerader Linie mit der Erschaffung der Welt zu verknüpfen. Auch er führt zunächst den Menschen aus dem Paradies in die Geschichte. Dabei folgt er aber zuerst dem Alten Testament und dann Livius und anderen Historikern der römischen Geschichte. Die Absicht ist die übersichtliche Stratifikation im Gegensatz zur Differenzierung, welche die antiquarische Gelehrsamkeit des 16. und 17. Jahrhunderts erarbeitet hatte. Sie ist durchaus keine Anleitung zum Studium der Geschichte, sondern in glänzender geistlicher Rhetorik der Kanzelrede und in unerreichter Kürze viel eher ein Versuch, sich die Geschichte, indem man sie sich unterwirft, vom Halse zu schaffen. Das hatten auch die Lehrpläne der Jesuitenkollegs getan und damit vielleicht dem Gegenstand höhere Achtung bezeigt als die protestantischen Universitäten mit ihrem halbjährigen Cursus in ›Historia universalis‹ für Theologen und Juristen.

Es gibt für die Geschichte noch weniger einen Königsweg als für die Geometrie – das könnten Historiker von Euklid lernen. Bossuet hatte es versucht, ihn dem Dauphin und einem Laienpublikum zu weisen in einer Zeit, als in Frankreich der Cartesianismus daranging, mit der Geschichte als Wissenschaft aufzuräumen. Das unendlich verzweigte Individuelle schien sich einer wissenschaftlichen Erschließung zu entziehen. Die oft kirchengeschichtlich und mithin damals konfessionspolitisch und apologetisch orientierten Darstellungen der neueren Geschichte widersprachen den gewandelten Absichten einer nunmehr »irenischen« Diplomatie. Und die Machtpolitik bedurfte nur dienender Archivarbeit, die für Erbansprüche und Annexionen die legitimierenden Dokumente herbeischaffen sollte.

Auf der anderen Seite hatten sich die Benediktiner von St. Maur daran gemacht, die Legenden der Heiligen vom allzu Wunderbaren zu reinigen, und durch den gerade in der strittigen Kirchengeschichte entfalteten Fleiß und Scharfsinn hatten sich die »kritische Kunst« historischer Philologie und die sorgfältig belegende Darstellung herausgebildet. Versuchte aber einer, mit philosophischem Blick das Ganze der Geschichte zu erfassen und einen Sinn in ihr zu erkennen, so gewann der durch die Jansenisten erneuerte Augustin eine – sei es verführerische, sei es erschreckende – Gewalt über die Geister. Nichts ließ sich rational leichter begründen als blanker Zynismus angesichts der leicht durchschaubaren Vorwände absolutistischer Machtpolitik. Das Entsetzen, das die Entgrenzung des physikalischen Kosmos Pascal einzuflößen vermochte, erfaßte ihn auch beim Anblick der politischen Welt. Für andere, die selbst historische Arbeit leisteten wie Pierre Bayle, war es ein Gefühl abgründiger Trauer, worüber nur die unendliche Aufgabe der Berichtigung des Falschen und Irrtümlichen in den autoritativen Werken hinwegtrug.

Die jansenistische Radikalisierung der Auffassung Augustins von der »civitas terrena« konnte sich durch den Cartesianismus nur bestärkt fühlen. Vor dem Richterstuhl der Vernunft erschien die Geschichte, sofern sie nicht belanglose Einzelheit war, als Wahnsinn oder als Verbrechen. Zu verantworten war ihre Darstellung eigentlich nur, wenn sie sich auf das menschlich Fesselnde richtete, das Spiel der Affekte, den Mechanismus der Intrige und die Machtpolitik der Gefühle. Und das gab der klassischen französischen Tragödie ebenso wie dem barocken Trauerspiel seinen Inhalt, mochte man dabei bis ins Alte Testament oder in die Greuel der byzantinischen Geschichte zurückgreifen. Als Darstellung erschien sie besonders wertvoll, wenn die Handelnden selber oder jedenfalls die zunächst beobachtenden Augenzeugen es berichteten – daher die Bedeutung, die man den »Mémoires« zuerkannte, die von den uns bisher beschäftigenden Autobiographien so weit entfernt sind, daß durchaus zu fragen ist, ob sie mit diesen eine Gattung bilden.

Das sich selber problematisierende Ich unseres Typus autobiographischen Selbstbewußtseins hat eine zeitliche Dimension. Es ist nicht wissender Beobachter, Katalysator eines Geschehens oder selbst Handelnder in einem objektiven Prozeß, dem es in der Regel dann nicht mehr zugehört, wenn es darüber berichtet. Das autobiographische Ich ist auf einzigartige, nicht durch andere vertretbare Weise und unter Schmerzen seiner selbst innegeworden. Es hat etwas erfahren, dessen Äquivalent in der Welt der Erscheinungen inkommensurabel ist und als Sachverhalt nicht viel hermacht. Das auslösende Moment sind Texte, die unbegrenzt viele gelesen haben und auch auf sich bezogen haben werden, ohne daß diese Bezüge Epoche machten.

Augustin, Petrarca und Rousseau sind etwas geworden, was sie zuvor nicht waren. Und das sind sie nicht durch ein Schicksal geworden wie der Held einer Tragödie, nicht durch Taten, die wirklich das Berichten lohnten, nicht einmal durch Gedanken, welche als Lösung eines Problems ausgearbeitet wären. Ein Gefühl ist es, sein Gefühl, das jeder der Welt und ihrer geläufigen Deutung entgegensetzt. In diesem Gefühl, das unsicher zunächst, unstet und intermittierend sein mag und das sie mit Ereignissen oder Erfahrungen zu verknüpfen suchen, wobei sie nicht ohne weiteres oder ohne gewaltsame Deutung eine beständige Verbindung schaffen, konstituiert sich eine zeitliche Existenz. Ihr »Ich« ist nicht auf die Welt der Ereignisse bezogen, die sie durchschaut oder handelnd beeinflußt hätten, um anschließend darüber zu berichten oder ihr Tun zu rechtfertigen. Ihr »Ich« ist auch nicht das Ergebnis und der Neubeginn einer Operation des Denkens, wie Descartes sie vornimmt und in der nach dem radikalen Zweifel an dem Dasein der durch die Sinne vor den Verstand gebrachten Außenwelt in der Tätigkeit des Denkens selbst die Gewißheit des denkenden Ich gewonnen wird: ego sum, ego existo.

Was Descartes in der *Meditationes* wagt, ist ein neuer, ein unerhörter Schritt. Formal jedoch hat er etwas gemeinsam mit Augustins Verfahren, die Beziehung von Mensch und Welt zu ersetzen durch die des denkenden Ich zu Gott. Auch er inszeniert diese Einsicht, will den immer möglichen Gedankengang als Ereignis vollziehen. Gewiß soll es keine Bekehrung sein, und er bedarf auch nicht des Aufstiegs auf einen wirklichen Berg, um in der Konstrastierung von Innen und Außen des Erhabenen in sich gewahr zu werden. Er nimmt diese Veräußerlichung zurück in einer stoischen Beschränkung auf sich selbst.

Bewegendes Moment in diesem Widerstreit des denkenden Ich gegen die Außenwelt ist eine Kategorie, welche die Philosophie gern der Rhetorik und danach der Ästhetik allein zurechnet, obwohl diese es mit dem Ganzen zu tun hat: die Kategorie des Erhabenen. Die wirkungsvollste Realisierung, die Descartes auch vor Augen haben mußte, der für das Großartige höfischer Aufzüge und theatralischer Situationen durchaus eine Schwäche hatte, ist die völlige Zurücknahme des Erhabenen von der äußeren Welt in ein leidenschaftliches Ich in der *Médée* des noch jungen Corneille (1635):

»Dans un si grand revers que vous reste-t-il?

Médée

Moi

Moi, dis-je, et c'est assez.

Nérine

Quoi, vous seule, Madame?

Médée

Oui, tu vois en moi seule et le fer et la flamme,
Et la terre, et la mer, et l'enfer, et les cieux,
Et le sceptre des rois, et le foudre des dieux.«

(I, 5).

Der am wenigsten triftige Einwand gegen das Neue und Zeittypische dieser Szene ist der Hinweis, daß sie so gut wie wörtlich aus der *Medea* des Seneca übersetzt sei. Sie hat in einer neuen Form eine andere Funktion bekommen, einen vielleicht noch stärkeren Ausdruck, und ist durch mächtige Reime und Binnenreime in rollenden Silben unaufhebbares Eigentum des französischen klassischen Stils geworden. In der Frühen Neuzeit erkennt man auch die überraschendsten ethischen Einsichten in den Schriften von Cicero, Plutarch und Seneca wieder. So war es Petrarca ergangen, das stellt Montaigne staunend immer wieder fest, und das gilt für die niederländischen Philosophen wie Lipsius und Heinsius und die französischen Moralisten des 17. Jahrhunderts.

Die Welt der Elemente, der irdischen und überirdischen Macht, die Medea beschwörend aus ihrem Innern hervorruft, um sie wieder darein zu versenken, ist heidnischer als die Worte des Augustin, die Petrarca auf dem Mont Ventoux aufgeschlagen hatte. »Das Eisen und das Feuer,/ die Erd', das Meer, die Hölle und den Himmel,/ der Könige Szepter und den Blitz der Götter.« Aber das ist schon auf der antiken Bühne eine klassische Stelle des durch ein widriges Schicksal auf sich selbst zurückgeworfenen Ich. Sie kann durchaus in den Jahren seiner Theaterleidenschaft auch Augustin schon betroffen gemacht haben. Was im Drama von einer mit geheimnisvoller Macht begabten Zauberin gesagt wird, ist auf die Seele des Menschen gegenüber der Natur verallgemeinert worden.

Descartes wird, bei allem Unwillen, seine Beziehung zu Augustin und zur Scholastik der Franziskaner-Spiritualen zuzugestehen, weiterschreiten auf dem Wege, die Existenz auf die Gewißheit des denkenden Ich zu gründen. Rousseau wird ihm darin nicht folgen. Seine Existenz ist eine Wendung zur bloßen Körperlichkeit, seine Seligkeit ein Vergessen der schmerzenden Zeitlichkeit in einem Zustand ruhigen Selbstgenügens. Eine weitergehende Deutung würde den geschichtsphilosophischen Charakter dieser Wendung verfehlen. Augustin hatte die Religion zu einer Sache der Innerlichkeit verwandelt, indem er der äußeren Natur und der Geschichte menschlicher Handlungen ihr Recht und ihre Realität zu nehmen suchte. Petrarca hatte aus der Innigkeit des Gefühls heraus die geschichtliche Größe und die erhabene Natur wieder eingefordert. Rousseau hat die Natur des Menschen gegen seine Geschichte gewendet und doch das Gefühl in seiner Unruhe und Ungenügsamkeit, das Augustin anders als die Antike religiös verstanden hatte, wiederum auf seine Verwirklichung im Staate ausgerichtet.

Was aber haben diese Bewegungen des Umkehrens und des Ersetzens, die sich auf einer Ebene vollziehen, für die es erst seit der Französischen Revolution das Wort »ideologisch« gibt, mit dem wirklichen Verlauf der Geschichte zu tun? Wenn wir Konzeptionen, die sich meist erst später als historische Anschauungen voll herausgebildet und unabhängig von ihrer Person durchgesetzt haben, mit diesen Autoren in eine Beziehung setzen und wenn wir weiter diese Konzeptionen als namengebend jeweils einer Periode der europäischen Geschichte zuordnen, wobei wir die Urheber als Brennpunkt von Prozessen ansehen, die wirkend und gegenwirkend in großen gesellschaftlichen Bereichen über lange Zeiten hinweg sich vollzogen, wie stehen diese »fiktiven« Gebilde dann zum »realen« Geschehen?

Diese Konzeptionen brauchten zunächst einmal lange Zeit, um als historische Konzeptionen sichtbar zu werden. Augustin konnte als Autorität geachtet und zitiert werden, ohne ihn im mindesten mit einer Auffassung in Verbindung zu bringen, die eine bewußte Abkehr von der Antike bedeutet hätte. Marc Bloch weist darauf hin, daß Menschen des 12. Jahrhunderts, »die durchaus keine Dummköpfe waren, fest daran glaubten, noch unter dem römischen Imperium zu leben« (*Mélanges hist.* S. 8). Es bedurfte ja geradezu einer gleichsam religiösen Berührung durch antike Werke der Kunst und Literatur, um den vergangenen Generationen diesen Glauben zu bestreiten und aus dem Gefühl der Distanz zur Antike ihrer Erneuerung überhaupt wünschen zu können. Andererseits muß man begreifen, daß die paradigmatische Abkehr von einer für unsere Begriffe heidnisch-antiken Auffassung des Christentums in jener Verinnerlichung der Religion eine dem Gefühl und Gedanken eröffnete Möglichkeit gewesen ist, aber keineswegs das historische Geschehen zu Beginn des 5. Jahrhunderts und danach beschreibt. Die soziale Entwicklung verfestigte vielmehr durch strikte Anwendung der Erblichkeit von Ständen und Berufen die Ungleichheiten unter den Menschen. Durch Gesetze und Besteuerung band sie jeden an den ererbten Beruf oder Boden. Sie fixierte und regionalisierte damit die durch Kriege und Epidemien beträchtlich verminderte Bevölkerung und suchte das Verbliebene zu sichern (vgl. M. Bloch, »Une mise au point: les invasions«, in: *Mélanges hist.*, Bd. 1, S. 112).

Petrarcas Träume bezeichnen durchaus nicht den Weg der europäischen Politik der auf ihn folgenden Jahrhunderte. Mag man es für typisch halten, daß er ein wirklichkeitsfremdes Abenteuer wie das des Cola di Rienzi, die alte römische Freiheit wiederherzustellen, mit seiner Hoffnung begleitete. Muß man einräumen, daß seine Leidenschaft für die vergangene Größe nicht von einer Anlage zu historischem Forschen oder zur Geschichtsschreibung begleitet gewesen ist, wenn man nicht den Wunsch, einen Ruhmestempel aus Heldenviten zu errichten, damit verwechseln möchte, so wird man doch zugestehen, daß er etwas nicht Geringeres geschaffen hat: die moderne Sehnsucht nach einer nunmehr vollständig vergangenen und als ideales Gegenbild aufgefaßten Antike.

Rousseaus verursachende Wirkung an der Französischen Revolution wird man weit geringer einschätzen müssen, als es viele getan haben, die sich als Bewunderer oder Gegner auf ihn beriefen. Kaum ein anderer Schriftsteller ist so häufig mit seiner Person einer allegorischen Deutung seiner geschichtlichen Rolle ausgesetzt worden. Nur hat die Französische Revolution keineswegs so viel verändert, wie man ihr zuschrieb, und sie hat vor allem das nicht erreicht, was man für ihre Prinzipien gehalten hat. Man muß Begriffe so ernst nehmen und so eindringlich auf ihre historische Verwirklichung hin prüfen, wie es z. B. Lorenz von Stein in seiner *Geschichte der socialen Bewegung in Frankreich von 1789 bis auf unsere Tage* (1850) getan hat, worin er die sozialen Theorien und ihre scheiternde Realisierung verfolgte, will man nicht den historische Einsicht verhindernden Konsequenzen, sei es der sozialistischen Erfolgs-, sei es der restaurativen Katastrophengeschichtsschreibung anheimfallen.

Jeder unserer drei Autoren, die autobiographisch orientiert die Umwertung der Geschichte vorzunehmen versuchten, wollte eine Tradition zerstören, Kontinuität zerbrechen und wurde seinerseits zum Stifter einer neuen Tradition erhoben. Ob diese Zerstörungen, wie der brave Iselin meint, inzwischen zu »Werkzeugen der allgemeinen Glückseligkeit« geworden sind, dürfte nicht leicht zu erweisen sein. Daß sie befreiend wirken konnten, weil sie jeweils eine lastend und unfruchtbar gewordene Tradition stürzten, zeigen in den Teilbereichen die Folgen. Augustin hatte mit der Zerstörung des Rom-Mythos, die ihm nicht völlig und vor allem nicht in den eigenen Reihen der lateinischen Kirche gelungen war, eine »unabhängigere Taxation des Irdischen« (Jacob Burckhardt, *Über das Studium der Geschichte*, S. 364) ermöglicht und in verschiedenen späteren Jahrhunderten unter jeweils ganz anderen Bedingungen den Widerstand gegen weltliche Macht und gegen die Veräußerlichung der christlichen Religion bestärken können. Damit ist er zu einem Ferment und Katalysator geschichtlichen Wandels geworden, der sich von seinen eigenen Absichten und der Kirchenpolitik, die er selber betrieben hatte, sehr weit löste. Der als geschichtliche Persönlichkeit gar nicht handlungsfähige Rousseau wurde von politischen Kräften postum vereinnahmt, mit denen er kaum kooperieren hätte können oder wollen. Petrarcas historische Stellung wird man heute am ehesten zu unterschätzen geneigt sein, da seine unmittelbare Wirkung diesem Jahrhundert ferner liegt und bislang keine erneute ›Renaissance‹ gezeitigt hat. Daß seine Zeitauffassung dem modernen Selbstbewußtsein nicht nur der aufeinanderfolgenden Klassizismen vom 15. bis zum 18. Jahrhundert in den einzelnen europäischen Ländern, sondern auch der z. T. gar nicht durch ein verändertes Zeitbewußtsein, sondern eher durch eine Verschiebung des Ideals auf ein ebenso fiktives Mittelalter gekennzeichneten Romantik zugrunde liegt, dokumentiert sich weniger unmittelbar.

Allen dreien gemeinsam ist die Gegenstellung gegen Werte und Institutionen der eigenen Zeit. Die ererbte und noch geltende Kultur als etwas Fremdes anzusehen, das einem angetan wurde, worunter man leidet und wovon man geheilt werden möchte in einem sei es jenseitigen, sei es vergangenen oder künftigen Ideal, verbindet sie über alle Unterschiede hinweg. Und alle drei lehrten, in der Erfahrung unserer selbst eine neue und verlockende Welt zu entdecken, die von der Bewältigung der verbliebenen alten Welt eher ablenkt. Die drei wirkungsmächtigen Formen von Zeitempfindung, die zu Konzeptionen geschichtlicher Weltbilder geworden sind, erscheinen als äußerst subjektiv und, auf eine historische Kontinuität bezogen, restringierend oder zerstörerisch. Keine hat eine als beständig sich erweisende Geschichtsschreibung erzeugt, und allein dafür brauchen wir andere Kategorien historischer Erkenntnis, um diese drei Zerstörungen und Neuaufbauten als Ansichten einer und derselben geschichtlichen Welt identifizieren zu können.

Zweiter Teil
Homogene Zeit
und historische Erkenntnis

Augustin, Petrarca, Rousseau: drei Beispiele verschiedener und jeweils prägender Zeitauffassungen; drei fruchtbare Zerstörer bisheriger Ansichten der Vergangenheit. Aber Geschichte erforschen und verstehen, das wollten sie nicht, das konnten sie auch nicht. Also müssen wir weiter ausgreifen. Philosophie der Geschichte braucht einen solideren Boden. Kategorien der historischen Erkenntnis sind nötig, schon um die einander wechselweise ausschließenden Konzeptionen auf eine Problemstellung und einen gemeinsamen Sachverhalt beziehen zu können.

Auch Kategorien der Erkenntnis sind mit Erfahrungen verbunden. Sie stehen im Zusammenhang von Lebenswerken und stellen sich im Gang der Forschung als Aufgaben. Sie sind aber objektivierbar, lassen sich aus den Intentionen ihres Urhebers lösen und müssen als »index veri et falsi« Mittel an die Hand geben, die eigene Evidenz und das Ungenügen der verfehlten und gewaltsamen Konzeptionen zu erweisen. Das geschieht nicht auf einmal und nicht ohne Mühe. Bis aus der kopernikanischen Wende ein konsistentes System der Mechanik der Himmelskörper wurde, vergingen zwei Jahrhunderte, und der Aufwand an Geist und Mühe war groß. Die Überzeugungsarbeit, aus einer Theorie eine Anschauung der Welt zu machen, konnte nun erst beginnen. Und wieviel einfacher sind doch die Bewegungen der Planeten im Sonnensystem, verglichen mit den Handlungen der Menschen auf der Erde.

Mit dem Verneinen der Geschichte ist es nicht getan. Weder der Geschichte im ganzen noch der dunklen Epochen gegen die hellen und ruhmvoll leuchtenden, noch des Ganges der bisherigen Geschichte, ihrer Entwicklung. Die spektakulären Aufhebungen von Geschichte sind gräßliche Vereinfachungen, Willenshandlungen versuchter Machtergreifung im Bereich dessen, was des Menschen Eigenstes ist, sein Zeitempfinden, sein geschichtliches Bewußtsein. Dabei ist die Kraft der Hoffnung, die aus dem Verneinen entspringt, nicht zu unterschätzen, ebensowenig die Erneuerung, die aus dem Öffnen der Innerlichkeit stammt, aus der Intensität der Erinnerung kindlicher Erlebnisfähigkeit.

Der heftigste Gegensatz bei den drei bisher erörterten Beispielen von Geschichtskonzeptionen liegt in der extremen Individualität, die das bislang Geltende, das Öffentliche im ganzen, den Bereich der Politik in Frage stellt. Das geschah von der Instanz des Gewissens aus, appellierte an eine Änderung im Bewußtsein und verwandelte die Wirklichkeit. Diese Gedanken waren nie ausschließlich an regionale oder nationale Identifikationen gebunden, sondern bezogen sich auf den weitest erreichbaren Teil von Menschen. Das war für Augustin die lateinische Christenheit, deren Verselbständigung und Trennung vom griechischen Osten und seiner Kultur er eher beförderte als zu verhindern suchte, faktisch zumindest, denn von einer Absicht kann dabei kaum die Rede sein. Für Petrarca war es das gerade entstehende gemeinsame Laienpublikum der europäischen Nationen, das lateinisch las und neben der theologischen Literatur weltliche Weisheit suchte, die stärker individualisiert war, fragmentiert und durch eine moderne Subjektivität gebrochen als in den antiken Quellen. Für Rousseau schließlich wurde es ›der Mensch‹, ›die Menschheit‹ weniger als globale Schicksalsgemeinschaft, wie sie in der hellenistischen Welt seit der Stoa denkbar war und gedacht wurde, als vielmehr in einem Imperialismus der Gewissen, der vom eigenen Bewußtsein des Leidens aus den anderen heilsame Gesellschaftsordnungen vorzuschreiben beginnt.

Die autobiographische Intensität der Innenwahrnehmung scheint bei allen dreien dazu geführt zu haben, daß keiner von den im üblichen Sinne geschichtlichen Ereignissen der Völker und Reiche oder den sich wandelnden Zuständen Rechenschaft zu geben auch nur versucht. Gehört bei späteren Historikern der ›Umbruch‹ oder die Ereignisfülle einer sich ändernden Wirklichkeit zu den Wirkungsmöglichkeiten ihrer Konzeption, so ignorieren sie selber das, was späteren als bedeutungsvoll erscheint und betrachten es eher unter veralteten moralischen Kategorien.

Hier haben wir uns dabei jeden Versuches enthalten, die jeweilige Kritik der Gegenwart aus dem objektiven historischen Zustand plausibel zu machen. Die Notlagen und Schrecken der jeweiligen Zeiten sind unter die veranlassenden Faktoren zu rechnen. Aber sie erklären gar nichts. Denn für die Durchführung der *De civitate Dei* ist nicht die Einnahme Roms durch die Westgoten entscheidend, sondern die Tatsache, daß Rom sich überraschend schnell erholte und bei genauerem Hinsehen doch nicht tödlich getroffen war. Sonst wäre es überflüssig gewesen, in den später geschriebenen Büchern wie dem 18. den Rom-Mythos so gründlich zu zerstören.

Für Petrarca ist es nicht die Katastrophe des Schwarzen Todes im Jahre 1348, die sein Bild der Geschichte verwandelte, noch läßt ihn der wiederholte lange Aufenthalt in Frankreich etwas von der erstarkenden Macht der werdenden Nationalstaaten ahnen. Vielmehr ergreift ihn unwiderstehlich die Sehnsucht nach der Erneuerung antiker Redekunst, Gelehrsamkeit, Würde und politischen Größe, selbst wenn er die modische Vorliebe für re-gotisierende Stiltendenzen oder für franziskanischen Spiritualismus teilt.

Rousseau schließlich wendet sich entschieden gegen den Glauben seines Jahrhunderts an die Glückseligkeit durch freien Handel, Konkurrenz und gute Verwaltung und fordert etwas ein, wonach nicht geringere Sehnsucht zu erwecken war, wenn man die Ansicht der Dinge kühn umzukehren wagte. Was er dabei selber gab und was er der bürgerlichen, moralischen Kritik und dem Naturrecht schuldete, ist hier nicht auseinanderzulegen.

Uns kam es dabei auf die zeitlichen Kategorien historischer Anschauungen an, die sich in der Beziehung auf die autobiographischen Schriften der drei Autoren gewinnen ließen. Augustins dramatisches Zusammendrängen der wahrgenommenen Zeit in einen Augenblick ohne Ausdehnung gewährte keinen Begriff von Dauer, von Folge oder notwendiger Verkettung des Handelns. Was bleibt, ist ein jeweils augenblickliches intensives Gefühl von Furcht und Hoffnung, Reue und Sehnsucht nach einem Ende dieser zeitlichen Unruhe. Irdische Zeit ist Vorläufigkeit, die keinen inneren Sinn und kein eigenes Ziel haben kann, außer daß sie Zeichen ist für ein ganz anderes Geschehen, welches nach ihrem Abschluß erst offenbart, was jetzt verborgen bleibt, das Niedrige erhöht und die Schuld der Sünde durch die Gnade verherrlicht. Was den Stoikern Affekte gewesen sind, die zu überwinden seien, das wird aufgrund der individuellen Erfahrung und in der autobiographischen Vergegenwärtigung zum vorläufigen, aber beherrschenden Inhalt der Seele erhoben. So gewinnt das Bewußtsein im gleichen Maße, in dem die Welt verneint wird. Der innere Raum dehnt sich zu jener »aula ingentis memoriae« aus, welche jedoch keine zeitliche Extension duldet, und das Ich richtet sich in der Glut seiner Sehnsucht auf das Ende aller Zeit, da die unfaßbar immer schon vorhandene Ewigkeit zum Gegenstand unaufhörlicher seliger Anschauung wird.

Diese Ansicht der Geschichte kann verkannt und verwässert werden. Sie ist allerdings so entschieden und radikal konzipiert, daß sie konsequente Aktualisierungen im Gegensatz zu bestehenden Auffassungen immer wieder herausgefordert hat. Modernisierbar ist sie nicht. Es ist deshalb eine Täuschung, sie in den Geschichtsphilosophien der Neuzeit oder gar in den schon von Augustin bekämpften wiederholten Chiliasmen erkennen zu wollen. Weltablehnung läßt sich nicht säkularisieren, auch nicht in eine Theodizee überführen. Die Plotinische Verzeitlichung und Verinnerlichung des ewigen Seins ist auch in Augustins heilsgeschichtlicher Dramatisierung ein Sturz und Fall, der nur mit dem Ende der Zeit und alles Irdischen die Würde seines Ursprungs wiedergewinnt.

Man kann bei nicht geringerer Erregung der Seele doch von der Reduktion auf die Beziehung dieser Seele zu ihrem Gott zurückkommen und nach der ausgeschlossenen anderen Beziehung, der des Menschen zur Welt, Ausschau halten. Dann dehnt sich plötzlich die Vergangenheit von der zeitlosen Augenblicklichkeit zur wahrnehmbaren Dauer dessen, was einst Bestand hatte. Nicht alles Zeitliche ist entwertet und verneint worden, sondern es gliedert sich in Licht und Schatten, in ein gewesenes Ideal und in eine Zeit des Elends, die es zu überwinden gilt. Darin mag man wiederum ein Unrecht gegenüber der Geschichte erblicken oder vielmehr, daß einer sich den Blick auf den geschichtlichen Verlauf verstellt, wenn er ihn in Zeiten und in Unzeiten einteilt und sich in das Mißverhältnis begibt, daß die einen ihn glücklich, die anderen aber unglücklich machen, daß er die Erinnerung gegen die Gegenwart ausspielt. Dafür setzt er dem Ende aller Zeit die mögliche Erneuerung des Vergangenen entgegen oder die Vereinigung gar des Inneren und des Äußeren, des gesteigerten Bewußtseins, wie es die heidnische Spätantike und das Christentum geschaffen haben, mit der Objektivität antiker Wirklichkeit, und das wäre allerdings ein säkulares Glück, ein Anhalten der Zeit, eine Steigerung der Gegenwart am Vergangenen. Das hat Petrarca ersehnt, und das haben er und viele andere zunächst in Italien und sodann in den einzelnen europäischen Nationen zum Programm der Renaissance und der Klassizismen erklärt.

Die Geschichte, die Rousseau ›dem Menschen‹ erzählt, ist die Geschichte von dessen selbstbereitetem Unglück. Es ist keine Geschichte der Welt und ihrer Begebenheiten, sondern die der leidenden Seele, die im Namen der Menschheit das Glück ihres verlorenen Ursprungs einklagen will. Dazu stellt sie einen Prozeß der völligen Veränderung des Bestehenden in Aussicht, der nicht nach aller Zeit und im Jenseits, sondern in dieser Zeit nach unbekannten Gesetzen ablaufen soll. Sein Ziel ist die Heilung des Leidens, die Richtigstellung des Verkehrten, die Wandlung des Bestehenden, das in schreiendem Widerspruch zu ihrem Begriff steht. Daß der Mensch in seiner Geschichte sich von seinem Ursprung entfernt und sein Elend selbst hervorbringt, kann jedoch nicht heißen, wozu auch vorzügliche Kenner seines Werkes neigen, darin das zu erblicken, was, nach Rousseau und auf anderen Voraussetzungen errichtet, Zeitlichkeit und Geschichtlichkeit genannt wird. Es handelt sich dabei um Auffassungen, mit denen weder der Verlust des Ursprungs noch die Naivität geschichtsenthobener Existenz der tugendhaften Republiken und der edlen Wilden und schon gar nicht die in der Zeit zu bewerkstelligende Therapie zu beschreiben sind. Damit verlöre seine Ansicht der Geschichte die ihr eigentümliche Spannung und sein autobiographisches Unternehmen der Selbstrechtfertigung und der versuchten Heilung im erinnernden Sichvergewissern des genossenen Glückes ihr Fundament. Es ergibt sich im Vergleich vielmehr, daß die modernen Deutungen der Geschichtlichkeit in einem unklaren und entschlußlosen Augustinismus verschwimmen. Sie teilen notgedrungen, weil sie sie nicht begreifen, die defizienten Beschreibungen einer ungeliebten historischen Realität, ohne sich die Bedingungen von Augustins Konzeption zu eigen machen zu können.

Rousseaus Pathos einer aus dem Grunde des Leidens selbst erwachsenden Heilung hat sich in einigen modernen Entwürfen der Anthropologie und Ethnologie niedergeschlagen. Dabei ist es gelegentlich zu einer Herausforderung der Selbstdeutung der Historiker gekommen, ohne doch bis zur Interpretation der Geschichte selbst vorzudringen.

Für alle drei Modelle autobiographischer Erfahrung, aus denen Konzeptionen weltgeschichtlicher Ansichten herzuleiten sind, gilt jedoch, daß sie den Typus Autobiographie in gar keiner Weise erschöpfen oder daß von ihnen her Schlüsse auf andere historische Ansichten gezogen werden dürften. Sicher, wir haben keine andere Erfahrung als unsere eigene, und fremde Kategorien und Begriffe müssen durch unsere Anschauung erfüllt weden, wenn sie nicht blind und leer bleiben sollen. Auf diesem Wege ist die Wirkung derart subjektiver Ansichten des Allgemeinen zu erklären und dessen Umdeutung, sobald diese eher affektiven und innerlichen Momente mit Erscheinungen der politischen Welt korrelieren. Es gibt Autobiographien, die den geschichtlichen Begebenheiten der geschilderten Zeit in weit höherem Maße Rechnung tragen oder sie gar zu analysieren vermögen, und das kann sich sogar mit einer um nichts geringeren Intensität der inneren und kindlichen Erlebnissphäre verbinden.

Die Bewußtheit des eigenen Handelns und des durchlebten Erfahrungszeitraumes kann mit einer autobiographischen Neigung der öffentlichen Rechenschaftslegung einhergehen, ohne mit ihr in einem Verhältnis der Bedingung zu stehen. Und die Fähigkeit historischer Untersuchung, ein Vergangenes »forschend zu verstehen«, um die Formel Droysens aufzunehmen, ist davon völlig unabhängig ebenso wie das Vermögen der Geschichtsschreibung, das keinem der drei Beispiele autobiographisch geprägter Ansicht der Weltgeschichte zuzuschreiben ist, mit denen wir uns bisher beschäftigt haben. Es ist aber ersichtlich geworden, in welchem Ausmaß man Vorgängern, Zeitgenossen und Nachfolgern Unrecht tun würde, wenn man diesen Unterschied nicht aufrechterhielte. Im Vergleich mit der gelehrten Arbeit, die Eusebios von Caesarea für die Chronologie leistete, wiewohl er als Historiker seiner Zeit wenig Zuverlässigkeit und Charakter bewiesen hat, mit einer historischen Beobachtungsgabe, wie Ammianus Marcellinus sie besaß, und selbst mit dem unfreien Kompilieren eines Paulus Orosius, um von späteren bedeutenden christlichen Geschichtsschreibern zu schweigen, ist Augustin so wenig, wie er selber es je beanspruchte, unter die Geschichtsschreiber zu rechnen.

Zwischen Dante einerseits, Lorenzo Valla andererseits und auch im Vergleich mit den frühen florentinischen Chronisten wird niemand im Ernst Petrarca als Historiker reklamieren, obwohl er mit dem Epos *Africa* und mit den Biographien *De viris illustribus* dieses Feld kreuzte, und obwohl seine Beziehung zur Geschichte wie zur Historie ein Gegenstand ausgebreiteter Forschung ist. Für Rousseau wäre es schlicht abwegig, obwohl er das geschichtliche Selbstbewußtsein der mit der Renaissance beginnenden neuzeitlichen Kultur in die Schranken forderte.

Auch hat die Einteilung ›der‹ Geschichte in Perioden, wofür unsere drei Autoren Anlaß und mehr als das gewesen sein können, mit ihrer Erkenntnis sehr wenig zu tun. Die Ordnungsschemata gehen einer bestimmten historischen Erfahrung eher voraus, in Form der drei-, vier- oder sechsgliedrigen Prinzipien der Einteilung z. B. des einzelnen Menschenlebens, als daß sie aus ihr folgen würden.

Die Zeit historischer Erkenntnis

Ein allgemeines Prinzip historischer Zeitauffassung muß alle Geschichte umfassen können, ohne die Zeit zugunsten der Ewigkeit oder einen Teil der Zeit zugunsten eines anderen zu negieren. Dieses Ganze ist allerdings auf die greifbare Überlieferung eingeschränkt, die nicht nur von Zufällen der Erhaltung abhängt, sondern einem ständigen Prozeß erneuter Zerstörungen und Neuaufbauten unterliegt. Die Kontinuitäten, die von der Gegenwart aus stets neu in die Vergangenheit gelegt werden, beruhen auf einer partiellen Identifikation und auf der Verdrängung aller anderen. So ignorierte Augustin die griechische Geschichte und versuchte die ihrerseits auf Kontinuität stilisierte römische zu ersetzen durch die sie an Alter überbietende jüdische Geschichte. Was an ihr historisch gewesen ist und was als mythische Projektion bis zur Erschaffung der Welt heraufgeführt wurde, vermag er nicht sachlich zu unterscheiden. Petrarca isolierte die Zeit römischer Größe gegen eine unklare Vorzeit und die finsteren Jahrhunderte seit der Ausbreitung des Christentums. Rousseau sammelte Phasen ruhender Zeit als Instanzen gegen die bewegte, sich entwickelnde Zeit des geschichtlichen Unglücks.

Die große Geschichtsschreibung der italienischen Renaissance stützte sich weder auf die Zeitvorstellung oder das Geschichtsbild Augustins noch auf Petrarca. Man griff in der Darstellung auf die antiken Historiker zurück, die immer gründlicher studiert wurden. Dabei traten zu den sozusagen nationalitalienischen wie Livius, Sallust und Tacitus allmählich die griechischen Geschichtsschreiber hinzu. Im Auftrag des Cosimo de Medici übersetzte Lorenzo Valla Thukydides und Herodot und verschaffte so vor allem dem florentinischen historisch-politischen Denken der Hochrenaissance einen weiteren Vergleichsraum und ein schärferes analytisches Instrumentarium.

Das Studium der Antike gewann vom späten 15. Jahrhundert an eine systematische Ausdehnung auf alle Lebensgebiete, die irgend in schriftlichen Quellen, Denkmälern und Inschriften überliefert oder erschließbar waren. Die Abstufung zeitlich verschiedener sprachlicher Schichten, die im 15. Jahrhundert die Fälschung der sogenannten Konstantinischen Schenkung aufzudecken erlaubte, durch Nikolaus von Kues wie durch Lorenzo Valla war das erste sichtbare Ergebnis kritischer Philologie. Von da aus entwickelte sich eine immer genauere Textkenntnis des gesamten, als Corpus aufgefaßten antiken Literaturbestandes und im einzelnen daraus die Fähigkeit zu Konjekturen und zur Erschließung unzureichend überlieferter Quellen. Nach den fünf glanzvollen Humanistengenerationen von Petrarca bis zu Poliziano setzte sich diese Arbeit zunächst in Frankreich und dann in den Niederlanden und in England fort.

Die bedeutendste individuelle Leistung für die historische Chronologie erbrachte Josephus Justus Scaliger (1540–1609), der größere Sohn des großen Julius Caesar Scaliger. Bisher hatte sich alle Chronologie auf die synchronistischen Jahrestabellen des Hieronymus gestützt, die eine

»durch und durch unwissenschaftliche und sekundäre Erweiterung der echten Tabellen des Eusebios« sind, wie Eduard Schwartz bemerkt (*Griechische Historiker*, S. 514). Hieronymus hat keine eigene Forschung erbracht, sondern die auf die reichen alexandrinischen Buchbestände gestützten Arbeiten des Eusebios durch fiktive Datierungen und Bischofslisten ergänzt. Es war deutlich, daß Eusebios (ca. 260–340) die letzte Quelle darstellt, die auf die griechische Wissenschaft zurückging, und alle Arbeit hatte mit seiner Erschließung und Berichtigung zu beginnen. Das führte dazu, daß die ungeheure Arbeit, zu der keiner vor Scaliger und nur wenige danach in der Lage gewesen wären, weil sie außer der Kenntnis des gesamten klassischen Altertums auch die orientalischen Sprachen voraussetzt, meist nicht einmal als sein Werk, *Thesaurus temporum*, sondern als Edition des Eusebios geführt wird.

Das neuere Denken kann sich eine Chronologie ohne durchzählende Ära nicht mehr vorstellen. Bis ins Mittelalter aber wurde überall nach Regentenjahren oder anderen nicht rechnerisch zu verallgemeinernden Bezeichnungen verfahren. Die erste und lange einzige durchzählende Ära in einer Region hatten die Seleukiden im hellenistischen Orient, und die hellenistische Wissenschaft ist es gewesen, die nach Olympiaden zu zählen begann, um die vielfältigen regionalen Synchronismen und längere Zeiträume rational überschaubar zu machen. Für die gelebte Zeit, die sich an Ereignissen orientiert und Abläufe rhythmisch und in Wiederholungen gliedert, darf ein Bedürfnis nach rechnerischer Chronologie gar nicht vorausgesetzt werden. Die christliche Zeitrechnung ist im Zusammenhang mit der Berechnung der Osterzyklen entstanden, die man anders als in der jüdischen Tradition berechnen wollte, und sie ist ein Produkt des Chiliasmus. Julius Africanus (2./3. Jahrh.) hatte angenommen, daß der Welt 6000 Jahre zugebilligt seien, und hatte die Empfängnis Christi auf das Jahr 5500 der Welt (d. h. 3/2 v. Chr.) angesetzt, so daß um das Jahr 500 der ewige Sabbat beginnen würde (Eduard Schwartz, *Griech. Historiker*, S. 506).

Eusebios, dem aller Chiliasmus zuwider gewesen ist und der sogar so weit ging, die Echtheit der Johannes-Apokalypse zu bezweifeln (VII, 25), änderte das Prinzip der Berechnung. Die mythische Zeit von den Erzvätern aufwärts bis zum Sündenfall und Paradies klammert er aus der Berechnung aus, was ja auch für Augustin zu berücksichtigen gewesen wäre. Ein methodisches Berechnen ist erst mit Abraham (2016 v. Chr.) möglich. Auf dieses Fundament alexandrinischer Philologie stützt Scaliger seinen Bau, in den er alle erreichbaren Überlieferungen der ägyptischen und babylonischen Geschichte aufnimmt. Scaliger vollzieht eine Revolution in der Stille, denn anders als noch jetzt in vielen Handbüchern zu lesen, bestätigt er nicht die christliche Chronologie, sondern überschreitet als erster wissenschaftlich die alttestamentliche Überlieferung und die Spekulationen über eine der irdischen Geschichte zugemessene Zeit. Er selber gesteht es zu, die 8000 Jahre der Heiden geschichtlich bestätigt zu haben: »Je fay l'Histoire de 8 mille ans, selon les Payens« (*Secunda Scaligerana*, Amsterdam 1741, 554).

Das erregte, vor allem weil Scaliger Calvinist war, den katholischen Widerspruch, der zu Petavius' (Petau) *De ratione Temporum* führte, um nicht ohne einzelne Berichtigungen das umwälzende Werk eines Protestanten zu ersetzen und die Chronologie wieder mit dem Alten Testament zu versöhnen. Selbstverständlich bezieht Bossuet sich allein darauf und führt in einer einlinigen Handlung aus, was bei Petau tabellarisch und annalistisch geordnet ist.

Jacob Bernays hat dem Werk Scaligers im ganzen wie einem Abschnitt über die Entstehung des griechischen Alphabets im besonderen bescheinigt, daß ihm »in der ganzen philologischen Literatur nur sehr weniges gleichkommt an Tiefe der Absicht, an Sicherheit des combinierenden Blickes und an gedrängter Fülle weitgreifender, früher gänzlich unbekannter Resultate« (J. Bernays, *Scaliger*, S. 99). Was in Beziehung auf die klassische Antike in der italienischen Renaissance begonnen wurde, erreicht hier im Blick auf das gesamte Altertum eine kaum überbietbare Höhe der wissenschaftlichen Anschauung. Den Zeitgenossen, die ihm eine fürstliche Stellung in der Gelehrtenrepublik zuerkannten, war das nicht verborgen geblieben. Es gibt nun keine verachteten Zeiten, keine Zeiten ohne Interesse mehr. Bei Gelegenheit der Geschichte des frühen Christentums bemerkt Scaliger, daß nach der Apostelgeschichte bis zu den Briefen des jüngeren Plinius keine sichere Quelle vorliege, von wenigen heidnischen abgesehen. Und er spricht als ein Prinzip aus, was kaum einer vor ihm hätte sagen können: »Je veux avoir tout ce qui se fait en histoire: omnis historia bona est« (*Scaligerana*, 1741, Art. »Histoire eccl.«). Ein stärkerer Kontrast innerhalb des Humanismus als der zu Petrarcas Konzeption ist kaum denkbar.

Damit ist eine gleichsam geometrische Objektivität erreicht, in der toleranten Umgebung niederländischer Gelehrsamkeit, in welche ein französischer Calvinist sich in Leyden zurückgezogen hat. Die ganze Geschichte, nicht mehr von einem mythischen Anfang zu einem apokalyptischen Ende unter Umgehung wesentlicher menschlicher Überlieferungen, sondern alles, sofern es als Quelle gelten konnte und datierbar war, hatte nun Eingang in den Bereich historischen Forschens und Verstehens gefunden. Es war keine Sache des Staunens mehr wie bei Hekatäus von Milet und Herodot gegenüber den 350 ägyptischen Priestergenerationen, die über elftausend Jahre in die Vergangenheit führen sollten, ohne, was für die Griechen erstaunlich war, auf göttliche Abstammung zu führen. Die Griechen jener Zeit waren gewohnt, sich schon über wenige hundert Jahre hin, Hekatäus selber in der 16. Generation, von den Göttern abzuleiten (Herodot, II, 142). An die Stelle des Staunens war die wissenschaftliche Untersuchung getreten.

Die christliche Zeitrechnung

Mehr der Absonderlichkeit und der Folgenlosigkeit wissenschaftlicher Arbeit für impressionistische Deutungen wegen sei eine moderne theologische Interpretation der Zeitrechnung angeführt, welche in der »gleichzeitigen Rück- und Vorwärtszählung von Christi Geburt an« den entscheidenden Schritt zur heilsgeschichtlichen Auffassung sieht (Oscar Cullmann, *Christus und die Zeit*, Zürich ^{2}1948, S. 14). Die frühe Kirche rechnete gar nicht, sondern erwartete zunächst »fast stündlich« (Reitzenstein, *Weltuntergangsvorstellungen*) das Ende der Welt. Diese Überzeugung war so stark, daß die ersten Todesfälle christlicher Gemeindeglieder Überraschung und Zweifel an dem erwarteten Ende auslösten, das schleunigst aus der menschlichen Berechenbarkeit herausgerückt werden mußte, sollte diese Religion lebensfähig bleiben. Die Jahresrechnung nach Christi Geburt vorwärts ist trotzdem ein relativ spätes Produkt des von den Kirchenvätern immer wieder bekämpften Chiliasmus, das ein hellenistisches Verfahren des Rechnens übernimmt. Das Rechnen rückwärts, das aller natürlichen Erfahrung und wohl auch dem historischen Denken widerspricht, setzt eine dem qualitativ gleichgültigen geometrischen Raum entsprechende Homogenisierung der Zeit voraus. Durchgesetzt hat es Schloezer, der jeder christlichen Geschichtsdeutung unverdächtige Göttinger Historiker, in seinen weltgeschichtlichen Tabellen. Er emanzipierte damit die Chronologie von dem unsicheren Jahr der Erschaffung der Welt, wonach die Juden rechnen, und löst chinesische und indische Chronologien von dem Bezug auf Abraham, die Olympiaden oder die Jahre der Stadt Rom. Der deutsche Übersetzer der englischen *Universal History*, Baumgarten, hatte noch 1746 (Bd. 2, Vorrede) die

Datierung von der Sintflut an vorgeschlagen. Vor Schloezer hatte Bossuet im *Discours de l'histoire universelle* (1681) mit mehreren Datierungen nebeneinander operiert. Die jüdisch-orientalische Geschichte am Leitfaden des Alten Testaments erfolgte nach Jahren der Welt, die römische Geschichte nach Jahren der Stadt Rom, und als Vergleichsmaßstab gebrauchte er die Rechnung von Christi Geburt an rückwärts.

Die Fixierung auf einen Bezugspunkt gibt diesem selbst keine Bedeutung, wenn man nicht in allegorischer Deutung der geometrischen Stratifikation, die ein Produkt wissenschaftlicher Aufklärung ist, wiederum ein heilsgeschichtliches Ereignis erblicken will. Sie entspricht etwa der räumlichen Zählung der Längengrade östlich und westlich von Greenwich, in der man gewiß auch eine Selbststilisierung des englischen Imperialismus erblicken mag, ohne ihr freilich eine Relevanz für diesen zuzuschreiben.

Der Imperialismus der europäischen Völker hat für die geschichtlichen Konzeptionen des 19. Jahrhunderts eine nicht unbeträchtliche Rolle gespielt. Unter einem evolutionären Schema, wie Ranke es anwendet, brauchen die bisher als Katastrophen angesehenen Einbrüche fremder Völker in die Kulturen des Mittelmeerraums nicht mehr negativ gedeutet zu werden. Blieb die alte Geschichte im wesentlichen auf die »Küsten des Mittelmeeres« begrenzt, so erweiterte sich schon während des Mittelalters »dieser Schauplatz nach allen Seiten«, und alle Nationen treten »miteinander in Verbindung. Es bildet den Charakter und die Weltanschauung des Mittelalters, daß dies geschieht und sich eben vollzieht.« Die neuere Geschichte endlich umfasse »die ganze Welt« (Ranke, Vorl. *Neuere Geschichte seit dem Anfang des 16. Jahrhunderts*, 1860, S. 407, 410).

Ebenso haben die Versuchungen einer Erneuerung des byzantinischen Bündnisses von Thron und Altar wie zur Zeit Ludwigs XIV. vor allem im 19. Jahrhundert und bis in die architektonischen Anleihen hinein gewirkt. Gibbon hatte gewiß richtig geurteilt, wenn er die Bedeutung der byzantinischen Geschichte und der Rolle der alten Kirche hoch veranschlagte. Der Rückhalt und die skeptische Distanz, die so unterschiedliche Beobachter ihrer zeitgenössischen Geschichte wie Jacob Burckhardt und Franz Overbeck auszeichnet, ist nicht zuletzt darauf zurückzuführen. Und die Naivität und unhistorische Aktualisierung rächt sich bei Historikern und bei Theologen, die mit einer eusebianischen Reichstheologie das Christentum an die moderne Welt anpassen wollten.

Das Christentum in seiner jenseitigen Orientierung ist nicht auf die

Geschichte zu gründen. Es wird vielmehr von ihr widerlegt – schon dadurch, daß es eine Geschichte der Kirche gibt, und nicht weniger dadurch, daß sie nicht endet. Von den Naherwartungen der Chiliasten vermochte sie sich auf theologische Weise zu trennen, von der augustinischen Einschätzung der »civitas terrena« scheint das nicht möglich zu sein. Eine Geschichte, welche den Verlauf der Ereignisse immanent deutet und ihnen einen Sinn verleiht, der nicht das einzelne Ereignis als Strafe, Versuchung, »Mummerey« Gottes (Luther) oder Pilgerreise moralisch und paränetisch isoliert, vermag es nicht zu erzeugen.

Das ist, implizit zunächst, in der Frühen Neuzeit deutlich geworden. Für die Historiker der Kirchen- und Konfessionsgeschichte war die Geschichte vor allem die der Reiche und Weltalter. Sleidan und Bossuet schrieben in beiden Gattungen. Die Kirchengeschichte erbrachte methodisch große Fortschritte, weil sie das Belegen mit Quellen erforderlich machte, da sie Rechtfertigung oder Anklage gewesen ist. Ein scharfes Räsonnement entwickelte sie bei der Darstellung der jeweils anderen Konfession. Dort enthüllte man auch, was man bei der Geschichte der eigenen Kirche nicht gern sehen wollte: daß ihre Geschichte, Veränderung und Wandlung die behauptete Wahrheit widerlegen. Die weltliche Geschichte der Kirche ist anders als die Biographien der Heiligen und Märtyrer überhaupt ein Skandal, ganz gleich, ob sie von Greueln oder von Erfolgen berichtet. Es fehlt ihr die subjektive Einheit, die es erlaubte, ihre Sünden zur Bedingung der Gnade zu machen. Denn auf die Zweckrationalität des politischen Handelns hat sie nur unter dem Opfer ihres geistlichen Gehaltes Anspruch. Daß es Schismen, Konzilien, Simonie und die Verdammung Andersgläubiger gab, ist nur der fortlaufende Beweis, daß es sich bei der Geschichte der Institution Kirche um die der »civitas terrena« handelt.

Daraus kann die skeptische Einsicht erwachsen, daß es für diese Religion nicht gut gewesen sei, zur herrschenden geworden zu sein. Der lebendige Anteil ihrer Geschichte wird mithin zur Ketzergeschichte im Gegensatz zur Geschichte der Kirche. Das hat nicht erst Gottfried Arnold in der Vorrede zur *Kirchen- und Ketzergeschichte* formuliert, das hatte schon die Schwarmgeister wie etwa Schwenckfeld gegen den lutherischen historischen, auf den Buchstaben und die Geschichte gegründeten Glauben empört. Es konnte aber auch einem so späten und kultivierten Beobachter wie Ernest Renan angesichts der Zerstörung des Tempels im Jahre 70, die den Zeitgenossen das Ende des Judentums wie des Christentums anzukündigen schien, in Wahrheit aber beider Fortdauer bewirkte, die historische Einsicht sich in der Vermutung äußern, daß eine Trennung des höchst lebendigen französischen Katholizismus in der ersten Hälfte des 19. Jahrhunderts von der römischen Mutterkirche ihn am Leben erhalten hätte, während seine Unentschiedenheit ihn zum Erlöschen brachte.

Die reformatorische Geschichtsschreibung hat die Jahrhunderte des Mittelalters nicht weniger heftig abgelehnt, als es Petrarca getan hatte; im Gegensatz zu ihm unterzog sie diese aber einer genauen und möglichst aktenkundigen Darstellung. Auch darin unterschied sie sich von der römischen Geschichtsschreibung der Antike. Die Historiker der Kaiserzeit stellten die von ihnen geschilderten Ereignisse in den kritischen oder gar polemischen Kontrast zu einer Vergangenheit, die sie für besser hielten. Es ist ein völlig neues Phänomen mit der reformatorischen Geschichtsschreibung entstanden, ganzen Jahrhunderten in detaillierter Beschreibung ihr eigenes Recht zu bestreiten, um dadurch die Notwendigkeit der Reformation zu legitimieren. Die gegnerische Seite ließ nicht damit auf sich warten, die neuen Irrtümer, vor allem die erneuten Spaltungen der protestantischen Kirchen, ihre »variations«, wie Bossuet es nannte, gegen die »verité« der eigenen Kirche aufzurechnen.

Geschichtsschreibung war damit zur Widerlegung des Tatsächlichen geworden. Nicht einmal aus den begangenen Fehlern ließ sich etwas lernen. Sie war Anklage oder Verteidigung in einem kirchenrechtlichen Verfahren: Anklage der Mißbräuche der Vergangenheit bei den Magdeburger Centuriatoren, Verteidigung des lebendigen Geistes gegen die erstarrte Institution bei Gottfried Arnold. Und schließlich, als man der Streittheologie müde war und Mosheim als protestantischer Kirchenhistoriker so objektive und gelehrte Darstellungen der alten Kirche verfaßte, daß man sie nicht nur in Deutschland bei beiden Konfessionen las, sondern auch im Königreich Neapel nachdruckte, war sie weder Anklage noch Verteidigung. Sie war aber auch nicht lediglich wissenschaftliche Einsicht geworden, sondern stellte aus dem Gesichtspunkt der aufgeklärten Politik und Verwaltung die vergangenen Kämpfe als pathologisch dar.

Ob man den Glaubenskämpfern einer vergangenen Zeit etwas Schlimmeres anzutun vermag, als ihr Handeln aus einer Position neutralisierter Religiosität und politischer Klugheit zu beurteilen, und ob man ihr lebendiges Andenken bei der Nachwelt, die dadurch verlernt, daß sie Nachwelt ist, stärker schädigen kann, das zu beurteilen ist nicht unsere Sache. Hier ging es lediglich darum, die unauflösliche Verflochtenheit der Rück- und Fortschritte anzudeuten.

Trotz mittelbarer Förderung der historischen Studien durch das Strittige kirchengeschichtlicher Erörterungen, das Quellenarbeit und Belege viel stärker erforderte als die Chroniken der Städte, die als Gattung keinen Gegner hatten, ging der Gegenstand der Untersuchung im gleichen Maße verloren, wie er wissenschaftlicher Bearbeitung unterzogen wurde. Ähnlich wie in der politischen Ethik zwischen der Erneuerung antiker Lehren und der modernen Zweckrationalität kein eigentümlich christliches Element blieb, erwies sich die Kirchengeschichte als eines der stärkeren Mittel, dem Christentum einen eigenen Gehalt, der es von anderen weltlichen Institutionen abhöbe, zu bestreiten. Das Christentum hatte statt die Geschichte zu verändern, sich von ihr absorbieren lassen.

Was bei Petrarca als Verzweiflung über den Verlauf der Geschichte erscheinen mochte und in der späteren Renaissance etwa als paganer Impetus, die politische Geschichte der christlichen Ära als Niedergang und Ende des Römischen Reiches anzusehen, hatte die wissenschaftliche Arbeit bestätigt. Was die Kirchenhistoriker bewirkten, ohne es zu wollen, führten unter allgemeineren Gesichtspunkten Voltaire und Gibbon als Historiker auch der Kultur, der Wissenschaft und der Gesittung zu Ende. Zwar schreibt Voltaire in den frühen Werken, wie Montesquieu ihn karikierte, auch die Geschichte einer Kirche, allerdings der seinigen. Ginge man diesem Element nach, so stieße man in der Bewertung von Ereignissen auf überraschende Ähnlichkeiten mit Otto von Freising. Auch diesem erschien das Weltgeschehen unter dem augustinischen Modell der beiden »civitates« als heillos und die Bürgerschaft Gottes nur in frommen und tätigen Mönchen und Eremiten verwirklicht. Voltaire strebte aber danach, der Geschichte einen Sinn zu verleihen, und das schien nur durch politisches Räsonnement und in den aufeinander aufbauenden menschlichen Tätigkeiten der Künste und Wissenschaften sowie einer guten Verwaltung möglich.

Gibbon ist der erste gewesen, der als politischer Historiker das Programm Petrarcas erfüllt und den Abgrund der »tenebrae« zwischen dem Römischen Reich in seiner größten Ausdehnung unter Trajan und der Erneuerung der Stadt in der Renaissance offengelegt hat. Die Republik und die frühe Kaiserzeit war für die Historiker bis ins 18. Jahrhundert ein Gegenstand des Kommentars ihrer eigenen, zeitgenössischen oder doch antiken Geschichtsschreiber, nicht einer erneuten Darstellung. Das war für die Zeit des Niedergangs anders, und zugleich war es trotz des negativen Charakters die größte Umwälzung, »revolution«, deren Folgen immer noch bemerkbar waren, der Fall des bislang mächtigsten Reiches der

Weltgeschichte und mithin der bedeutendste und einer Darstellung im großen Stile würdigste Gegenstand.

Ausgangspunkt ist der Verfall sowohl der Macht wie der Kultur. Die Vorstellung, daß eine Geschichte der Kultur des Mittelalters geschrieben werden könnte, ist von Gibbons klassizistischem Gesichtspunkt aus abwegig. Im Gegensatz zu den an der Geschichte der Kirche orientierten Darstellungen wie der des als Quellensammlung für ihn doch unentbehrlichen Tillemont beschreibt er keine Entwicklung, sondern einen fortwährenden Verfall: Niederlagen und Auflösungserscheinungen, Einbrüche von Germanen und Hunnen, Arabern und Türken in den Bereich ehemals römischer Herrschaft, eine Geschichte partikulärer und instabiler politischer Formationen, aus denen schließlich das neuere Europa hervorgeht. Der Blick weitet sich bis in die Steppen des inneren Asien und in die arabische Wüste, und er kehrt am Ende zurück nach Rom, das die Päpste wieder aufbauen und dabei Ruhm erwerben, während das größere Verdienst dabei den Baumeistern und Künstlern gebühre (VI, S. 324, ed. Bury).

Vielleicht ist dies das Eigenartigste an einem Werk, das sich leidenschaftslos und unbestechlich daranmacht, die Politik der christlichen Ära, »the inevitable mixture of error and corruption«, darzustellen und damit sich »the historian's more melancholy duty« auflade im Vergleich zu der des Theologen (II, 2), wenn dieser die gleiche Zeit unter dem Gesichtspunkt der Religion schildere. Die im Mittelalter entstehenden Institutionen des neueren Europa können ihn nicht beschäftigen, die entstehenden Territorialstaaten, die Entdeckung der neuen Welt oder die Reformation, um einen Abschluß für sein Werk zu finden und den Übergang in die moderne Zeit. Ob es die epische Einheit ist oder die elegische Grundstimmung, die ihn bewegt, nach zwanzigjähriger Arbeit zu dem geographischen Ausgangspunkt zurückzukehren, nach Rom, wo der Kontrast antiker Größe zu der Gegenwart der Bettelmönche am Kapitol ihm den Gedanken seines Werkes eingegeben hatte? Was aus neuerer Zeit rühmenswert bleibt, sind nicht die politischen Gestaltungen, sondern die Werke der Künstler. Gerade weil er eine »historia litteraria« des Mittelalters gar nicht geben will und die byzantinische Kultur eher verabscheut als bewundert, endet er mit einer verhaltenen Apotheose der Kunst der Renaissance und der Altertumswissenschaft der Humanisten. Wenn irgendwo, dann hat da die Wiederbelebung der Antike stattgefunden und wird in antikem Geiste Politik betrieben, so vielleicht von England aus oder in den amerikanischen Staaten, deren Freiheitskampf gleichzeitig mit dem Erscheinen der ersten Bände stattfindet, nicht jedoch in Rom und im Mittelmeerraum. Die Geschichte dieser Umwälzung kann nicht als Geschichte eines Fortschritts gelesen werden. Der Geist des Beobachters müsse sich über die Wechselfälle, »the crimes and follies of human ambition« erheben, als wäre ihm »a longer measure of existence« verliehen, sagt er zum Schluß des großartigen 48. Kapitels, worin er sechs Jahrhunderte byzantinischer Kaisergeschichte durcheilte:

> »In a composition of some days, in a perusal of some hours, six hundred years have rolled away, and the duration of a life or reign is contracted to a fleeting moment... and our immortal reason survives and disdains the sixty phantoms of kings, who have passed before our eyes and faintly dwell on our remembrance« (V, 242 f.).

Es ist die Geschichte von Blut, Verbrechen und Wahnsinn, woraus die Dichter des barocken Trauerspiels so gern ihre Stoffe wählen. Ein einziger dieser Herrscher, Johannes Komnenos, habe »virtue« besessen, fünf weitere immerhin noch »vigour«, der Rest von den sechzig gekrönten Häuptern könne nur »wünschen und erwarten, von der Nachwelt vergessen zu werden« (V, 243). Nicht länger Anlaß zur Erbauung sind diese Geschichten, sondern zur nüchternen Analyse, zum Vergleich und zum reflektierten historischen Urteil, das sich über die einzelne Erscheinung erhebt.

Es ist die sorgfältigste und bedeutendste Darstellung des langsamen Niedergangs und endlichen Falles eines Reiches, das einst das größte war und dessen Herrschaft am längsten gewährt hat. Nicht von der Chronologie her, denn es ist ja gerade die christliche Ära und ihre Wirkung auf den Staat, sondern vom Inhalt her ist es eine retrograde Darstellung und eine, welche die Zeit rafft und Überblicke gewährt in der Ausdehnung im Raume über ganze Weltteile und in der Zeit über viele Jahrhunderte. In doppelter Kehrtwendung handelt es sich, wollte man Montesquieus Argumentation gegen Voltaire folgen, um eine Geschichte der Kirche und um eine Mönchschronik: Wie eine Religion den Staat aufzehrt und wie die Regeneration der Antike in den Wissenschaften und Künsten stattfinde, zwar mit den Päpsten der Renaissance, aber gegen das mittelalterliche Christentum. Damit betreibt Gibbon eine Umkehrung der Zeitordnung und bezieht den Verlauf auf eine mögliche Relativierung der Zeit.

Andere vor ihm und nach ihm versuchten, die gleichen Ereignisse anders zu bewerten. Ein vergleichbares Werk der Geschichtsschreibung ist dabei nicht entstanden.

Umkehrung der Zeit

Die vielleicht folgenreichste Kehrtwendung in der Anschauung der Geschichte vollzog sich gänzlich unabhängig von religiösen Vorstellungen und war ihrerseits eine Abwendung von der oft quasireligiösen Antikenverehrung der Renaissance. Sie verändert das Verhältnis zu einer bisher als normativ betrachteten Vergangenheit und setzt dabei andere Distanzierungen bereits voraus. Die mit Petrarca beginnende literarische Renaissance hatte, wie wir uns vor Augen geführt haben, die Kontinuität zur Antike abgebrochen, die noch Dante, kaum mehr als eine Generation zuvor, auf einen glanzvollen Höhepunkt ihrer Konzeption geführt hatte.

Was auch immer sich in der Zeit dazwischen ereignet hat, es war kein fortschreitender Verlust antiker Elemente, im Gegenteil, man besann sich auf sie. Man war weit darin gegangen, in der bildenden Kunst antike Elemente zu christianisieren und dem Christlichen antike Würde zu verleihen, dem Denken antike Argumente und Begriffe zu geben. Man fühlte sich, stärker als in den Jahrhunderten zuvor, als nunmehr legitimer Erbe der Antike. Die mittelalterliche Vorstellung, daß die Modernen, obwohl sie weiter blickten als die Alten, doch Zwerge auf den Schultern von Riesen seien, galt nicht mehr. Sie widersprach der Selbsteinschätzung wie dem plastischen Gefühl, und man kann es in der bildenden Kunst daran verfolgen, daß die Stifterfiguren im Vergleich zu den Heiligen aus der Verkleinerung zum gleichen Maßstab emanzipiert werden.

Die vielfältigen Beziehungen zur Vergangenheit lassen sich nicht an den führenden Werken einer oder weniger Gattungen allein beschreiben. In Petrarcas 14. Jahrhundert kann eine kürzlich ausgegrabene antike Statue, die man in Siena aufgestellt hatte, noch so »mittelalterlich« als Teufelswerk und böser Talisman empfunden werden, daß die Sienesen, allerdings nach einer Niederlage, das Bildnis zerschlagen und die Stücke heimlich auf feindlichem Boden vergraben, wie Ghiberti im nächsten Jahrhundert mit dem Erstaunen des Gebildeten berichtet.

Es dauerte auch von Petrarca aus etwa fünf Generationen, bis in der Kunst und, vereinzelt, ein wenig früher in der Literatur das schmerzliche Gefühl der Entfernung sich zu jenem »Denkraum der Besonnenheit« (Aby Warburg) durchgebildet hatte. Dann erst, und sogleich wieder bedroht, war eine objektivierte Distanz zur Antike geschaffen. Erwin Panofsky hatte für die gesamte Zeit des Mittelalters und ihre vereinzelten »Renaissancen« der Antike an den Werken der bildenden Kunst ein Prinzip der »Disjunktion« herausgearbeitet:

»wo immer im hohen und späten Mittelalter ein Kunstwerk seine Form einem antiken Vorbild entlehnt, erhält diese Form fast ausnahmslos eine nichtantike, gewöhnlich christliche Bedeutung; wo immer im hohen und späten Mittelalter ein Kunstwerk sein Thema der antiken Dichtung, Sage, Geschichte oder Mythologie entlehnt, ist dieses Thema ausnahmslos auf nichtantike, gewöhnlich zeitgenössische Weise dargestellt.« (Panofsky, *Die Renaissancen der europäischen Kunst*, S. 90)

Erst im 15. Jahrhundert in Italien und kaum vor dem 16. Jahrhundert in den Ländern nördlich der Alpen kann beides vereinigt werden. Antike Themen wie die Planetengötter und Szenen der Mythologie werden nicht mehr anachronistisch in gotisch-burgundischem Kostüm dargestellt, sondern in einer erneuerten antiken Weise. Und alsbald wird ein bewußter Anachronismus idealer Gleichzeitigkeit möglich, der es erlaubt, Gestalten der Gegenwart mit solchen aus der Antike zu vereinen oder sie dafür als erkennbares Modell zu nehmen, wie es Raffael in der *Schule von Athen* getan hat. Und Poliziano kann über seinen eigenen lateinischen Stil sagen: »Non Ciceronem imitabor, sed me exprimo.« In den klassischen Formen sich selber frei auszudrücken im Selbstbewußtsein einer Gegenwart, die von der Antike sich nicht lediglich abhängig fühlt, sondern ihr Bestes mit dem, was andere Kulturen im alten und neuen Orient und im Mittelalter schufen, zu einem allseitigen und vollkommenen Neuen zu vereinigen ist das hohe Ziel dieser Zeit.

Das setzt gewiß voraus, daß die klassische Antike, deren Konzeption ja erst das Ergebnis dieser Distanzierung ist, oder eine einzelne antike Gestalt erkennbar geworden ist, in meßbarem Abstand von der Gegenwart und in bestimmbarer Relation zu anderen Gestalten oder Zeiten davor und danach. Es lag nahe, diese Objektivierung mit der von geometrischen Körpern im unbegrenzten, homogenen Raume zu vergleichen, die zu eben dieser Zeit, vom 14. Jahrhundert an und methodisch streng im 15. Jahrhundert, ausgearbeitet wurde (Panofsky, *Studies in Iconology*, 1939, ^{2}1972, S. 27f.). Die Evidenz dieser Analogie im historischen Denken zu erweisen ist jedoch weit schwieriger als bei Tafelbildern.

Eine gegliederte Zeitordnung in die Vergangenheit hinein, anstelle einer einlinigen natürlichen wie der Geschlechterfolge eines Stammbaums aus ihr heraus, wäre wohl erforderlich. Die sechzehn Generationen des Hekatäus, nach welchen er seine Abstammung schon von einem Gott herleitet, und die 350 Generationen der ägyptischen Priester, die dabei immer noch menschliche Abkunft behaupten, ohne darum sehr an Wahrscheinlichkeit zu gewinnen, die Geschichte eines Volkes der Juden, ehe es dieses Volk gegeben hat (vgl. Julius Wellhausen, *Israelitische und jüdische Geschichte*, 8. Ausg. 1921, S. 10), die Herleitung der Gegenwart von der Erschaffung der Welt an bei einem mittelalterlichen Chronisten, die vom Alten Testament ins Neue, von den Aposteln zu den Bischöfen, von den römischen Kaisern zu denen »ex gente Francorum«: das ist Mythologie und manchmal eine Form des Beziehungswahns, nicht distanzierte historische Anschauung. So werden Traditionen gebildet, darin lebt das kulturelle Selbstbewußtsein. Die Geschichte ist kein homogener Raum, und wer sich selbst auf eine abgrenzbare Gestalt oder Epoche bezieht, der tut es nicht, indem er den entfernten Gegenstand in gleichmäßiger Verkürzung auf ebenem Planquadrat mit starrem Auge betrachtet, sondern in einer energetischen Bewegung, die den Abstand überwindet und sich dem Gegenstand gleichstellt.

Homogen ist nicht die Zeit als Äquivalent des Raumes, homogen und mithin vergleichbar sind die Bedingungen des Handelns und die Veranlagung des Menschen, seine Leidenschaften und seine Kräfte. Unter dieser Voraussetzung ist die Welt stets neu, und nichts ist unmöglich, was einmal wirklich gewesen ist. Der Mensch hinge nicht ab von einer anfänglichen Offenbarung des Richtigen, die vielleicht in Verlust geraten ist, und er bliebe nicht gebannt von einer vergangenen Größe, die für immer dahin wäre. Er kann die Gedanken eines anderen aufnehmen und Zwiesprache halten mit den Geistern der Vergangenheit. Und dabei bliebe es nicht. Die unermüdliche Anstrengung erlaubte ihm, die früher gewonnene Erkenntnis um die eigene zu vermehren und Ergebnisse zu erzielen, die das Beste der Vergangenheit überragten.

Diese Überzeugung setzt sich im 16. Jahrhundert durch. Man hat Erfolge aufzuweisen, welche in der Astronomie und Physik, mit der Entdeckung der Neuen Welt, mit Buchdruck und Artillerie und der entwickelten Medizin die Antike nicht nur erreicht, sondern überboten haben. Damit ändert sich, durch diese Erfolge motiviert, die perspektivische Ansicht der eigenen Zeit. Anstatt die ›Alten‹ als fortdauernd alternd zu betrachten, sieht man sich selbst als spätes Glied in einem schon lange währenden Verlauf. Dabei erscheinen die ›Alten‹ als jung im Gange der Welt und man selber als alt in ebendiesem imaginären Prozeß. Das stolze Bewußtsein der Überlegenheit über die allzulange verehrten Autoritäten kann plötzlich umschlagen in das Gefühl verminderter Fruchtbarkeit und abnehmender Kräfte.

Die Konzeption eines unbegrenzten Raumes, der homogen ist und mithin keine bevorzugten Richtungen hat, mit der Zeitvorstellung der späten Renaissance analog zu setzen (wie es William von Leyden in seiner Studie *Antiquity and Authority* tut), um den »historischen Perspektivismus« zu erklären, ist problematisch. Gewiß wird aus der blinden Verehrung der religiösen Offenbarung und Tradition sowie der antiken Größe und Schönheit eine differenzierende Bewunderung. Der Ort eines Werkes oder eine Quelle alter Zeit in der Relation des Früher oder Später wird erkennbar. Die an Kriterien orientierte Plazierung innerhalb eines Verlaufes, den man später »Entwicklung« nennen wird, z. B. der lateinischen Sprache, woran Lorenzo Valla und Nikolaus von Kues die Fälschung der sog. Konstantinischen Schenkung bemerken und nachweisen, hat ein räumliches Analogon. Aber es entspricht doch nicht den Eigenschaften des Euklidischen Raumes, eines reinen Denkkonstruktes im Gegensatz zu dem anschaulichen und selbst bis zu Kepler noch ›wirklichen‹ Aristotelischen Raum der Örter. Dem Raum Euklids, der mit der Perspektive von Brunellesco, Alberti und den Brüdern van Eyck auf einmal als der wirkliche Raum gilt, entspräche eine entgrenzte Zeit vieler Welten ohne den Beginn ihrer Erschaffung und das Ende des Jüngsten Gerichts. Diese kühne Folgerung hat zuerst Giordano Bruno gezogen, der auch zu den Umwertern der Autorität der Antike gehört, ohne deren erster zu sein und ohne daß die anderen schon, etwa seit Vives, die naheliegenden Schlüsse gewagt hätten.

Die Vorstellung eines überindividuellen Bewußtseins, das mit den Erkenntnissen zunehme, die einzelne gewonnen haben, also somit wachse oder sogar ›fortschreite‹, ist neuplatonisch. Sie wurde erst spät als Gleichnis wieder aufgenommen, von Pascal in der Vorrede zum *Traité du vide* (*Œuvres complètes*, Pléiade, 535 f.), dessen Handschrift Leibniz kannte. Sie setzt den Cartesischen Begriff einer wirklichen Unendlichkeit voraus, den sie mit dem theologischen Begriff einer Unendlichkeit Gottes verknüpft, und nimmt den Menschen, wie ihn die Anthropologie der Renaissance konzipiert hatte, das im Gegensatz zu den Tieren nicht bestimmte und begrenzte Wesen, als in Wahrheit nur »für die Unendlichkeit geschaffen«. Das ist der Mensch, wie Vives und Bacon ihn dachten, als sie das Paradox der jungen Antike und des Alters der gegenwärtigen Zeit prägten, gewiß nicht.

Daß die Wahrheit erst mit der Zeit zutage trete, was die Formel »Veritas filia temporis« ausspricht, ist ursprünglich nicht auf die Geschichte bezogen, sondern auf begrenzte Ereignisverläufe. Die verborgene Untat bringe die Zeit, »die alles sieht und alles hört« (Sophokles) ans Licht, als ein längst Geschehenes, das oder dessen Urheber nur noch nicht in Erfahrung gebracht wurde. So verstehen es die antiken Beispiele. Zu einer häufig dargestellten Allegorie des Barock (vgl. Fritz Saxl, »Veritas filia Temporis«, in: *FS Ernst Cassirer*, 1936) wird es erst nach dem Paradox des 16. Jahrhunderts oder, wenn man will, mit der – endlich – realistischeren Einschätzung des Zeitverlaufs, bei welchem mit zunehmendem Alter auch die Summe der Erkenntnis und Erfahrung wachse. Aber während Chronos alt ist, ist die Wahrheit, die er entschleiert, jung. Sie hat nicht das Alter des Sachverhalts, auf den sie sich stützt, sondern die Jugendfrische der Erkenntnis, die jetzt gewonnen wird. Sie ist das ersehnte Geschöpf eines späten Alters. Die Überlieferung der Stelle bei Aulus Gellius (*Noctes atticae*, XI, 11, 7) enthält die charakteristische Eigenheit, daß der Name des alten Dichters, der es gesagt habe, dem Gedächtnis entfallen sei: »Alius quidam veterum poetarum, cuius nomen mihi nunc memoriae non est, Veritatem Temporis filiam esse dixit.«

Die Ambivalenz der Zeitrichtung schon im Sprachgebrauch ist neueren wie alten und orientalischen Sprachen gemeinsam. Die Vorzeit liegt hinter uns, die Nachwelt haben wir vor uns. Einerseits muß die Sprache zur Veranschaulichung der Zeitverhältnisse auf räumliche Metaphern zurückgreifen. Andererseits ist das Bezugssystem nicht eindeutig, ob wir ruhen und die Zeit sich bewege, ob wir uns in der Zeit, mit ihr oder gegen sie bewegen. Daher sind die Ausdrücke ambivalent.

Man kann die Zeit als ruhend und sich selber als von ihr bewegt empfinden oder selber unbewegt im Strome der Zeit verharren. Beides sind ungewöhnliche, eher mythologische Formen extremer Zeitwahrnehmung. Goethe hat sie in der klassischen Walpurgisnacht in Chiron und Mantho, mit einer weiteren Variante in Proteus und Galathea verkörpert. Der Strom seinerseits, mit dem wir uns in ungleicher Geschwindigkeit bewegt fühlen können, so daß wir bald die Zeit einholen möchten, bald von ihr ereilt werden, kann auch in umgekehrter Richtung empfunden werden, auf uns zu fließend und uns zu verschlingen drohend. Derartige Bewegungsrichtungen der Zeit, denen Erfahrungen und Obsessionen entsprechen, aber keine Kriterien zur Entscheidung der »richtigen« oder »falschen« Empfindung, prägen das Daseinsgefühl und die Weise, wie es sich äußert und damit auch unterschiedliche Stile der Kunst und ihnen entsprechende Mentalitäten.

Völlig entgegengesetzte Gefühle drohenden Untergangs, bezwungener Gefahr oder sicherer Steuerung durch den Strom der Zeit können gleichzeitig oder doch sehr nahe beieinander selbst bei ein und demselben Individuum auftreten. Das bedeutet aber nicht, daß derartige qualitative

Zeitrichtungen gleichwertig seien wie die Richtungen im Raume und daß sie beliebig gewechselt werden können. Auch im Wahrnehmungsraum sind anders als im euklidischen schon links oder rechts, geschweige oben und unten und hinten und vorn nicht vertauschbar, denn da sind sie qualitative Bewegungsrichtungen, und ihre Umkehrung ist nur hypothetisch möglich. Der Historiker empfindet wie andere auch die Zeit als aus der Vergangenheit durch die Gegenwart hindurch in die Zukunft fließend, als subjektives Zeitbewußtsein, oder aus der Zukunft auf sich zukommend, wenn er an die objektive Zeit der eintretenden Ereignisse denkt. Seine eigene Bemühung freilich verläuft jeweils im Gegensinn. Von der Gegenwart aus muß er, subjektiv, zu den ältesten Überlieferungen zurückgehen, um von dort aus mit der objektiven Folge der Verursachung bis zur Gegenwart voranzuschreiten.

Auf diese Weise mit der Zeit der Überlieferung rational zu verfahren und das überprüfbare Wissen aus historischer Zeit der unbestimmten mythischen Zeit der Meinungen und Sagen abzuringen, versuchten die frühen griechischen Historiker seit Hekatäus von Milet. Das setzt die Vorstellung kontinuierlicher, im wesentlichen gleichartiger Zeit voraus und arbeitet mit gegenläufigen Schlußfolgerungen aus der Gegenwart in die Vergangenheit hinein. Herodot war stärker vom Wechsel in der Geschichte bestimmt, daß Großes klein und Kleines groß werden kann, worin er ein allgemeines und gleichmäßig gültiges Gesetz göttlicher Vergeltung sah. Dabei unterschied er die weit entfernten Zeiten, über welche es keine sicheren Nachrichten gebe, von der näherliegenden Vergangenheit, die sich überblicken und beurteilen lasse. Thukydides ging weiter in der Skepsis gegenüber der Erforschbarkeit des Vergangenen und beurteilt in seinem eigenen Bericht über die Vorzeit (die sog. Archäologie zu Beginn seines Werkes) und die Vorgeschichte der letzten fünfzig Jahre (die Pentekontaetie) die Wahrscheinlichkeit einer Tatsache nach den Erfahrungen der Gegenwart. Dabei übt er Kritik an der subjektiven Mythendeutung des Hekatäus und an der Leichtgläubigkeit Herodots. Seine eigenen Maßstäbe sind so streng wissenschaftlich, daß sie ausgerechnet im Historismus der Moderne gelegentlich als schon nicht mehr historisch angesehen werden konnten. Die Geschichte gebraucht er, um die allein erforschbaren gegenwärtigen Ereignisse zu erklären; umgekehrt läßt sich die Überlieferung der Vorgeschichte nur aus der Erfahrung der Gegenwart erhellen.

Ein historischer Perspektivismus, der die Qualitäten verschiedener Epochen differenziert abstufen kann und in der Lage ist, die Entfernung zwischen der Gegenwart und der Vergangenheit in beiden Richtungen methodisch zu durchschreiten, ist in der klassischen griechischen Historiographie erworben worden. Er beruhte auf der Überzeugung von der wesentlichen Gleichartigkeit der Menschen zu verschiedenen Zeiten und der Zunahme der Erkenntnis ebenso wie der Größe politischer Auseinandersetzungen mit der Zeit. Die Vorurteile, die das historische Denken des Mittelalters und der Renaissance abzubauen hatte, um zu einer objektiven Relation der eigenen Zeit zur Vergangenheit zu gelangen, bestanden gar nicht. Die mythische Zeit war der antiken Aufklärung weniger machtvoll gegenwärtig als die Antike selber oder zuvor die theologische Überlieferung einer späteren Zeit. Der Kronzeuge für den antiken historischen Perspektivismus ist jedoch eine singuläre Gestalt, ähnlich wie Archimedes es für das mathematische Denken ist: Thukydides zu würdigen ist selber ein Jahrtausendereignis, das die Renaissance voraussetzt, um darauf in einzelnen Disziplinen über die Antike hinauszuwachsen und ein Bewußtsein der eigenen Erkenntnis zu formulieren.

Man wird sich nicht mit einer allgemeinen Analogie zur räumlichen Perspektive begnügen können, wenn man das zeitliche Verhältnis bei der Bewertung der Antike untersucht, sondern man wird ins einzelne differenzieren müssen und vor allem einmalige Erscheinungen nicht als ein für allemal erworbenen Besitz ansehen dürfen. So wie die Erfindung der perspektivischen Konstruktion in der Malerei nicht verhinderte, daß man dort, wo die Erfindung gemacht worden war, hundert Jahre lang fast ausschließlich »falsche« Perspektiven zeichnete, so blieb auch die historische Erkenntnis zunächst unberührt von einzelnen Einsichten. Die Perspektive hatte vor allem nicht bewirkt, daß der Raum der unmittelbaren Wahrnehmung anisotrop und inhomogen geblieben ist. Die mögliche wissenschaftliche Einsicht ist in ihrer Anwendung begrenzt und setzt ein methodisches Vorgehen voraus, ohne die unmittelbare Anschauung ersetzen zu können. Viele und auch berühmte Denker suchten trotzdem die verlorene Weisheit der Antike und sogar auf Spuren, die als Fälschung erwiesen sein konnten, wie es nach Casaubons Entlarvung mit den pseudo-hermetischen Schriften der Fall gewesen ist, als aus dem Bewußtsein der erlangten Einsicht der neueren Zeit das Verhältnis zu den Alten nicht ohne polemische Absicht umgekehrt wurde.

Dabei steht die Evidenz eines wachsenden überindividuellen Bewußtseins, welches die Neueren in Wahrheit alt und die Antike jugendlich erscheinen läßt, vor nicht geringeren Schwierigkeiten als die gegenteilige. Ein klassischer Text wächst und verändert sich mit der Autorität seiner Auslegungen im Laufe der Zeit nicht weniger, als eine spätere Epoche die Kenntnisse der früheren sammelt und auf ihnen aufbaut. Diese Evidenz bedarf der Erfahrung, daß die antike Erkenntnis nicht unbeachtet blieb, sondern verarbeitet und vermehrt wurde. Sie ist selber Produkt eines historischen Prozesses, den sie dann auch beschreiben kann.

Kaum einer hat es schöner und mit größerer Berechtigung ausgesprochen als Kepler in der *Harmonice Mundi*, wo er sich in das Schicksal ergibt, vielleicht nicht sogleich verstanden zu werden, sondern hundert Jahre auf seinen Leser warten zu müssen, da doch Gott selber sechstausend Jahre eines verständigen Betrachters seiner Schöpfung geharrt habe: »Si agnoscitis gaudebo; si succensetis feram: jacio in aleam, librumque scribo, seu praesentibus, seu posteris legendum, nihil interest: expectet ille suum lectorem per annos centum, si Deus ipse per annorum sexa milia, contemplatorem praestolatus est« (*Opera omnia*, p. 267).

Hier fehlt völlig die oft beschworene zyklische Zeitvorstellung der Renaissance ebenso wie die Niedergangsfurcht des 17. Jahrhunderts. Es scheint nicht denkbar, daß die einmal erreichte Erkenntnis wieder verlorengehe, auch nicht, daß sie schon einmal dagewesen sei, so sehr gerade Kepler sonst sich bemüht, etwa Kopernikus mit seinen antiken Vorgängern in Beziehung zu setzen. Eine wahrscheinliche Vermutung in die Zukunft zu richten, wobei man von der Kenntnis des Vergangenen ausgeht, ist nun ebenso gut möglich geworden wie eine chronologisch meßbare Erkundung der Vergangenheit, bei der man verschiedene, bestimmbare Standpunkte einnehmen kann.

Der erste wohl, der einen historisch bestimmbaren Sprachstand bewußt rekonstruiert, nicht zur Nachahmung oder gar Fälschung oder umgekehrt zur Enthüllung einer solchen, sondern der freien Erkenntnis und des mit ihr verbundenen Genusses wegen, ist Josephus Scaliger. Er hat die überlieferten orphischen Gedichte aus dem Griechischen in das von ihm erschlossene Altlatein der entsprechenden Zeit übersetzt. Er tat es, weil sie nur in diesem, nicht aber in dem der Humanisten oder dem von Cicero und Horaz ihre historische Umgebung haben. Damit ist eine freie Verfügung über einen Stand der Sprache erreicht, der nicht der augenblickliche und selbstverständliche ist, auch nicht der schlechthin vorbildliche, zwischen welchen Möglichkeiten Petrarca schwankte und die er zu vereinen suchte. Erschließbar wie seit Lorenzo Valla schon und auch zu erneuern sind nunmehr abgegrenzte Zustände auch vorklassischer Zeit.

In der Malerei hatte am Ende des 15. Jahrhunderts Mantegna so etwas getan, als er römische Szenen, Triumphzüge, die historische Umgebung einer Kreuzigung oder eines Sebastian archäologisch korrekt wiedergab. Kleidung, Waffen, Architektur und Inschriften sind stilecht, soweit es überhaupt damals in Erfahrung zu bringen war. Und antiquarische Forschung wurde mit großer Genauigkeit (Theodor Mommsen übernahm von Mantegna und Felice Feliciano aufgezeichnete Inschriften in sein *Corpus Inscriptionum*) und in erstaunlicher Vielfalt betrieben. Sie schlug sich in vielen einzelnen Traktaten seit Beginn des 16. Jahrhunderts nahezu definitiv nieder, die dann am Ende des 17. Jahrhunderts gesammelt wurden in den großen *Thesauri antiquitatum* von Graevius und Gronovius.

In der Hochrenaissance, eine Generation nach Mantegna, hat man Fragen des historischen Kostüms weniger streng behandelt. Nachdem man lange schon Gebärden der antiken Ausdruckssprache manchmal vereinzelt und ein wenig unvermittelt in gotisierend moderne Ensembles übernommen hatte und andererseits antike Werke variierend nachzuahmen verstand, ging die Absicht nun auf die Erneuerung des erkannten antiken Ideals der Schönheit in einer sei es idealisierend zeitlosen, sei es ausgesprochen gegenwärtigen Umgebung. Was die Maler von der Antike gelernt hatten, stammte aus der Plastik und Architektur, und sie hatten es selbständig in malerische Techniken zu übersetzen. Für ihre eigene Aufgabenstellung bot die Antike kein erhaltenes Vorbild. So schufen sie ein eigenes Ideal. Wie die Maler des 14. und 15. Jahrhunderts die Pathosformeln umgekehrt hatten in einer, wie Aby Warburg es nannte, »energetischen Inversion« und aus magischen und apotropäischen Gebärden solche des Gefühlsausdrucks, der Trauer oder des Triumphes machten, so erhielten nun auch die Bilder paganer Thematik den Ausdruck gesteigerter Innerlichkeit, für welchen zuvor antike Haltungen verwandelt wurden, um christliche Themen zu erhöhen. Aus dieser Arbeit der Kunst kehrten die antiken Motive bereichert zu ihren angestammten Themen zurück, um sich zu zeitloser Idealität zu erheben. Es sind keine historischen Bilder mehr, die sich an der Echtheit des Kostüms und des architektonischen Rahmens orientieren, und noch weniger ikonographisch der Tradition verpflichtete, wenn Lionardo ein Thema der heiligen Geschichte, Raffael eine *Schule von Athen* oder Michelangelo ein durch die Zeiten in die Zukunft vorstoßendes Werk wie das *Jüngste Gericht* malen, und noch weniger sind es naive Anachronismen und Übersetzungen in die Gegenwart, wie es bei den flämischen und rheinischen Malern der Fall ist. Wir stehen vor etwas gänzlich Neuem, das begriffen werden muß und wozu die technische Analogie von perspektivischer Raumdarstellung und historischem Perspektivismus keine Lösung bietet, sondern allenfalls hilft, das Problem zu erfassen und richtige Fragen zu stellen.

Der damals erreichte Stand malerischer Darstellung, der die genaue Kenntnis antiker Werke voraussetzt und doch frei mit ihnen umgeht, wobei etwas geschaffen wird, vor dem die Kriterien der Genauigkeit oder der historischen Treue – »fides historica« hatten die philologischen Zeitgenossen das mühsam errungene Prinzip stolz genannt – ebenso wie die des Anachronismus verblassen. Das wesentliche Interesse hatte sich abgewandt von der Erforschung eines vergangenen Zustands schon erreichter Idealität in sichtbar gewordenen Grenzen, um die Bedingungen erreichbarer Idealität zu erforschen und darzustellen. Dabei wird die an der Antike gewonnene Anschauung mit den spätantik-christlichen und mittelalterlichen Formen gesteigerter Innerlichkeit auf die modernen Gegebenheiten projiziert und in eine offene Zukunft verlängert.

Diese in der bildenden Kunst sichtbar und überzeugend erlangte Idealität der Auffassung des Menschen hat ein Äquivalent in der historisch-politischen Literatur ihrer Zeit.

Die Zeit gleicher Handlungsbedingungen

Unter dem Druck der Vorstellung, daß man auf ein Ende zu lebe und die bemessene Zeit verbrauche oder daß man im Vergleich zu einer glanzvollen Vergangenheit in einer Zeit schmählichen Elends lebe, oder daß die Zeit bewußten menschlichen Handelns nur das Unglück der Geschichte und unserer Gegenwart erzeugt habe, ist eine offene Zukunft der Möglichkeit sinnvollen Handelns nur schwerlich oder in engen Grenzen auszudenken. Es müssen dazu andere Bedingungen geschichtlicher Anschauungen gegeben sein: gegen das erste Beispiel eine höhere, wenn auch nicht ausschließliche Bewertung irdischen Handelns, gegen das zweite eine Bewunderung der Vergangenheit, die nicht lediglich Verehrung ist, sondern Analyse betreiben will, und gegen das dritte ein Urteilsvermögen, welches nicht das Ganze verdammt, um sich selbst seiner guten Absicht wegen zu exkulpieren. Das wären zunächst ganz gewöhnliche Bedingungen, wenngleich gerade nicht diejenigen, welche die von uns beobachteten historischen Ansichten geprägt haben. Sie bedürfen weiterer Bestimmungen, um eine Haltung zu beschreiben, die im 16. Jahrhundert zuerst in Italien und bald darauf auch in den humanistischen Zentren nördlich der Alpen vereinzelt möglich ist, was sie zuvor nicht war und was sie auch im Umkreis der Reformation und der beginnenden Religionskriege nicht sein wird.

Machiavelli (1469–1527) ist der erste, der die Antike in einem perspektivischen Abstand wahrzunehmen und für einzelne Fälle politischer Entscheidungen mehrere Möglichkeiten argumentativ zu erörtern vermag. Im Widmungsbrief des *Principe* (1516) benutzt er sogar ein Gleichnis aus der Perspektive der Maler, um zu rechtfertigen, daß er selber trotz seines geringen Standes über das richtige Verhalten von Fürsten schreibe. Wie die Landschaftsmaler die Berge von der Ebene her aufnehmen und die Ebene von den Bergen herunter, so kenne ein Fürst wohl das Volk, jedoch nicht seinen eigenen Stand. Noch bedeutungsvoller ist es, daß Machiavelli Handlungsmaximen auf die Situation bezogen erwägen kann. Es ist die ihm eigentümliche Methode, die er so scharfsinnig und vielfältig durchführt, daß er durch seinen bloßen Namen schon die Nachwelt lange Zeit in Schrecken versetzt. Hier genüge ein Beispiel: ob Milde oder Härte eines Feldherrn geeigneter sei, die Disziplin seiner Truppen zu erhalten. Hannibals Härte erscheint ihm als das sicherere und erfolgreichere Vorgehen, während er die Milde des sonst in der Renaissance bedingungslos verehrten Scipio für gefährlich hält und es nur seiner besonderen Lage zuschreibt, daß sie ohne schädliche Folgen blieb.

Das ist neu und in der Weite der Anwendung ohne Beispiel. Nicht ein Verhalten, das doch als Tugend gilt und dazu noch vom Erfolg gekrönt wurde, wird der Nachahmung empfohlen, sondern das minder beliebte, das zwar sicherer sein soll, aber an einem Feldherrn erläutert wird, der letztlich gar nicht siegen konnte (Kap. XVII). Der ungeheure Abstand zu Petrarcas vom Gefühl bestimmter Antikenverehrung wird hier sichtbar, und zugleich, daß hier von einer anderen Welt gesprochen wird als der, die Augustin vor Augen hatte. Die christlichen Tugenden, das glaubt Machiavelli in der Gegenüberstellung von »unbewaffneten« zu »bewaffneten Propheten« aus der Geschichte zu lesen, haben die alte Welt geschwächt, und sie mindern in dem Maße, wie sie sich durchsetzen, die militärischen und politischen Kräfte eines Volkes, die der Italiener schon mehr als die der Franzosen seiner Zeit und diese wiederum mehr als die der Deutschen oder Schweizer.

Das perspektivische Verhältnis zur Antike wird aber nicht dadurch bestimmt, daß die Antike lange Zeit hindurch groß gewesen sei und Vorbilder geliefert habe, sondern daß sie es von Natur aus war, während die Moderne, wenn sie ebenfalls groß werden will, es durch Überlegung und durch geeignete Verfahren gegen ihren natürlichen Hang tun müsse. Das eigentümliche Pathos Machiavellis scheint weniger aus der Liebe zu einem politisch gar nicht vorhandenen Vaterland oder aus der Neuheit eines wissenschaftlichen Verfahrens in der Politik zu stammen als vielmehr aus dem Bewußtsein, nicht daß man Verfassungen machen könne, sondern daß keine brauchbaren Verfassungen vorliegen und man sie gar nicht anders denn als Konstrukt konzipieren könne. Darin wird man nicht den ästhetischen Rückzug eines von der Wirklichkeit Enttäuschten sehen, sondern die einzig mögliche Behauptung gegen die Realität bei einem, dem die Stellung politischer Macht versagt blieb, worin er seine ungewöhnlichen Fähigkeiten hätte erweisen können. So ist eine Theorie von einem hohen Grad ästhetischer Durchbildung entstanden, die darum nicht weniger klar politisches Handeln beschreibt und zu beurteilen erlaubt.

Die rationale Analyse politischer Situationen geht so weit, daß sie vom Historismus aus als ›unhistorisch‹ angesehen werden konnte. Vom mittelalterlichen Kontinuitätsdenken hat Machiavelli sich jedoch ebenso wie von der Antikenverehrung der Renaissance entfernt, und er ist wohl der erste, der die deutliche historische Markierung durch die Völkerwanderung begreift und seinem eigenen Geschichtswerk, den *Istorie fiorentine* zugrunde legt. Andererseits ist er der erste Historiker, der nicht in einer Deklamation, sondern durch die Darstellung selbst die Geschichte seiner Vaterstadt als die eines einheitlichen lebendigen Organismus in den sie fast zerreißenden Gegensätzen, die doch die Bedingung ihrer einzigartigen Größe und Individualität sind (das zweite und dritte Buch), zu erweisen vermag.

Dabei ist es notwendig, wiewohl durch die Tradition des Historismus nicht leichter geworden, nicht der geläufigen falschen Alternative zu verfallen, sondern zwischen der Einzigartigkeit einer Entwicklung und der Konstellation von Komponenten zu unterscheiden bei der Überzeugung von dem gleichbleibenden Charakter der Menschen, d. h. vor allem ihrer Leidenschaften zu jeder historischen Zeit. Die Gleichartigkeit ist keineswegs die von »Mentalitäten«, denn gerade Machiavelli sieht schärfer als andere, wie diese sich, etwa unter dem Einfluß des Christentums, verwandeln können. Die Gleichheit, die er behauptet, ist keine faktische, sondern eine der Möglichkeit nach, als Voraussetzung eines der Antike vergleichbaren großen Handelns. Dazu sind Maßnahmen nötig, die er durch die Verfassung und militärische Übungen zu treffen gedenkt. Was in der bei Livius geschilderten römischen Republik von selbst ging oder sich durch bloßes Festhalten am Überkommenen gegen gefährliche Neuerungen durchsetzte, hat nun einen anderen zeitlichen Status bekommen.

Jede einzelne Handlung muß durch Analyse und das Abwägen verschiedener Möglichkeiten an den Bedingungen des Handelns und der Konstitution der Affekte geprüft und gegen eine dem widerstrebende christliche Überlieferung behauptet werden. Savonarolas politischer Einfluß und sein Scheitern (1498) als »unbewaffneter Prophet« ist für Machiavelli das faszinierende Beispiel eines Handelns nach anderen Gesetzen, welches sich der, wie wir heute sagen würden, ideologischen und charismatischen Vorteile einer religiösen, ja nahezu prophetischen Verkündigung bedient, ohne sich gegen den inneren wie äußeren Widerstand durchsetzen zu können. Die Zweckrationalität der antiken politischen Tugenden, die man bei den »bewaffneten Propheten« Moses oder Mohammed durchaus findet, war somit nicht widerlegt. Und man könnte sich ausmalen, mit welchem Interesse Machiavelli das Wirken Calvins in Genf verfolgt hätte, würde er so lange gelebt haben.

Wir sind bei unserer Erörterung des Prinzips der »Disjunktion« antiker Themen und Motive in der politischen Theorie und Geschichtsschreibung vorausgeeilt bis zu einem wesentlich neuen Verhältnis. Dabei war selbstverständlich die antike Kostümierung politischer Reden und militärischer Taten mit einem stilechten Aussparen christlicher Begriffe in dem Bürgerhumanismus besonders des florentinischen 15. Jahrhunderts erreicht, bei den auch literarisch wirkenden Staatskanzlern Leonardo Bruni (1369–1444) und Coluccio Salutati (1339–1406) in ausgeprägtem Maße, bis zur Latinisierung nicht nur der Namen, sondern auch der Waffen, die es in der Antike gar nicht gegeben hatte. Aber einen Gegenstand der politischen Welt in plastischer Körperlichkeit darzustellen, als ob er antik sei, ist nur die eine Hälfte eines perspektivischen Verhältnisses. Ihn in Relation zur erforschten Antike zu bringen und ihn doch in seiner Gegenwärtigkeit zu begreifen, in seiner Bedrohtheit und in seiner modernen, selbstbewußten und kunstseligen Individualität, wie Machiavelli es mit dem florentinischen Staat nach dem Tode des Lorenzo il Magnifico (1492) getan hat, ist gänzlich neu. Es setzt den reflektierten Abstand zu einer in gelehrter und künstlerischer Arbeit wiedergewonnenen Antike schon voraus. Und ebenso die einzigartige politische Kultur, die in dem Kreis politisch und diplomatisch tätiger Humanisten in den »Orti Oricellari« gepflegt wurde. Dabei wurde mit den Begriffen der antiken politischen Theorie, besonders des Aristoteles, die seit etwa 1400 von Leonardo Bruni betriebene Idealisierung der florentinischen Republik und ihre innere Absicherung gegen den drohenden Verfall im polybianischen Kreislauf der Verfassungsformen wieder aufgenommen, ohne doch seine naive Antikisierung teilen zu können. Und das nicht nur, weil heftige Krisen dazwischengetreten waren, sondern weil das Bewußtsein der eigenen Individualität sich seit dem Ende des 15. Jahrhunderts außerordentlich stark entwickelt hatte.

Dieses Bewußtsein äußert sich nicht erst dann, wenn die Leistungen der eigenen Zeit im Vergleich zu denen der Antike als größer erscheinen und die Gegenwart alt, verglichen mit der Jugend einer früheren Epoche. In dieser Auffassung wird man eher eine polemische und deklamatorische Umkehrung erblicken als schon einen Gewinn an Erkenntnis. Es spricht sich darin zudem ein Wechsel der beispielhaften Disziplinen aus, denn so leicht ist die Antike, wenn man sie wirklich kennt, nicht auf allen Feldern zu übertrumpfen. Bis zur Mitte des 16. Jahrhunderts dauerte es, ehe man überhaupt und immer noch in Ehrfurcht und Abhängigkeit die antike Architektur zu überbieten versuchen konnte. Und dazu bedurfte es Michelangelos und des Gedankens, das Pantheon auf das Colosseum zu türmen. In der Plastik schien es auch nicht eher vorstellbar zu sein, ebensowenig in der politischen Theorie und den allenfalls konkurrenzfähigen staatlichen Gebilden.

Dabei ist die Beziehung auf die Antike nicht das ausschlaggebende Element für die Analyse. Guicciardini ist in der Zergliederung der Handlungsmotivationen, in seinem alle moralischen Vorwände durchdringenden politischen Urteil und in der oft geradezu erschreckenden Objektivität und Nüchternheit gewiß nicht weniger exakt. Sein Realismus ist eher stärker, und in seiner Beurteilung der *Discorsi* Machiavellis vermutet er, daß dessen Antikenbegeisterung den Blick auf die Wirklichkeit mehr trübe als schärfe. Die Beziehung auf die Antike prägt jedoch das empirisch gar nicht einholbare, bis an die Grenze des Phantastischen konstruktive Element in Machiavellis Staatslehre. Unverdrossen entwirft er ideale Mischungen der Republik zu einer Zeit noch, als sie bereits zu einer Territorialherrschaft abzusinken droht, und verzweifelt sucht er nach Maßnahmen, die sich in der antiken Praxis bewährt hatten, um den Niedergang abzuwehren.

Mit dieser knappen Skizze sei nur angedeutet, was hier fehlt, eine genauere Differenzierung zwischen den verschiedenen Weisen, antike Wertvorstellungen und politische Begriffe zu objektivieren, von Petrarcas Perspektive, aus dem Mangel in die Fülle, angefangen, über Leonardo

Brunis Versuch der Identifikation und die Nachahmung der Antike bis zu einer reflektierten, die eigene Individualität in ein bewußtes, fast schon experimentelles und hypothetisches Verhältnis setzenden Perspektive bei Machiavelli. Dies wären lediglich drei Etappen in einer Folge von fünf bis sechs ausgeprägten Generationen, die in einer bemerkenswert schnellen sozialen und ökonomischen Entwicklung begriffen sind, schwere innere und äußere Krisen durchmachen und als erste im modernen Europa sich davon Rechenschaft ablegen.

Ganz anders als Augustin, Petrarca oder Rousseau lernt Machiavelli zwar von Livius und aus der Geschichte der römischen Republik vieles und Wesentliches, aber er unterliegt weder polemisch noch in einem Verhältnis unglücklicher Liebe dem Mythos der ewigen Stadt. Und das nicht nur, weil er Florentiner ist und weil die Geschichte seiner Stadt sich erst von der Völkerwanderung an nachweisen läßt, worin er richtig die große historische Zäsur erblickt, sondern weil er die Ursachen und Folgen politischen Handelns analysiert. Die Herrschaft der Römer und ihre besondere Freiheit erhielt sich und wuchs in unaufhörlicher Herausforderung durch mächtige Feinde. Mit seiner Ausdehnung hat Rom alle anderen Republiken und deren bürgerliche Freiheit und schließlich die eigene Freiheit mit der Republik zerstört. Rom war dann nicht mehr in der Lage, zu seinen Ursprüngen zurückzukehren. Wie die Ärzte ist Machiavelli der Auffassung, daß die Körper und Staaten (für ihn sind es lebendige Organismen) täglich ein wenig von schädlichen Stoffen ansetzen und deshalb in gewissen Abständen einer umwälzenden Reinigung und Kur bedürfen (*Discorsi* II, 2).

Die politische Doktrin Machiavellis ist nicht radikaler als die Augustins. Nur gibt sie dem irdischen Handeln höchste Bedeutung und dem, der handelt, eine unabdingbare Verantwortung. Man kann sie ablehnen, doch man wird ihr den Ernst und die Strenge, die sie mit einer autonomen Ästhetik des künstlerischen Schaffens teilt, nicht absprechen. Das hebt sie weit über Ethiken hinaus, die auf der bloßen Meinung ihrer guten Gesinnung beruhen und der Kraft zur Analyse ihrer Folgen ermangeln. Das für die christliche Überlieferung Erschreckende ist die unabdingbare Verantwortung für Entscheidungen, die in dieser Welt getroffen wurden ohne den Trost, daß sie bei ihrem Mißlingen nach einer gegenläufigen Ordnung entsprechend ihrer guten Absicht aufgewertet würden. Wenn man von Machiavelli aus zurückblickt auf die politische Ethik Dantes, so wird man nicht ohne Verwunderung bemerken, wie wenig augustinisch sie ist und wie nah die beiden großen Florentiner sich bei unterschiedlichen moralischen Wertordnungen kommen. Der eine hat noch keine perspektivische Konstruktion, der andere gebraucht sie kaum mehr. Ihr jeweiliger Ort in der Entwicklung der politischen Theorie ist nicht unähnlich jenen in der Entwicklung der bildenden Kunst, den Giotto und Michelangelo einnehmen.

Machiavellis Wirkung auf die folgende Zeit wird man unabhängig von dem, womit sein Name mißbräuchlich verbunden wurde, nicht weniger differenziert einschätzen müssen. Die Antike hatte er nicht blind bewundert, sondern die zerstörende Gewalt des Großen, die verheerende Wirkung mächtiger Reiche gesehen. Er orientiert sich nicht an Universalstaaten, sondern an den Tugenden, die in kleinen Republiken gedeihen. Wo es aber zu spät ist für deren Pflege, hat er den Fürstenstaat des Frühabsolutismus angekündigt. Trotzdem hat er, und zwar gegen manche und große Autoritäten, die guten Eigenschaften des Volkes im ganzen über die des Fürsten gestellt – es sei zuverlässiger und berechenbarer, freilich wegen größerer Unentschlossenheit zu Entscheidungen, es bleibe beständiger bei seiner Verfassung, treuer bei seinen Bündnissen und sei weiser, als es die Fürsten sind.

Aus der Beobachtung der politischen Welt leitet Machiavelli Gesetze ab, denen er die allgemeinste und klarste Formulierung zu geben sucht. Ihre Geltung ist unabhängig von der Billigung durch andere, und gelegentlich überraschen sie ihn selbst. So sind bei der Betrachtung der Geschichte von Florenz die inneren Gegensätze von derartiger Heftigkeit, daß man glauben müßte, sie hätten die Stadt längst zugrunde gerichtet. Aber diese Stadt hält Spannungen aus, an denen andere zerbrechen, und sie gedeiht dabei. Die Historiker vor ihm haben diese Gegensätze eher bemäntelt und verschwiegen als erschlossen. Das rechtfertigt seine Geschichtsschreibung und ist ihr Ausgangspunkt geworden (*Istorie Fiorentine*, Proemio).

Dante hatte den offensichtlichen inneren Zwiespalt als zerstörerisch beklagt und den Frieden von einer Universalmonarchie erhofft. Machiavelli tut in beidem das Gegenteil. Einig sind sie sich in der Schilderung der großen Charaktere und der Achtung vor ihnen, die keine Schuld bereuen, die ihre Liebe und ihren Haß leidenschaftlich, auch noch unter den Qualen der Hölle in Dantes »Inferno« behaupten und die Exkommunikation ihrer ganzen Bürgerschaft nicht fürchten, wenn es um das Wohl ihrer Stadt geht. »Das »vivere politico«, der Primat der Politik oder des Politischen, wie man hier wörtlich übersetzen darf, ohne spätere Konnotationen vorwegzunehmen, vor dem Privaten ist eine Lebenshaltung, die nur in Stadtrepubliken sich in dieser Weise ausbildet und worin ein über alle historischen Unterschiede gemeinsamer Zug mit den antiken Republiken zu erkennen ist. Bei Dante ist es innerhalb einer christlichen Weltdeutung überraschend stark ausgeprägt, und doch ergeben einige andere Voraussetzungen und Konsequenzen eine völlig andere Systematik.

Zeit der Veränderung des Menschen

Ein Beispiel von geringerer Komplexität, aber nicht geringeren Folgen für das politische Denken sei hier dazwischengeschaltet. Es ist des Etienne de La Boétie Schrift *Von der freiwilligen Knechtschaft*. Der Autor teilt mit Machiavelli die Überzeugung von der wesentlichen Gleichheit menschlicher Eigenschaften im historischen Wandel, ohne sich zu einer Konfrontation antiker und christlicher Werte hinreißen zu lassen, und er formuliert positiv die Möglichkeiten der Veränderung, auf welche Rousseau sich beziehen wird, im vollen Bewußtsein der Krankheitserscheinungen im sozialen Körper, die es zu heilen gilt.

Der *Discours de la servitude volontaire* ist um die Mitte des 16. Jahrhunderts entstanden, und Montaigne hätte ihn zum Mittelpunkt seiner *Essais* gemacht, wäre er nicht nach dem frühen Tod seines Verfassers durch unbefugte Publikation mitten in die Pamphletliteratur der Religionskriege hineingeraten. Montaigne schreibt oder veröffentlicht erst ein Vierteljahrhundert später, zu einer Zeit, als man nicht mehr glaubt, daß das Gute wirklich werden könne, denn es sind die Erfahrungen von Auseinandersetzungen dazwischengetreten, welche das Land bis in die Familien und Freundschaften hinein zerrissen hatten, welche blutige Gemetzel unter dem Vorwand der Religion veranstalteten und das bewirkten, was Montaigne »la mort publique« nennt, den öffentlichen Tod, das Absterben des Bewußtseins des Öffentlichen. La Boéties etwa 1548 von einem noch nicht Zwanzigjährigen verfaßte Schrift ist voller Freiheitsgeist, der sich an der Antike entzündete, und getragen von einer Auffassung des Menschen, welche die Anthropologie der Renaissance formuliert hatte, und dabei von einer Schärfe der Analyse, die nur den großen und kühnen Einsichten der frühen Naturwissenschaft vergleichbar ist. Da die Hugenotten sie als Kampfschrift für ihre Sache veröffentlicht hatten, war sie auf einen Kampfplatz geraten, den sein Autor vermieden hatte und den Montaigne zu vermeiden bestrebt ist. Dieses Werk sei ein vollkommenes, ausgeführtes Gemälde, um das herum seine eigenen

Essais sich wie die in Mode gekommenen Grotesken ranken sollten als abenteuerliche Gebilde der Phantasie, die monströs aus allerlei Gliedern der verschiedenartigsten Körper zusammengesetzt seien. Montaigne vergleicht sich selbst mit einem Maler, der die Wände verziert, aber die beste Stelle in der Mitte frei lasse für ein reiches, kunstgerechtes und vollkommenes Gemälde. Der Leser, der darauf vorbereitet ist, von dem anmutigen, aber, wie es scheint, zufälligen Plaudern Montaignes auf eine Schrift zu geraten, die einst Montaigne selbst dazu bewogen habe, die Bekanntschaft ihres Autors zu suchen, woraus jene einzigartige Freundschaft wurde, derer er in dem Essai *De l'amitié* (I, 27) gedenkt, wird enttäuscht. Die Schrift wird ihm vorenthalten, weil sie seither »von solchen Menschen in den Druck gegeben worden, welche den Staat zu beunruhigen und seine Verfassung zu ändern trachten, ohne eben zu wissen, ob sie solche auch verbessern möchten«.

Doch Montaigne tilgt auch nicht die Ankündigung. Er spielt an auf zwei Publikationen, für welche er damit nicht geringe Aufmerksamkeit erregt, trotz seiner Mißbilligung. Es ist einmal der *Réveille-Matin des Français et de leurs voisins*, der Morgenwecker der Franzosen und ihrer Nachbarn, 1574 lateinisch und französisch erschienen, das fiktive Gespräch eines ›Politicus‹ mit einem ›Historiographus‹ kurz nach der Bartholomäusnacht (1572) in einer Freiburger Herberge. Die Rede des ›Politicus‹ enthält am Ende, wofür der Hörende gern den Schlaf einer Nacht gebe, den Kern von La Boéties *Discours de la servitude volontaire*. Vollständig wurde er in einer Sammlung politischer Denkschriften, den *Mémoires de l'Estat de France sous Charles IX.* veröffentlicht, worin sich auch Hotmans *Franco-Gallia* befindet. Beide Drucke gingen aus vom Lager der Hugenotten oder gar ihrem radikalen Flügel. Der ›Politicus‹ des *Réveille-Matin*, der als erster Text die Prinzipien der Demokratie in der Frühen Neuzeit proklamiert, will sich noch einmal von den Hugenotten, den »religiosi« (»ceux de la religion« nannten sie sich selber), unterscheiden, weil sie zu sanft und knechtisch von den Zuständen in Frankreich sprächen.

Montaigne besteht ausdrücklich darauf, daß La Boétie mit diesen Leuten nichts gemein habe, und er speist den Leser mit neunundzwanzig Sonetten seines Freundes ab. Die Themen der in den *Essais* ausgesparten Mitte, die Verachtung der Knechtschaft, aber eher in der Verwunderung über die Macht der Tyrannis, die Kritik an unwürdigen Zuständen, aber als unsichere Übersetzung der Worte indianischer Kannibalen, der Wert einer Erziehung zur Freiheit, die Bedeutung der Freundschaft, tauchen immer wieder in Montaignes *Essais* auf, gelegentlich skeptisch gebrochen, ironisch in Zweifel gezogen. Ist darin eine Technik der Darstellung unter der Gefahr möglicher Verfolgung oder Zensur zu erblicken? Die Zurückhaltung eines alt gewordenen, in politischen Ämtern einer aufgewühlten Zeit erfahrenen Weisen? Oder pure Feigheit gegenüber dem Vermächtnis des verstorbenen Freundes, über dessen Verlust er immer noch und wieder in schmerzliches Erinnern gerate?

Der Gestus Montaignes enthält gewiß eine künstlerische Absicht in der Komposition seines Werkes. Die deklarierte Unterscheidung von kunstgerechter Darstellung bedeutender Gegenstände in gesetzmäßiger Perspektive (»costruzione legittima« nannten die Italiener das vermutlich von Brunelleschi um 1420 entwickelte Verfahren) und richtiger Verteilung von Licht und Schatten einerseits sowie den schwerelos tändelnden Ausgeburten einer durch keine Wahrscheinlichkeitsforderungen gebändigten Phantasie andererseits entsprach gar nicht mehr dem Stand ästhetischer Auffassungen. Zu Beginn des Jahrhunderts war dieser Gegensatz offensichtlich und hatte sich in Raffaels Grotesken in den Loggien ebenso wie in seinen großen Fresken in den Stanzen im Vatikan dokumentiert.

Inzwischen ist das Dekorative, Scheinhafte und Spielerische nicht mehr wesentlich getrennt von der eigentlichen Darstellung. Montaigne selbst verfährt nach einem Prinzip ironischer Vertauschung der Themen und der Inhalte, das ähnlich überraschend ist wie jenes, das Velasquez in *Las Meniñas* anwendet. Das seiner Bedeutung nach Höchste, das Königspaar, ist gar nicht unter den Gegenständen des Bildraumes zu sehen, den die monströse Zwergin und der Hund, die kleine Prinzessin zwischen ihren Hofdamen und schließlich der von seiner Staffelei hervortretende Maler einnehmen. Man sieht es nur mittelbar und seitenverkehrt in einem Spiegel im Hintergrunde. In ›Wirklichkeit‹ befindet es sich da, wo der Betrachter steht – außerhalb des Bildes und ihm gegenüber.

Montaigne erklärt zwar sich selbst zum Thema seines Buches, aber in dem Maße, wie der Leser ihn kennenlernt, verschwindet er diesem auch. Der Lesende beginnt, seine eigenen Empfindungen, Erfahrungen und Meinungen deutlicher und schließlich sich selbst an dem vermeintlichen Platz des Autors zu erblicken – eine Wirkung, die vorher kaum einer so erzielt und auch so genau kalkuliert hatte wie Augustin, eine Wirkung, die gerade durch das völlig Private, rückhaltlos Intime, das öffentlich sonst nicht Erinnerte und Ausgesprochene des Bekenntnisses hervorgebracht wurde.

Die überwältigend einfache und klare Darstellung des Gedankens durch La Boétie, die sich in der Geschichte der europäischen Revolutionen durch stets wiederholte Aktualisierung, als habe er eben erst und für diese Situation geschrieben, manifestiert hat, und Montaignes reflektierter und zurückgenommener Stil verschlingen sich seither. Sie deuten auf zwei Zeitperspektiven. La Boétie formuliert in der idealen Zeitlosigkeit eines Gesetzes, das immer schon galt und immer gelten wird, auch wenn es jetzt erst erkannt wurde. Montaigne stößt durch einen Schleier eigener, im Öffentlichen bitterer Erfahrungen auf Einsichten der Antike, die ihm wie neu erscheinen, und er arbeitet an seinen eigenen inneren Erfahrungen, die er als zufällig und beliebig ausgibt. Sie seien nicht besser als die eines jeden anderen, der auch die vollständige Gestalt menschlicher Existenz, die »forme entière de l'humaine condition« in sich trage (III, 2). Er zuerst stelle sich nicht mit einer besonderen Eigenschaft oder Fähigkeit dar wie andere Schriftsteller, sondern »par mon estre universel«, in meinem ganzen Wesen. »Entière«, lat. »integra«, ist die neue vollständige Konzeption des menschlichen Handelns und des politisch-juristischen Urteils, die François Baudouin 1562 entwickelt hatte, »général et universel« ist die neue Vorstellung vom Menschen, von seiner Stellung in der Gesellschaft, wie sie im 16. Jahrhundert emphatisch entwickelt wird, und die Aufklärung des 18. Jahrhunderts wird sie mit eben diesen Eigenschaftsworten wieder aufnehmen.

In beiden Epochen erweist sich als neu und zukunftsvoll das Persönlichste, das Innere des Menschen, sein einzelner Wille, der mit den Willen der anderen zu vereinen ist und woraus Sprache, Vernunft und Geselligkeit entstehen. Jeder entwickelt es vollständig, aber auf seine Weise. Bei der Schrift von La Boétie und ihrer versteckten Wirkung in den *Essais* von Montaigne geschieht es in einer bemerkenswerten Gegenstellung. Wie Montaigne es von ihrer Freundschaft sagt, sind sie auch in ihren Darstellungsprinzipien einzig und doch aufeinander bezogen: »Parceque c'était lui, parceque c'était moi.« La Boétie ist es in einer an die Antike gemahnenden Objektivität unter völligem Absehen von seiner Person. Montaigne füllt auf unbegreifliche Weise die doch ostentativ ausgesparte Mitte seines Werkes; in ihr sollten jene Gedanken Platz finden, die ausgesparte Mitte auch der Staatslehre der Neuzeit sind, bis sie aus Konzeptionen von der Bestimmung des Menschen her zurückdrängen, um jenes Vakuum auszufüllen. Die unveräußerliche Freiheit des Menschen, die Gleichheit aller, ohne welche die wechselseitige Verpflichtung gesellschaftlicher Beziehungen und mehr noch Freundschaft und Liebe nicht möglich wären, und die Brüderlichkeit der durch Vernunft, Sprache und Geselligkeit verbundenen Menschen sind unvereinbar mit der Entwürdigung durch andere und der Erniedrigung seiner selbst, mit der Gewalt der Tyrannen, die es nicht gäbe, fände sie nicht ihre Entsprechung in der unnötigen und schmachvollen freiwilligen Unterwerfung vieler unter diesen einen.

Das traurige Bild der Wirklichkeit ist nur aus der krankhaften Verkehrung der Natur und der jedem angeborenen, aber durch Gewöhnung und Domestikation entäußerten Gesittung zu erklären. Der ungeschwächte Wille zur Freiheit schüfe sie auch schon. Man kann gar nicht unfrei sein wollen, und sobald man frei sein will, ist man es auch. Die vielen, die sich einem unterworfen haben, der sie gar nicht zwingen könnte, glauben ihren Vorteil dabei zu finden und verstricken sich in einen selbstzerstörerischen Mechanismus, der die Herren mit den Knechten der Gewalt zugrunderichtet.

Das moralische Urteil über den Tyrannen hatte die Antike gesprochen, nicht zuletzt der für La Boétie wie für Machiavelli bedeutende Xenophon in seinem *Hieron*, dem Leo Strauss (*On Tyranny*, 1948) die eindringendste Interpretation widmete. Der Tyrann ist jämmerlich und weiß das auch, er ist Knecht seiner Knechte, erbärmlich in seiner Einsamkeit, ausgeschlossen von Freundschaft und Liebe, verachtet von den Guten. Elend ist dieser Zustand, denn, wie Johann Georg Schlosser (1780) übersetzt: »es ist unerträglich, rechtschaffene Leute kennen und Schurken brauchen zu müssen«. In der Konsequenz dieses Blickes, der sich nicht vom Glanz der Macht und von der Position souveräner Entscheidungsgewalt blenden läßt, entwickelt La Boétie zuerst eine ihrem Verfahren nach soziologische Analyse der Gewaltherrschaft:

»Jetzt komme ich zu dem Gegenstand, der für mich die treibende Kraft und das Geheimnis der Herrschaft, die Stütze und Grundlage der Tyrannei darstellt. Es irrt sich gewaltig, wer glaubt, daß die Hellebarden und Garden und das Aufstellen von Wachen die Tyrannen schützen, denn sie bedienen sich ihrer, wie ich glaube, mehr der Form wegen und als Vogelscheuchen, als daß sie ihr Vertrauen darauf setzten. Die Wachen hindern die Ungeschickten, die keine Waffen haben, am Betreten des Palastes, aber nicht die Männer, die zu einer Unternehmung wohlgerüstet sind. Bei den römischen Kaisern kann man leicht nachzählen, daß nicht so viele mit Hilfe ihrer Wachen einer Gefahr entronnen sind, wie von ihrer eigenen Garde umgebracht wurden. Denn den Tyrannen schützen nicht die Reiterscharen, Fußtruppen oder Waffen. Man wird es nicht gleich glauben wollen, aber es ist wahr: vier oder fünf Leute sind es immer, die den Tyrannen stützen, vier oder fünf halten für ihn das ganze Land in Knechtschaft. Immer waren es fünf oder sechs Vertraute, denen er folgte, die sich an ihn heranmachten oder die er zu Spießgesellen seiner Grausamkeiten berief, zu Gefährten seiner Vergnügungen, als Kuppler seiner Lüste und Teilhaber an seinen Räubereien. Diese sechs richten ihren Führer so gut ab, daß er nicht nur in eigner Sache Übles tut, sondern sich auch noch mit ihren Schandtaten vergesellschaften muß. Die sechs haben ihrer sechshundert, die unter ihnen schmarotzen, und sie machen die sechshundert zu dem, was sie selber für den Tyrannen bedeuten. Diese sechshundert haben wieder sechstausend unter sich, die sie in Amt und Würden erhoben haben, denen sie die Regierung von Provinzen oder die Einnahme von Steuern anvertrauen ließen, damit sie für ihre Habgier und Grausamkeit bereit stehen und sie auch auf Befehl gleich ausführen und auch sonst soviel Übles tun, daß sie sich nur unter deren Schutz halten und nur von ihnen gedeckt der Strafe des Gesetzes entgehen können. Gewaltig ist das Gefolge hinter drein, und wer den ganzen Faden abspulen wollte, fände nicht nur die sechstausend, sondern hunderttausend und Millionen mit diesem Stricke am Tyrannen hängen.« (Vgl. meine Edition des französischen Textes, S. 80ff.)

Aus diesem System gegenseitiger Abhängigkeit kann La Boétie die Verkehrung der natürlichen Kräfte erklären und den Alleinherrscher nicht aus bezwingender Gewalt, sondern als Träger einer Funktion. »Kurz, es kommt durch die Günstlingswirtschaft und die Gewinnbeteiligung bei den Tyrannen so weit, daß es schließlich fast ebensoviel Menschen gibt, denen die Tyrannei Nutzen zu bringen scheint, wie solche, die die Freiheit lieben« (»En somme l'on en vient là par les faveurs, par les gains, ou regains que l'on a avec les tyrans, qu'il se trouve quasi autant de gens, auxquels la tyrannie semble être profitable, comme de ceux, à qui la liberté serait agréable«; S. 82f.). Was er als das Übel erkennt, hat seine Wurzel nicht in einer einzelnen Persönlichkeit oder in einer bestimmten Verfassung. Wo es entsteht, frißt es sich tief in den Körper der Gesellschaft, und es kann auch wieder durch einen plötzlichen Funktionswechsel zu verschwinden scheinen, ohne doch im Grunde geheilt zu sein.

Erstaunlich ist, daß La Boétie im Gegensatz zu den Zeitgenossen, die sonst Pamphlete und Denkschriften verfaßten, von aller juristischen Argumentation aus theologischen Prinzipien frei ist. Denn das hatte er gelernt oder begann er doch gerade zu studieren, als der *Discours* entstand. Das göttliche Recht der Könige bzw. deren Verantwortung vor Gott, die Souveränität des Volkes, die zunächst in der Gemeindeverfassung im Kirchenrecht diskutiert wurde, die Stellung des Königs zu Gesetz und Volk, die Generalstände und die Steuerbewilligung beschäftigen ihn überhaupt nicht. Und selbst sein Begriff von Freiheit ist nicht juristisch.

Sowenig wie manche Bilder aus der Renaissance die Gewohnheiten oder Kostüme ihrer Zeit darstellen, da sie ihren Gegenstand in zeitloser Idealität ansiedeln, so wenig erfährt man aus dieser Schrift, daß es Rechte des Adels und der Magistrate, streitende Konfessionen und religiöse Übergriffe in das Staatsrecht oder einen religiös motivierten Widerstand dagegen gegeben hat. Diese Unabhängigkeit von der Situation des Augenblicks, die man nicht lediglich der Jugend des Autors oder zur Zeit der Niederschrift noch fehlenden amtlichen Erfahrung zuschreiben kann, wird ihrerseits zu einer der Ursachen für die ganz ungewöhnliche Wirkung dieser Schrift in der zweiten Hälfte des 16. Jahrhunderts und seit dem frühen 18. Jahrhundert in einer nicht abreißenden Folge, welche die Geschichte der europäischen Revolutionen begleitet und das politische Denken immer wieder aufs neue herausfordert.

Der Autor setzt voraus, daß es Herrschaft und ihren gewaltsamen Mißbrauch gebe. Wo sie mit der Freiheit des Menschen und mit seiner Würde in Widerspruch gerät, hat sie ihr Recht verloren und ist keiner Legitimierung fähig. Die Freiheit ihrerseits ruht nicht in verbrieften Privilegien und kann durch Verfassungen nicht garantiert werden. Die Freiheit liegt im Innern des Menschen, in seinem Willen. Wenn alle sie wollten, dann hätten sie sie auch schon. Böte keiner selbst die Hand zu seiner Unterdrückung, unterwürfe sich keiner selbst, so wäre alle Gewalt zunichte (S. 40f.). Mit diesem Satz haben moderne Leser Schwierigkeiten. Tausend Fälle, die man sich anders zu erklären pflegt, kommen ins Gedächtnis. Man denkt an strukturelle Gewalt, an die Sinnlosigkeit des vereinzelten Widerstandes und daran, daß der aus der Natur des Menschen zu erwartende allgemeine Widerstand nicht stattfindet. La Boétie kennt die Macht der Gewohnheit, der schlechten zumal, und die der falschen Erziehung. Er weiß, daß die Krankheit, die er beschreibt, meist so weit schon fortgeschritten ist, daß sie gar nicht mehr bemerkt wird. Eine solche Krankheit pflegen die Ärzte für unheilbar zu halten.

Trotzdem ist er kein Phantast. Er kennt die Welt, wie sie ist. Und er weiß, daß von der akzeptierten Erfahrung kein Weg zur Erkenntnis führt. Seine Analyse ist zunächst ebenso paradox wie die Umkehrung der gewohnten Sehweise bei der kopernikanischen Theorie. Montaigne hat nicht völlig unrecht, wenn er die rasche Überzeugung von dem einem selbst widerfahrenen Unrecht bei den Geschädigten der Religionskriege nicht für einen Gewinn in der Sache hält. Der Schmerz schärft wohl den Blick und konnte die Bereitschaft erwecken, sich mit einer neuen Ansicht der Dinge zu befreunden; viel öfter jedoch ging es um affektive Anklage als um Einsicht in den Sachverhalt.

Seit der Anthropologie der Renaissance, wie Pico della Mirandola und Luis Vives sie skizziert hatten, und seit der analytischen Arbeit, die vor allem Machiavelli und La Boétie geleistet haben, erscheint Herrschaft nicht mehr als gottgegebene Substanz, sondern als eine veränderbare Funktion. Die Ordnung der Gesellschaft besteht nicht länger in den auf ewig abgestuften Hierarchien, die den Gestirnsphären des mittelalterlichen Kosmos entsprachen. Die Gesellschaft kann als ein homogener Raum angesehen werden, der sich wie in der Mechanik des Himmels durch die quantitativen Beziehungen der Körper gliedert. Ein bisher geltendes Weltbild, das der Erfahrung des Alltags und der Anschauung durchaus entgegenkam, war eines folgenreichen Widerspruches wegen für falsch und vergangen erklärt worden. Es ließ sich nicht ersetzen, ohne zuvor das alte Weltbild zu zerstören. Und das war und ist umwälzend und erregt Widerstand.

Die historische Zeit und die neue Wissenschaft

Nikolaus von Kues behauptet gegen 1440, die Alten hätten das nicht herausgefunden, was ›wir‹ erkannt haben, weil es ihnen an »docta ignorantia« gemangelt habe. Er denkt dabei an kühne Blicke in die »machina mundi«, den Raum und die Bewegung der Gestirne in einer Welt, von welcher er mit den Worten des pseudo-hermetischen Buches der vierundzwanzig Meister (kompiliert im 12. Jahrhundert) sagt, daß ihr Mittelpunkt überall und ihr Umkreis nirgends sei. Das ist freilich reine Theologie, die mit Gauß' Geometrie des Unendlichen nichts zu tun hat. Er schreibt dem All die Attribute Gottes zu in kühnen und paradoxen Begriffen, worin weder Kopernikus noch Kepler irgendeine Art von Vorläuferschaft erblicken konnten, die erst von dem reichlich unwissenschaftlichen Giordano Bruno mit der neuen Physik in Verbindung gebracht werden und dann ein hilfreiches Argument für Descartes bieten, wenn er einen unbescholtenen Mann der Kirche für immer noch als gefährlich geltende Meinungen in Anspruch nehmen darf.

Wenn man die Zeugnisse und die zugehörigen Sachbereiche eines solchen Vergleichs der Alten mit den Modernen betrachtet, wird man sehr vorsichtig sein, die berüchtigte Querelle allzuweit nach vorn zu verlagern. Gegenstände, die bei antiken Autoren unzureichend oder falsch dargestellt sind, stehen jahrhundertelang neben anderen, vornehmlich der Ethik, der Politik und der Künste, bei welchen ein Fortschritt weder plausibel war noch zu erwarten schien. Trotzdem wurde aus dem Zeitabstand und dem Gewahrwerden einer andersartigen Epoche zwischen der Gegenwart und der klassischen Antike ein zuvor und auch in der Antike selbst unbekanntes Bewußtsein, aus dem noch keine Bewertung des Zeitverlaufs folgte. Auch da, wo man die Antike rückhaltlos bewunderte und ihr nachzuahmen strebte, war es deutlich, daß man ihr nicht mehr angehörte, sondern daß jede Beziehung einen willentlichen und bewußten Akt bildete. Andererseits übte man die Kritik an den Alten noch in Abhängigkeit von ihnen. Es konnte eine Kritik der Schulautoren und des Aristoteles von der Instanz einer erneuerten platonischen Philosophie aus sein. Der Neoplatonismus des 15. und 16. Jahrhunderts berief sich mehr noch auf den Platonismus der Spätantike als auf die Lehre Platos und diente als modische und Künstler-Metaphysik. Es konnte aber im Gegenteil auch die Instanz empirischer Beobachtung sein, wie bei dem in seinen theoretischen Fähigkeiten lange maßlos überschätzten Francis Bacon (1561–1626), welche dort weiterforschte, wo die zufällig erhaltenen Schriften der Antike und das im allgemeinen begrenzte empirische Interesse ihrer Autoren endeten oder in die Irre gegangen waren.

Wie bei den »Antiqui« und »Moderni« in der Scholastik, die sich mehr in der Methode des Unterrichts als in den Erkenntniszielen unterschieden und wobei, wie die Polemiken etwa des als Forscher bedeutenden Roger Bacon (1214–1294) nahelegen, die »Moderni« durchaus die rückschrittlicheren sein konnten, ist aus der Selbstbezeichnung noch lange kein Schluß auf den Stellenwert einer Gruppe in der Entwicklung der Wissenschaft zu ziehen. Und wie es heute immer noch geschieht, können hervorragende Forscher außerhalb ihres Faches naiv und unsicher im Urteil sein. So kritisiert Kepler die astronomischen Konjekturen Joseph Scaligers, während er seinerseits die in der Tendenz entschieden veränderten Daten des Alten Testaments für gültige Aussagen über das Alter der Welt nimmt. Bei den Auskünften über die Fortschritte der eigenen Zeit ist zunächst zu klären, wer die gemeinten Gegner der modernen Selbsterhöhung sind. Oft sind es gar nicht die Alten, sondern die vergleichsweise Älteren. In der Entwicklung der italienischen Malerei seit Giotto sind es z. B. die Byzantiner, die man samt ihrer für falsch erachteten »maniera greca« bekämpft, während man der »buona maniera greca antica« die Krone zuerkennt. Seit dieser Zeit werden auf vielen Gebieten verschiedene Vergangenheiten gegeneinander ausgespielt. Und das ist wesentlich für den Zeithorizont und für das Verständnis der selbstgeschaffenen Traditionsreihen, an denen unaufhörlich weiter konstruiert wird.

Versteht man den Fortgang der Zeit als ein Sammeln von Erfahrungen, dann altert die Welt. So ist Francis Bacons Auffassung zu verstehen: Das Hinschwinden und hohe Alter der Welt ist die eigentliche Antike, und die müsse man unseren Zeiten zuerkennen, nicht aber dem jüngeren Weltalter, worin die ›Alten‹ lebten. Jene Zeit nämlich ist im Blick auf uns die ältere, im Blick auf die Welt freilich die jüngere – so wie wir ja auch von einem Alten mehr Menschenkenntnis und ein reiferes Urteil erwarten als von einem Jungen, der Erfahrung wegen und weil er viel und verschiedenes gesehen, gehört und gedacht hat (»Mundi enim senium et grandaevitas pro antiquitate vere habenda sunt; quae tempribus nostris tribui debent, non juniori aetati mundi, qualis apud antiquos fuit. Illa enim aetas, respectu nostri antiqua et major, respectu mundi ipsius nova et minor fuit. Atque revera quemadmodum rerum humanarum notitiam et maturius judicium ab homine sene expectamus quam a juvene, propter experientiam et rerum quas vidit et audivit et cogitavit varietatem et copiam«, *Novum organum*, 1. I, Aph. 84). Am kürzesten hat Bacon diese Ansicht in *De augmentis scientiarum* (1. I, p. 458, ed. Spedding, Ellis etc.) zusammengefaßt: »Antiquitas saeculi juventus mundi. Nostra profecto sunt antiqua tempora.« Dabei ist allerdings »Antiquitas« der inzwischen oft gemeinten Bedeutung des klassischen Altertums entkleidet und bezieht sich lediglich auf das Quantum der zurückgelegten Zeitstrecke. Von der neuen und reichen Bedeutung der Metapher »juventus« bei Vico zu Beginn des 18. Jahrhunderts hat Francis Bacon nicht die geringste Vorstellung. Auch von den einzelnen Autoren aus auf den »author autem authorum atque adeo omnis authoritatis‹ zu verweisen, nämlich auf die Zeit selbst, heißt doch, eine antike Ansicht gegen die Idolatrie der Antike zu wenden. So hatten die griechischen Tragiker und die Philosophen selber die Zeit verstanden und natürlich Neues geschaffen statt Altes zu bewundern. Eigenständig ist zu Beginn des 17. Jahrhunderts das Gefühl, der Zeit völlig ausgeliefert zu sein und sie als etwas Wesentliches und Lebendiges, als Quelle der Fruchtbarkeit oder der Zerstörung zu empfinden. Zeit ist damit nicht mehr, wie für die Antike, ein abgeleiteter, sekundärer Modus des Ewigen. Sie wird vielmehr, im Zusammenhang mit den physikalischen (Gassendi) und biologischen (van Helmont) Theorien einer absoluten Zeit, mit den Attributen Gottes ausgestattet und als unendlich und allmächtig bezeichnet. Oder, nicht weniger eingreifend, sie erscheint als Wirkung eines »deus malignus« und verursacht den Wechsel, die Unsicherheit und das Verderben, dem alles Irdische ausgesetzt ist.

Der erschreckenden Macht der Zeit huldigen die Dichter dieser Epoche, allen voran Shakespeare in *The Rape of Lucrece*, in den Sonetten und, immer wieder, in den Dramen, auch wenn der Gedanke nicht allegorisch ausgeführt wird. Die Poesie des Barock schwelgt in der Anschauung der Gewalt der Zeit und der Macht des Augenblicks, einer im allgemeinen zerstörenden Gewalt, gegen welche im Augenblick, im »Nu«, sich allenfalls die Fähigkeit behauptet, ihrer innezuwerden und die Ewigkeit zu ahnen. In einer groben Vereinfachung kann man sagen, daß im 16. Jahrhundert die Zeit als ein Wesen angesehen wurde, das man bändigen kann und soll, was erstaunliche und kaum für möglich gehaltene Dinge hervorzubringen erlaube. Im 17. Jahrhundert dagegen fühlte man sich der Zeit ausgeliefert. Dem entspricht ein Wechsel der Paradigmen historischer Anschauung. War für das 16. Jahrhundert Livius beispielhaft mit der Darstellung der Tugenden der römischen Republik, die man glaubte erneuern zu können, so beherrschte im 17. Jahrhundert Tacitus das Feld, der die tyrannischen Untaten in den kaiserlichen Haushalten schilderte, die sich für den Staat hielten. An der eher moralischen als politischen Analyse der Machtpolitik von Herrscherhäusern war demgemäß auch die modische Disziplin der »Arcana Imperii« orientiert. Die mit dem Namen Machiavellis bezeichnete Trennung des Politischen von der Moral faszinierte die Beobachter der Zeit und die Historiker derart, daß man schon die bloße Unmoral für Politik zu halten geneigt war.

Es scheint mir erforderlich, diese vielfältigen und nebeneinander in verschiedenen Sachbereichen Geltung beanspruchenden Zeitvorstellungen im Auge zu behalten, den summierenden der Empiriker, den an der ursprünglichen Offenbarung orientierten der Hermetiker, den auf einen anfänglichen fiktiven Herrschaftsvertrag zielenden der Naturrechtslehrer und, in widerstreitender Vorstellung, den alles Vergängliche verschlingenden und doch die Wahrheit enthüllenden Chronos, um die lange unerkannte, epochemachende Leistung Giambattista Vicos zu begreifen.

Sein Blick schweift weit über das klassische Altertum hinaus, um zu erfassen, wie die großen kulturellen Einrichtungen entstanden sind: die Ehe, die Familie und die Stadt im Zusammenhang mit dem Gräberkultus, und schließlich das römische Recht. Diese Institutionen waren weder am Anfang schon vorhanden, noch haben sie sich allmählich und zielvoll ruhig entwickeln können. Sie sind entstanden im Widerstreit entgegengesetzter Leidenschaften, der Wollust, Habgier und Herrschsucht der feindlichen und doch aufeinander angewiesenen gesellschaftlichen

Stände. Die Menschen haben die Institutionen geschaffen, allerdings gegen ihren Willen. Am Ende seines Werkes faßt Vico die große weltgeschichtliche Heteronomie der üblen Absichten und der heilsamen Wirkungen menschlichen Handelns zusammen:

> »Denn die Menschen wollen tierische Wollust üben und ihre Geburten verderben, und dabei schaffen sie die Keuschheit der Ehen, aus denen die Familien entspringen; die Väter wollen maßlos ihre Gewalt über die Klienten ausüben und unterwerfen sie dabei den staatlichen Gewalten, woraus die Städte entstehen; die herrschenden Stände des Adels wollen die Herrenfreiheit über die Plebejer mißbrauchen und geraten in die Dienstbarkeit der Gesetze, welche die Volksfreiheit schaffen; die freien Völker wollen sich von der Fessel ihrer Gesetze lösen und geraten in die Abhängigkeit von Monarchen; die Monarchen wollen ihre Untertanen durch alle Laster der Sittenlosigkeit erniedrigen, damit sie sicher sind, und bereiten sie dazu vor, die Sklaverei von stärkeren Völkern zu erdulden; die Völker wollen sich selbst zugrunderichten und retten ihre Überlebenden in die Einöden, woraus sie, wie der Phönix, neu erstehen.«
>
> (»Imperciocchè vogliono gli uomini usar la libidine bestiale e disperdere i loro parti, e ne fanno la castità de' matrimoni, onde surgono le famiglie; vogliono i padri esercitare smoderatamente gl'imperi paterni sopra i clienti e gli assoggettiscono agl'imperi civili, onde surgono le città; vogliono gli ordini regnanti de' nobili abusare la libertà signorile sopra i plebei, e vanno in servitù delle leggi, che fanno la libertà popolare; vogliono i popoli liberi sciogliersi dal freno delle lor leggi, e vanno nella soggezion de' monarchi; vogliono i monarchi, in tutti i vizi della dissolutezza che gli assicuri, invilire i loro sudditi, e gli dispongono a supportare la schiavitù di nazioni più forti; vogliono le nazion disperdere se medesime, e vanno a salvare gli avanzi dentro le solitudini, donde, qual fenice, nuovamente risurgano.« (*La Scienza nuova*, cp. 1108)

Es ist damit ein entscheidender Abstand zu den früheren und zu vielen der späteren Ansichten der Geschichte gewonnen. Die »Anmaßung der Völker und der Gelehrten« (cp. 124), ihre Kultur oder ihre Weisheit in graue Urzeiten zurückzuverfolgen, war abzuweisen, und die Überlieferung des Alten Testaments erwerbe sich demgegenüber Glaubwürdigkeit gerade durch ihre relative Jugend (cp. 126). Ebenso mußte die summierende Perspektive der Empiriker überwunden werden, denn sie begehen ja immer wieder den Hauptfehler, den »unerschöpflichen Quell von Irrtümern«, das zeitlich Ferne nach der Gegenwart zu beurteilen (cp. 122, 123). Es ist die Vision völlig anderer Eigenschaften bei den ersten Menschen, ihre Roheit, Bestialität, Angst und Leidenschaftlichkeit und ihre übermächtige Einbildungskraft im Gegensatz zu den zivilisierten, gesitteten und prosaischen Menschen seiner Zeit, worauf Vicos Werk beruht. Dergleichen war aus den überlieferten Schriften der Antike nicht gelesen worden, erst kraft dieser Vision sah er bei Homer und Livius Spuren dieser anderen Welt, die man verharmlost oder als Vorgeschichte entschärft oder seit dem 16. Jahrhundert allenfalls mit den Berichten über die wilden Völker der neuentdeckten Länder verglichen hatte.

Alle Historiker wußten, daß die ältesten Überlieferungen in poetischer Form erhalten waren, und im allgemeinen hatte man es sich aus ähnlichen Absichten erklärt wie die zeitgenössischen Lehrgedichte, welche den nützlichen Inhalt in eine gefällige Form kleideten. Keiner hatte vor Vico die Gewalt, das nicht von Wahl oder Vorliebe abhängende Ausgeliefertsein an die leidenschaftliche, rohe und wilde poetische Daseinsweise geahnt. Und als die europäische Vorromantik von urtümlichem Bardenwesen zu schwärmen begann, entfernte sie sich von einer geschichtlichen Einsicht weiter als zuvor. Ein anempfundenes Gefühl vermochte das nicht zu ersetzen, auch nicht bei Klopstock oder Herder. Vico gedenkt der ganzen Schwierigkeit seiner Forschungsarbeit, die er in der »Idee« seines Werkes, in der Erläuterung des allegorischen Kupferstichs ausspricht:

»Als Prinzip solcher Ursprünge sowohl der Sprachen wie der Buchstaben erweist sich der Umstand, daß die ersten Heidenvölker nach einer (von uns) bewiesenen Naturnotwendigkeit Dichter waren, die in dichterischen Zeichen sprachen; diese Entdeckung, die der Hauptschlüssel zu dieser Wissenschaft ist, hat uns das hartnäckige Forschen unseres ganzen Gelehrtenlebens gekostet, weil es unserem jetzigen zivilisierten Wesen ganz unmöglich ist, sich diese dichterische Natur dieser ersten Menschen vorzustellen und es nur mit großer Mühe gelingt, sie zu verstehen.«

(»Principio di tal' origini e di lingue e di lettere si truova essere stato ch'i primi popoli della gentilità, per una dimostrata necessità di natura, furon poeti, i quali parlarono per caratteri poetici; la qual discoverta, ch'èla chiave maestra di questa Scienza, ci ha costo la ricerca ostinata di quasi tutta la nostra vita letteraria, perocché tal natura poetica di tai primi uomini, in queste nostre ingentilite nature, egli è affatto impossibile immaginare e a gran pena ci è permesso intendere.« (cp. 34)

Es ist alles andere als heitere Poesie im Gegensatz zum Ernst des Lebens, was sich in dieser Vorstellung zeigt. Es ist die Verarbeitung einer erschreckenden, wilden und grausamen unbegriffenen Erfahrung zu den Phantasiebildern und -zeichen, den »universali fantastici« oder »generi fantastici«. Es ist nicht die zarte Kindheit noch die schöne Einfachheit patriarchalischer Zustände, was die Geschichte der ersten Menschen ahnen läßt. Und die Metaphern, in welchen diese Erfahrung der Welt sich äußert, sind keineswegs beliebig; Vico geht so weit, ihnen neben ihrer überraschenden Schönheit auch Notwendigkeit zuzusprechen (z. B. II,

IV, 1). Seine allegorischen Deutungen mögen im einzelnen vielfach abstrus erscheinen, was sie übrigens nicht von späteren Versuchen mythologischer Deutung unterscheidet, sie sind jedoch ungewöhnlich konkret auf die Lebensbedingungen und Institutionen früher agrarischer Gesellschaften zugeschnitten.

Mit der Identifikation oder der Ablehnung der untersuchten und geschilderten Zustände ist es vorbei. Zum ersten Male, so scheint es, hat der Wille zur Erkenntnis in der Tiefe möglicher Einsichten Platz gegriffen. Vico als Vorläufer anzusehen, ist abwegig, und schon gar nicht kann er diese Rolle für das vorromantische und romantische Verhältnis zur Vergangenheit spielen. Eher wäre nach der Rechtfertigung derartiger Auffassungen nach einer bereits erlangten philosophischen Einsicht in die Geschichte zu fragen. Der theoretische Vorgriff reicht dabei gewiß weiter, als das Werk ihn schon einzulösen vermöchte. Und wie es dabei geschehen kann, verifizieren die einzelnen Beispiele manchmal weniger die These, als daß die These ihnen, auch wenn sie sich nicht halten lassen, Gewicht verleiht.

Den Gedanken einer »ewigen idealen Geschichte« bezeichnet Vico selbst als der platonischen Philosophie zugehörig. Wie in einer Formel enthalte sie den Verlauf der Geschichten aller Völker. Die fünf Stadien, die er immer wieder aufzählt, sind rein konventionell: Beginn, Fortgang, Höhepunkt, Niedergang und Ende (»sorgimenti«, »progressi«, »stati«, »decadenze«, »fini«), das heißt, sie sind nicht auf die Geschichte von Völkern besonders bezogen, sondern waren ein allgemeines zeitliches Schema, unter welchem man alle Dinge ihren Lauf nehmen sah. Das Wesen der Geschichte finde sich vielmehr in der Beschaffenheit unseres Geistes, in seinen »modificazioni«. Wer die neue Wissenschaft denkend betreibe, indem er sich selbst die ewige ideale Geschichte erzählt, der schaffe sie sich auch selbst und genieße das wahrhaft göttliche Vergnügen, daß ihm wie sonst nur Gott Erkennen und Tun eines sei (I, IV).

Der gesetzliche Verlauf dieser Geschichten in der »Identität des Gedankeninhalts und der Verschiedenheit der Ausdrucksformen« (»sull' identità in sostanza d' intendere e diverstà de modi lor di spiegarsi«, V, III) im Lauf der Dinge (»corso«) und bei der Rückkehr oder Wiederkehr dieser Dinge bei dem Wiedererstehen der Völker (»ricorso delle cose umane nel risurgere che fanno le nazioni«, V, Introduzione) darf jedoch nicht als astronomischer Zyklus mißverstanden werden. Es ist keine Wiederholung des Gleichen, sondern ein Schema, nach welchem die Völker in Sprache, Kultur und Gesittung ihren Lauf nehmen. Vico vermutet zwar, daß sein Schema auch für die unendliche Zeitausdehnung einer ungeschaffenen Welt gelten würde, und diese Vermutung bedeutet von Neapel aus nicht viel weniger als eine Behauptung, aber vor Augen hat er aufgrund der zugänglichen Überlieferung doch lediglich drei dieser Läufe und den ersten der Chaldäer und Ägypter sehr unklar und voller Skepsis in gefälschte Ahnenreihen.

Deutlich stehen ihm die Völker der klassischen Antike von ihrem frühen Aufstieg bis zu ihrem Niedergang vor Augen sowie das Auftreten der barbarischen Völker zu Beginn des Mittelalters und zum großen Teil auf den Schauplätzen der Alten Welt. Vico ist geprägt von der italienischen Evidenz: Untergang des Römischen Reiches, Chaos der Invasionen und Anarchie des Mittelalters, worin sich ein neues feudales Recht ausbildet wie in der archaischen Zeit der Griechen und Römer; danach Wiedererstehen der Staaten und schließlich ihre Humanisierung in großen befriedeten Monarchien in seiner Gegenwart. Die »jüngste barbarische Geschichte« (»la storia barbara ultima«) erklärt er als Wiederkehr der ersten barbarischen Geschichte in der griechischen und römischen Frühzeit. Anders als die Humanisten und die aufgeklärten Denker seines Jahrhunderts beklagt er den Untergang nicht. In durchaus augustinischen Gegensätzen vermag er Gottes Wirken »mit der Tugend der Märtyrer gegen die römische Macht, mit der Lehre der Kirchenväter und den Wundern gegen die eitle griechische Weisheit« zu rühmen (»con la virtù de' martiri incontro la potenza romana e con la la dottrina de' Padri e co' miracoli incontro la vana sapienza greca«, V, I).

Damit steht die Geschichte des frühen Mittelalters nicht mehr unter dem falschen Anspruch, kulturell die antike Welt fortzusetzen, wie unter ihrem eigenen der Kontinuität im Politischen, sondern dem eines Neuerstehens aus antiken Vorgaben, der eine andere Entwicklung als in der antiken Frühzeit hervorbringt. Vico kennt normale Abläufe seines Schemas wie beim römischen Volk, das ihm ja auch als Modell dient, aber auch beschleunigte wie bei den Karthagern »durch ihre angeborene afrikanische Schlauheit« (»dalla natia acutezza affricana«, V, III) oder im Falle Capuas im glücklichen Campanien, während Numantia etwa in der ersten Blüte unterdrückt wurde. Sonst entsprechen diese Abläufe in der gemäßigten Zone von Japan und China bis nach Europa seiner Vorstellung, aber die trägen Bewohner des kalten Nordens und die weichlichen des Südens lassen es an heroischer Wildheit oder an humanen Sitten fehlen.

Vico räumt zwar dem Christentum eine besondere Stelle ein, aber es kann doch nur das allgemeine Gesetz bestätigen, das sich noch erstaunlicher im römischen Recht manifestierte und auch für eine unbegrenzte Welt gälte. Vom Standpunkt Neapel aus sind das nur höchst formelle Zugeständnisse an die machthabenden Autoritäten, woraus keine Schlüsse auf das analytische Instrumentarium gezogen werden dürfen. Was ihn an die Seite der großen Gesetzgeber des astronomischen Universums stellt und in den Auseinandersetzungen zwischen Newton und Leibniz diesem an die Seite reiht, ist das Bewußtsein von der Immanenz eines sich selbst erhaltenden Ablaufs. Die »provedenza« wird wohl mehrfach als geschichtliche Tatsache zitiert, um das Erklären mit dem Zufall Epikurs und Hobbes' auf der einen Seite und mit der Notwendigkeit der Stoiker und Spinozas auf der anderen nach der gängigen Schuleinteilung abzuweisen; aber sie wird nirgends als eine außergeschichtliche Kraft eingeführt. Mit der gleichen unbefragten Selbstverständlichkeit wie im Weltbild von Leibniz ist die Geschichte für Vico Gottes Wirken, eines Gottes freilich, der sich in unabänderlichen Gesetzen offenbart.

Das Prinzip der fünf Stadien in der Ordnung der Dinge (»cose« oder »cose umane«, was im Italienischen durchaus für Geschichte, aber nicht für deren Darstellung steht) führt Vico nicht schematisch durch. Selbst in den *Elementi* treten nebeneinander vier-, fünf- und sechsgliedrige Beispielreihen auf, so etwa:

> 65. »erst waren die Wälder, dann die Hütten, darauf die Dörfer, danach die Städte und schließlich die Akademien.«

Man wird diese Reihe, vor allem in ihrem letzten Glied, nicht durch die folgenden Modelle von allgemeinerer Tragweite erklären wollen:

> 66. »Die Menschen fühlen zuerst das Notwendige, dann achten sie auf das Nützliche, darauf bemerken sie das Bequeme, weiterhin erfreuen sie sich am Gefälligen, danach verkommen sie im Luxus und schließlich werden sie toll und zerstören ihr Erbe.«
>
> 67. »Der Charakter der Völker ist erst roh, dann streng, danach mild, später weichlich und schließlich sittenlos.«

Diese Abfolge ist seit der Antike konventionell und in der Renaissance allgemeines Bildungsgut geworden.

Ein Beispiel ihres ganz selbstverständlichen Gebrauchs gibt Friedrich August Wolf in seiner *Darstellung der Alterthums-Wissenschaft* (1807), wenn er neben der »äußeren Geschichte der Litteratur«, welche die Werke »als Denkmäler ihrer Zeitalter und Urheber« betrachtet, »die innere Geschichte der alten Erudition« stellt, »die Geschichte des Ursprunges, Wachsthums, blühenden Zustandes und Verfalls der Litteratur, theils in den redenden Künsten, theils in allen den Kenntnissen und Wissenschaften, die von den Griechen und Römern angebauet worden.« (*Kleine Schriften*, Bd. 2, Halle 1869, S. 844)

Die Varianten des Schemas ergeben sich aus der inneren Strukturierung, vermehren aber jeweils nur die Zahl der Glieder beim Aufstieg oder Niedergang, ohne den Ablauf zu verändern. So teilt Wolf in seinen Vorlesungen etwa die griechische Literatur in sechs Perioden, die römische Literatur aber zur gleichen Zeit in deren fünf (1787, *Kleine Schriften*, Bd. 2, 1869, S. 691ff.). Dabei ist die mittlere Periode das »goldene Säkulum«, nach Wolfs strikt republikanischer Beurteilung allerdings nur der »Römischen Litteratur, aber nicht des Römischen Staats«, der ganz anders aufgefaßt wird und einem von seiner Literatur unabhängigen Verlaufsschema zu folgen scheint. Dieser Staat nämlich »ist schon ganz in seinem Innern erschüttert: ihn verzehren Luxus und Sittenverderbniss, die desto schrecklicher wüthen, da sie nicht natürliche Folgen selbsterworbener Kultur, sondern verpflanzte Früchte fremder Gegenden und Völker sind. Durch sie wird in der Mitte des Zeitraums (78 v. Chr. bis 14 n. Chr.) *der Untergang der Freiheit* vollendet, und der Staat fällt in die Hände eines einzigen« (ebda. S. 697). Wir bemerken nicht ohne Erstaunen, wie fern diese Auffassung der Geschichte Voltaire und wie nahe sie Rousseau steht, ohne daß Wolf sich auf einen der beiden beriefe.

Das Schema selber geht, bei Wolf ohne Verweis, bei Winckelmann, der ihm durch die Konzeption seiner *Geschichte der Kunst des Altertums* fortwirkende Überzeugungskraft verliehen hat, mit ausdrücklichem Hinweis (im 1. Kapitel des 8. Buches) zurück auf Josephus Justus Scaliger. Der hatte in einem Brief an den jungen Claudius Salmasius (Claude Saumaise) 1607 (*Epist.* 247, Frankfurt 1628) darauf aufmerksam gemacht, daß man in der griechischen Poesie wie in der geistigen Entwicklung eines Menschen vier Perioden wahrnehmen könne: »Ut animi, sic poeseos Graecae, quatuor tempestivitatis fuisse animadverti.« Der erstaunlich fertige Zustand der griechischen Poesie gleich bei ihrem ersten Auftreten im Werk Homers und Hesiods lege es allerdings nahe, ihn als »pubertatem potius quam infantiam« zu beurteilen. Das bezieht sich nun auf die Vollkommenheit der Kunst und erweist aufs neue, wie selbständig und gegen alles, auch das reifste Urteil, Vicos Unternehmen gewesen ist, die Spuren urtümlicher mehr noch als kindlicher Barbarei aus den Gesängen Homers zu entziffern.

Das bloße Schema ist dabei ziemlich gleichgültig und kann den unterschiedlichsten einzelnen Urteilen und allgemeinen Ansichten zugrunde liegen. Es liefert nicht einmal die Anatomie eines Wesens, um dessen Physiologie es uns doch zu tun ist. Es ist deshalb nicht nur ungenau, sondern ausgesprochen falsch, Vicos historische Einsichten mit modernen Faszinationen durch zyklische Schemata in Verbindung zu bringen. Vor allem setzt Vico nicht voraus, daß der gesetzmäßige Verlauf und die Wiederkehr seiner Formen auf Verwandtschaft oder Einheitlichkeit der Erscheinungen schließen lassen. Er erblickt einen ungeheuren Abgrund zwischen den Anfängen und seiner eigenen, späten Gegenwart, den keinerlei Einfühlung oder Empfinden von Ähnlichkeit zu überbrücken vermag. Nicht Identifizierung mit dem als idyllisch gedachten Frühen, sondern das Bewußtsein von dessen Andersartigkeit und Vergangensein prägt Vicos Anschauung und trennt ihn entschieden von Herder, aber auch von Hamann sowie den Romantikern. So versucht er auch nicht, schwärmerisch das Vergangene zu beleben, sondern macht sich an die archäologische Rekonstruktion des unbegreiflich fast und erschreckend Anderen, das er in den wohlbekannten Texten entdeckt.

Die historische Anschauung der Renaissance, die eine ideale Gegenwart der Antike zu konstruieren versucht und die Antike als normatives Bild des Gewesenen auffaßt, mußte dazu vollständig vergangen sein. Vico lebt in der Welt lateinischer Erudition, in der Bewunderung für die systematische und die Geschichte emanzipatorisch verwandelnde Leistung des römischen Rechts, in der selbstverständlichen Kenntnis der klassischen Werke, aber ohne jede Sehnsucht oder Hoffnung auf ihre Wiederkehr oder Erneuerung. Sie sind Denkmäler für ihn, nicht Gesetz und Vorbild. Das unterscheidet ihn wesentlich von Petrarca und auch von Rousseau. Er hat, was für einen Geschichtsphilosophen zu erwarten steht, ein unproblematisches Verhältnis zu seiner Gegenwart im großen Ganzen, denn er sieht die Notwendigkeit ihrer Bedingungen ein. Nur im einzelnen schmerzt ihn etwa der Verfall der lateinischen Bildung und das Vordringen der cartesianischen Philosophie.

Auch Vico hat eine Autobiographie geschrieben, auf Anforderung, für eine Sammlung von Gelehrtenviten. Er hat keine Empfindungen mitzuteilen, sondern Begebenheiten, die für ihn wichtig geworden sind, Bildungserlebnisse und eigene Schriften. Es beginnt mit einer Katastrophe. Als siebenjähriges Kind stürzt er von der Treppe und bricht gefährlich den Schädel. Der Arzt stellt die Prognose, er werde entweder sterben oder schwachsinnig werden. Doch keine der beiden Alternativen, »Gott seis gedankt«, ist eingetroffen. Alle weiteren Schritte waren mühselig. An

Begabung fehlte es nicht, auch nicht an Eifer und Mühe für die Wissenschaft, wohl aber an Anerkennung, Erfolg und einem angemessenen Amte. Sehr vorsichtig wird man verfahren müssen, wenn man überhaupt aus Vicos autobiographischer Erfahrung Schlüsse auf seine Anschauung der Geschichte ziehen will.

Die historisch-politische Situation in Italien und im Königreich Neapel im Unterschied etwa zu der in Frankreich oder in England gibt eher schon signifikante Daten. Das englische Beispiel einer glücklichen Revolution und einer durch Planen und Handeln zu bewirkenden Expansion des Außenhandels, der Industrie und des Kolonialbesitzes, der insbesondere die französischen Beobachter aus der Generation Vicos prägte, Montesquieu vor allem, hat für Italien keine Evidenz. Und die kleine Dialektik des wirtschaftlichen Handelns im Kontrast oder Rechtfertigungszwang zur christlichen Ethik, Mandevilles Paradox der »private vices«, welche zu »public virtues« sich verwandeln, die gern als Geschichtsphilosophie überschätzt wird, reicht nicht hin, um geschichtliche Einsichten hervorzubringen.

Die doppelte Erfahrung des Niedergangs der Antike, der fruchtbaren Barbarei des Mittelalters und der schon wieder gesunkenen mediterranen Machtgebilde während der Renaissance bewahrt Vico vor der historischen Naivität einer zu kurz gegriffenen Alternative von historischem Pessimismus oder Fortschrittsglauben. So wie er auf lange Zeit hin als einziger das Schreckliche der Anfänge, das Barbarische der phantastischen und poetischen Ursprünge erkennt und nicht moralische Urteile fällt, sondern die Ethik seiner Zeit im ironischen Kontrast benutzt, um das völlig Inkommensurable im ›heroischen‹ Zustand oder im Verhalten homerischer Helden herauszuarbeiten, so ist er auch davor bewahrt, in konstitutionellen Techniken den Garanten eines allgemeinen Fortschritts zu erblicken. Zu seinem eigenen gelehrten und gänzlich unheroischen Habitus gehört es, sich nach einem frühen, teuer bezahlten Mißgriff politischer Urteile zu enthalten, sie jedoch auch nicht als Prognosen oder Utopien in seine Vision zu verweben. Er bedient sich, wie Hegel, der Möglichkeit, vom Vorhandenen als vergleichsweise Vollkommenen auszugehen. Seine ganze Vorstellungskraft ist von der Entfaltung seiner in langer Mühe erarbeiteten Vision erfüllt, die ihm kein Mittel zu einem praktischen Zweck bieten kann. Darin gleicht er eher einem Kopernikus als einem Machiavelli.

Die Elemente seiner Argumentation sind daher nicht Absichten, welche sich ausgleichen oder durch eine »invisible hand« ausgeglichen werden, nicht die Handlungsmotivationen zwischen tyrannischem Laster und bürgerlicher Tugend und auch nicht solche Handlungsbedingungen, wie Verfassungen und Gesetze sie zwischen despotischer Willkür und bürgerlichen Privilegien zu regeln vermögen. Die Heteronomie der Geschichte erblickt er in unversöhnbaren Gegensätzen, und den Verlauf der Geschichte markiert er nicht nach einem Entwicklungsschema, sondern in plötzlichem Beginn, in katastrophalen Brüchen und in der geschulten Rücksichtslosigkeit des Blickes auf die geheiligten Traditionen. Die ungeschichtliche Destruktion der Vergangenheit in christlicher Konkurrenz, welche Augustin betrieben hatte, mußte ebenso überwunden sein wie die Idolatrie der Antike durch die Renaissance, um Vicos Analyse zu ermöglichen, die er mit folgender Betrachtung abschließt:

»Ganz gewiß setzt die römische Geschichte jeden aufmerksamen Leser in Erstaunen, wenn er sie unter folgenden Gesichtspunkten ansieht: was ist die römische Tugend bei so viel Hochmut? was die Mäßigung bei so viel Habsucht? was die Milde bei so viel Grausamkeit? was die Gerechtigkeit bei so viel Ungleichheit?«

(»Perché certamente la storia romana sbalordisce qualunque scortissimo leggitore, che la combini sopra questi rapporti: che romana virtù dove fu tanta superbia? che moderazione dove tanta avarizia? che mansuetudine dove tanta fierezza? che giustizia dove tanta inegualità?« (cp. 668)

Daß dies so wenig vertraut ist, mag an der eigentümlichen Konstruktion liegen, die der Historismus von seiner eigenen Vorgeschichte gegeben hat. Vico als Vorläufer und Anreger zusammen mit Montesquieu und Voltaire darzustellen, auf welchen unvollkommenen Stufen der Erkenntnis sich alsdann der deutsche Historismus aufgebaut habe, heißt diese Autoren alle in ihrer Beziehung untereinander und sich selber zu verkennen. Da wäre es schon sinnvoller, Vicos Gedanken über den Zusammenhang menschlicher Erfahrung und Erkenntnismöglichkeit in einer naturwissenschaftlichen Methodenreflexion wie der folgenden wiederzuerkennen:

»Science is a game, in which we pretend that things are not wholly what they seem, in order that we make sense out of them in terms of mental processes peculiar to us as human beings.« »Science is a method for the description, creation, and understanding of human experience.« (R. B. Lindsay, in: *Physics Today* 20, 12, 23, 1969)

Verwandt ist die Methode des rücksichtslosen Herausarbeitens der Andersartigkeit der Verhaltensweisen vergangener Zeiten bei Vico allerdings mit jener Methode, welche Locke auf die moralischen Vorstellungen anwendet (*Bk.* I, ch. 2, sec. 5 sqq.; darauf haben Collingwood, *The Idea of History*, 72, und William von Leyden, »History and the Concept of Relative Time«, in: *History and Theory*, II, 1963, 264 sqq., hingewiesen).

Weniges ist so verwirrend und entzieht sich so sehr einer differenzierenden Begrifflichkeit wie die den historisch-politischen Urteilen zugrundeliegenden Zeitmaßstäbe, die in ihrem Bezug zu dem gleichen Sachverhalt nicht weniger voneinander unterschieden sind als die moralischen Begründungen der Vertragstreue, die Locke mit den Beispielen eines Christen, eines Hobbisten und eines antiken Philosophen anführt, während er abweichendes moralisches Verhalten anderer Kulturen nur mit Schauder zitiert. Die zeitliche Relativität eines Wertesystems scheint auch deshalb weniger deutlich vor Augen zu stehen, weil sie nicht wie die moralische unmittelbar durch Sanktionen bedroht ist. Sie ist aber nicht weniger überraschend und in ihrem räumlichen Äquivalent ein Kunstmittel literarischer Erkenntnis, das sich ganz unbemerkt der kollektiven Phantasie bemächtigt hat. Die Welt in Pantagruels Mund (Rabelais, II, 32), Gullivers Reisen und Melusines Palast sind neben allen Riesen- und Zwergengeschichten und -Bildern zwischen dem Sacro horto di Bomarzo und dem deutschen Vorgarten zu einer Selbstverständlichkeit geworden. Daß wir auch zeitliche Welten mit unterschiedlichen Maßstäben wahrnehmen und danach die uns umgebende Realität in natürlicher Größe beurteilen, ist weniger leicht anschaulich zu machen.

Der eine Weg dazu verläuft über die subjektive Empfindung, daß die Ereignisse schnell oder langsam geschehen, für das Gefühl gewöhnlich zu schnell, wenn Dauer erwünscht ist, oder zu langsam, wenn Unangenehmes vorübergehen soll oder Langeweile herrscht. In Shakespeares *As you like it*, in der gleichen Szene, worin auf die räumliche Relativität einer kleinen Welt in Gargantuas Mund (nach dem Volksbuch, nicht nach Rabelais, wo es Pantagruels Mund ist) angespielt wird, belehrt auch die als Ganymed verkleidete Rosalind den jungen Helden über die Gangarten der Zeit, wie wir sie empfinden in Situationen, in denen es uns nicht schnell genug oder viel zu schnell geht. Die Bezeichnungen sind die, mit welchen man die Gangarten des Pferdes benennt:

»Time travels in divers paces with divers persons. I'll tell you who Time ambles withal, who Time trots withal, who Time gallops withal, and who he stands still withal.« (*As you like it*, III, 2; V. 327ff.)

Der andere Weg geht nicht von der Empfindung der Bewegung aus, sondern von der Relativität des Raumes, wobei im gedanklichen Experiment nicht nur kosmische Weiten und mikroskopische Details vor das allenfalls mit optischen Instrumenten bewaffnete Auge treten, sondern, wie im Märchen, der Beobachtende seine Größe verändert. Malebranche (1638–1715) malt sich folgendermaßen die Konsequenzen aus:

»Aber hätten wir Augen wie Mikroskope, oder vielmehr: wären wir so klein wie die Milben und Motten, so urteilten wir ganz anders über die Größe der Körper. Denn zweifellos haben diese kleinen Tiere Augen, welche imstande sind, ihre Umgebung zu erblicken und ihren eigenen Körper viel größer oder aus viel mehr Teilen zusammengesetzt, als wir ihn erkennen, denn sonst könnten sie ja nicht die zur Erhaltung ihres Lebens notwendigen Eindrücke empfangen und ihre Augen wären für sie völlig nutzlos.«

(»Mais si nous avions les yeux faits comme des microscopes, ou plûtôt si nous étions aussi petits que les cirons & les mites, nous jugerions tout autrement de la grandeur des corps. Car sans doute ces petits animaux ont les yeux disposez pour voir ce qui les environne, et leur propre corps beaucoup plus grand ou composé d'un plus grand nombre de parties que nous ne le voyons: puis qu'autrement ils n'en pourroient pas recevoir les impressions nécessaires à la conservation de leur vie, & qu'ainsi les yeux qu'ils ont, leur seroient entièrement inutiles.« (Malebranche, *Recherche de la vérité*, [1674] I, VI, § 1; Pléiade, S. 58)

Groß oder klein könne ein Körper nur im Verhältnis zu anderen genannt werden, und ein bloßes Vorurteil lasse uns glauben, wir sähen die Körper, wie sie an sich sind (ebda., S. 61). Malebranche bittet deshalb den Leser, sich mit ihm eine Welt vorzustellen, welche Gott mit Himmel und Erde in der Größe eines Balles bei gleichen Proportionen geschaffen habe. Die Bewohner dieser winzigen Welt würden andere Ausdehnungen groß oder unendlich nennen, als wir es zu tun pflegen (S. 61). Leichter vielleicht sei es, sich umgekehrt eine unendlich größere Erde vorzustellen als die, welche wir bewohnen. Bei gleichen inneren Proportionen sei sie doch im Maßstab um so viel größer als unsere Erde als diese im Vergleich mit dem Ball. Es folgt aber daraus nichts anderes, als daß unser gewohnter Maßstab nicht der Maßstab der Dinge oder der Körper ist, was schon die Vorsokratiker den gängigen Vorurteilen entgegenhielten, und in der Erweiterung des Gleichnisses auf die Bewegung zeigt Malebranche, wie wir uns dabei täuschen und wie leicht vom Standort etwa des Mars aus ein

»ptolemäisches« System einer Umdrehung der Sonne um den Mars einleuchten würde.

Malebranche relativiert die Überzeugung von der Wahrheit des Augenscheins, ohne eine neue Erkenntnis an die Hand zu geben. Condillac, der dieses Gleichnis kennt, versucht einen Schritt weiter zu gehen, um den Begriff der Dauer zu klären. Die Welt von der Größe einer Haselnuß sähe die Gestirne in einer unserer Stunden viele tausend Mal auf- und untergehen, während wir ihren Bewegungen gar nicht folgen könnten. Eine Welt, die um so viel größer wäre als die unsere, so wie die Haselnuß kleiner, ließe ihre Bewohner die Bewegungen unserer Gestirne gar nicht unterscheiden. Condillacs Pointe beruht nun darin, daß seine Welten nicht in einer inkommunikablen Relativität verharren, sondern sich mit der unseren verständigen können, so daß eine Erkenntnis daraus zu ziehen ist:

> »Fragen wir endlich die Bewohner dieser beiden Welten nach deren Dauer, so würden die der kleinsten Millionen Jahrhunderte zählen, und die der größten, die kaum erst die Augen öffnen, würden antworten, daß sie eben entstehen.« (Condillac, *Traité des sensations* (1754), I, IV, § 18)

Entsprechend hatte Berkeley das Aperçu gewagt, daß das Leben einer Fliege ihr ebenso lang erscheinen müsse wie uns das eines Menschen, und daß andererseits ein und dasselbe Jetzt nicht allen empfindenden Wesen gemeinsam sei. Berkeley und Condillac bewegen sich im Rahmen der leibnizschen Begriffe und des von ihm gegen Newton und Clarke geführten Kampfes gegen die Vorstellung einer absoluten Zeit.

Ein gedankliches Experiment, das Einsichten zu gewinnen erlaubt, die über Condillacs schönen Kontrast von relativen Empfindungen der Dauer in der gleichen Zeitspanne hinausgehen, hat erst der baltische Naturforscher Karl Ernst von Baer (1792–1876) in seinem erstaunlichen Vortrag *Welche Auffassung der lebenden Natur ist die richtige?* (1837) angestellt. Der Ausgangspunkt ist die praktische Theodizee des scheinbar Unnützen, veranlaßt durch die Frage einer Dame: »Wozu mögen doch die lästigen Mücken geschaffen sein?« Es geht um den Stoffwechsel in der Natur, um ihre Erneuerung und um den »zu kleinlichen Maßstab, den wir anlegen, wenn wir in der lebenden Natur ein Verharren wahrzunehmen glauben«.

Karl Ernst von Baer geht aus von einer festen Anzahl von Sinneswahrnehmungen, wie sie einem vollen Menschenleben entsprechen und die er nun in einer bedeutend verkürzten oder verlängerten Zeitspanne ablaufen läßt – ein damals nicht leicht zu veranschaulichendes Verfahren, das seit der Entwicklung des Films als Zeitraffer bzw. Zeitlupe vertraut geworden ist:

> »Denken wir uns einmal, der Lebenslauf des Menschen verliefe viel rascher, als er wirklich verläuft, so werden wir bald finden, daß ihm alle Naturverhältnisse ganz anders erscheinen würden. Die gleiche Zahl von Sinneswahrnehmungen als die Menge seines ›Inneren Lebens‹ bleibt dem Menschen erhalten, aber er erlebt sie tausendmal so schnell.«

Baer rechnet mit einer Zahl von sechs bis zehn deutlich unterscheidbaren »sinnlichen Wahrnehmungen« pro Sekunde oder Pulsschlag (heute setzt man, wohl auch durch die Erfahrung des Films, 24 pro Sekunde an, die wir aber eher passiv als aktiv deutlich unterscheiden, so daß wir Baers Maß hier akzeptieren können). Was sind die Folgen für die Wahrnehmung des Menschen bei dieser tausendfachen Beschleunigung?

> »Er würde z. B. einer ihm vorbeifliegenden Flintenkugel, die wir nicht sehen, weil sie zu schnell ihren Ort verändert, um von uns an einer bestimmten Stelle erkannt zu werden, mit seinen Augen und ihrer raschen Auffassung sehr leicht folgen können. Aber wie anders würde ihm die gesamte Natur erscheinen, die wir in ihren wirklich bestehenden Zeitmaßen lassen.«

Was wir sonst in achtzig Jahren erfahren, drängt sich nun in 29 Tage zusammen. Nur 29 Sonnenaufgänge, ein Mondwechsel, die Andeutung nur einer jahreszeitlichen Veränderung. Dem im Sommer Geborenen liegt der Winter so fern wie uns heute das 18. Jahrhundert, und alles erschiene ihm recht zweifelhaft und nur schwer vorstellbar.

In einem weiteren Gedankenexperiment wird das Leben bei gleicher Zahl der Wahrnehmungen noch einmal um das Tausendfache, auf etwa vierzig Minuten, verkürzt. Die uns vertrauten Bewegungen bekämen etwas Statuarisches von jener Unmerklichkeit, mit welcher sich eine Wanderdüne bewegt. Ganze Generationen lebten in der Helle des Tages und wüßten nur aus der Geschichte vom Dunkel der Nacht. Ein »Philosoph unter diesen Minuten-Menschen«, dessen Lebenszeit auf den Abend gefallen wäre und der das Sinken der Sonne beobachtet hätte, würde, wie Baer vermutet, seinen Enkelkindern »das Ende der Welt... oder wenigstens des Menschengeschlechts« verkünden. »Die ganze organische Welt würde diesem Menschen leblos erscheinen«, aber vielleicht würden ihm Schwingungen, die uns als Licht und Farbe erscheinen, hörbar sein.

Nun denken wir uns umgekehrt das Leben bei gleicher Menge von Wahrnehmungen um das Tausendfache erweitert und zugleich verlangsamt. 80000 Jahre stünden dem Menschen zum Beobachten und Beurteilen seiner Welt zur Verfügung. Auf das Kalenderjahr verteilte sich die Aufmerksamkeit, die wir gut acht Stunden schenken, und darin wechselten die Jahreszeiten, die Pflanzen wüchsen und stürben wieder ab. Man sähe tatsächlich das Gras wachsen, die Pilze allerdings schössen aus dem Boden wie Springbrunnen. Die Tiere umsausten uns wie Geschosse und erschienen als sehr kurzlebig. Die Sonne umkreiste wie ein Meteor mit feurigem Schweif die Erde, und Tag und Nacht wechselten von Minute zu Minute.

Verlangsamten wir dieses Leben noch einmal um das Tausendfache, so ergäben sich wie bei einem ungeheuren Zeitraffer nur 189 deutlich unterschiedene Wahrnehmungen auf ein ganzes Jahr verteilt, welche dafür auch jeweils fast 48 Stunden dauerten. Den Wechsel von Tag und Nacht bemerkte man mithin gar nicht, die Sonne würde als leuchtender Ring um die Erde zu stehen scheinen, und die Jahreszeiten wechselten im Rhythmus von kaum mehr als dreißig Pulsschlägen. Wie würde unter diesen Umständen der Mensch, auch ohne daß ihm andere Fähigkeiten zuwüchsen, seine Welt betrachten? Gewiß ganz anders:

> »In der Tat haben wir gesehen, daß, je enger wir die eingeborenen Zeitmaße der Menschen nehmen, um so starrer, lebloser die gesamte Natur erschiene, bis zuletzt nicht einmal der Wechsel der Tageszeiten wegen Kürze des Lebens beobachtet werden könnte; daß aber, je langsamer unser eigenes Leben verliefe, je größer also die Maßeinheit wäre, die wir mitbringen, um so mehr wir ein ewiges Werden mit steter Umänderung erkennen würden, und daß nichts bleibend ist als eben dieses Werden. Die Natur erschiene ganz anders, bloß weil wir selbst anders wären.«

Baer vollzieht nun aber, über Malebranche und Condillac und über deren heilsame Irritation der Vorurteile hinaus, einen bedeutenden Schritt aus dem Zweifel zur Erkenntnis und von der quantitativen Relativität zu objektiver Gültigkeit:

> »Welche Ansicht mag nun die richtigere, der Wahrheit näher tretende sein? Ohne Zweifel die, welche aus dem größeren Maßstabe hervorgeht. Die Natur arbeitet mit unbegrenzter Zeit in unbegrenztem Raume. Der Maßstab für ihre Wirksamkeit kann nie zu groß sein, sondern ist immer zu klein. ... Wir werden nicht anstehen, zu erkennen, daß nach diesem großen Maßstabe alles Beharren nur Schein, das Werden, und zwar in der Form der Entwicklung, aber das Wahre und Bleibende ist, wodurch alles Einzelne vorübergehend erzeugt wird.«

Kehren wir mit dieser kühnen Schlußfolgerung von den gedanklichen Experimenten der Naturanschauung zurück zur historischen Erfahrung. Baer beschreibt in den beiden Extremen von Beschleunigung und Verlangsamung Tendenzen von Erfahrungshaltungen, die uns als historische Anschauungen begegnet sind. Die beschleunigte und verkürzte Intensivierung und Momentarisierung (gegen den Hintergrund einer zeitlosen Ewigkeit allerdings), worin Augustin vor allem seine Erfahrung stilisiert, ist das Gegenstück zu jener Haltung des Historikers, welche Gibbon beschrieben hat:

»A being of the nature of man, endowed with the same faculties, but with a longer measure of existence, would cast down a smile of pity and contempt on the crimes and follies of human ambition, so eager, in a narrow span, to grasp a precarious and short-lived enjoyment. It is thus that the experience of history exalts and enlarges the horizon of our intellectual view. In a composition of some days, six hundred years have rolled away, and the duration of a life or reign is contracted to a fleeting moment.« (Gibbon, *The Decline and Fall...*, ch. 48, ed. Bury, V, 242)

Mit diesem Gedankengang beschließt Gibbon das 48. Kapitel, in welchem er die Schemen von 60 oströmischen Kaisern vor dem Auge des Lesers vorüberziehen läßt. Es ist ein Kapitel reflektierender Ereignisgeschichte im Maßstab der »longue durée«, die nur den knappesten Bericht und ein kurzes Verweilen gestattet. Aber die Konzeption des ganzen Werkes setzt jenen großen Maßstab in Raum und Zeit voraus, den die Erkenntnis des Vergangenen bedingt und der sich der moralischen Nutzanwendung ebenso versagt wie der heilsgeschichtlichen Erwartung. Die Öffnung und die konkrete Veranschaulichung des gewaltigen Raumes, der von den Steppen Innerasiens bis ins nördliche Afrika und von Alexandria in Ägypten bis zu den germanischen Stämmen der Völkerwanderung reicht, war ein Ereignis der Jahre, in welchen Gibbon sein Werk plante und schrieb. Carsten Niebuhrs arabische Reisen, Anquetil-Duperrons Erforschung Persiens und seiner heiligen Schriften und William Jones', eines Freundes von Gibbon, Studien der klassischen indischen Literatur unterschieden sich von den Reiseberichten und antiquarischen Studien des Barock. Sie waren durchdrungen vom aufklärenden philosophischen Geist des 18. Jahrhunderts und besaßen die Fähigkeit, das menschlich Bedeutende und geschichtlich Wirksame dieser Erscheinungen zu ergreifen. Eine Welt öffnete sich dem pragmatischen Zugriff August Ludwig Schlözers in Rußland und Asien und der Auffassungsgabe Georg Forsters bei Cooks Weltumseglung. Nicht das Besondere und Kuriose der Monstren und Anekdoten beschäftigt diese Generation, sondern das Allgemeine im emphatischen Sinne, sofern es »général et universel« ist.

Auch Baers hatte seine Überzeugung, daß man den größeren Maßstab anlegen müsse, auf weiten Forschungsreisen durch Rußland gewonnen, die den Anatomen nötigten, Geograph zu werden, und die, wie der Ausgangspunkt seines Vortrags zeigt, sich in großangelegten Untersuchungen bewährten, welche das Verhältnis der Menge von Kleinlebewesen und organischen Nährstoffen zur Menge des Fischbestandes aufweisen konnten. Die Übertragung auf die historische Erkenntnis mag zunächst ein wenig willkürlich erscheinen. Auf diesem Felde ging man ja von der Unersetzbarkeit des einzelnen aus und überließ alles, was gesetzmäßig zu erfassen war, der Statistik, der »politischen Arithmetik«, wie sie schon im 18. Jahrhundert entstand, und später der politischen Ökonomie und der Soziologie. Das Überindividuelle beließ man in historisch ungeklärten, aus der Naturanschauung stammenden und damit um so heimtückischeren Begriffen wie der »Entwicklung« – diachronisch – und des »Volkes« sowie dem ihm zugesprochenen »Volksgeist«. Die Tendenz zur Distanzlosigkeit gegenüber der eigenen Erfahrung hat sich in den populären Philosophien des 20. Jahrhunderts und ihrer verheerenden Auswirkung auf die Geisteswissenschaften noch verstärkt.

Die Kritik des zu kurz gegriffenen Maßstabes ist uns freilich schon in Augustins Abwehr chiliastischer Datierungsversuche des Endes dieser Welt begegnet. So gering Augustins Teilnahme bei den Erfordernissen einer objektiven Geschichtsdarstellung gewesen ist und so entschieden seine Zeitauffassung sich auf die Intensität des ausdehnungslosen Augenblicks richtete, so klar war doch auf der anderen Seite der politische Kalkül und die Beurteilung der eigenen Lage im Gange der geschichtlichen Zeit. Es ist sogar so, daß die mit dem Bewußtsein autobiographischer Besonderheit korrelierende Distanz zur eigenen Gegenwart am Ende der Antike ein Verfügen über lange Zeit, ja, möglichst die ganze überlieferte Geschichte erheischt, um Autorität zu schaffen. Das Verfahren ist in sich ambivalent und wird zu Geschichtsprophetien und naseweisen Katastrophenprognosen ebenso angewendet wie zur besonnenen historischen Forschung.

Es ist nicht schwer zu zeigen, daß die großen Historiker des 18. und 19. Jahrhunderts ebenso wie ihre kühnen Vorgänger im 16. sich des weiteren Maßstabes bedient haben, um eine der »Wahrheit näher tretende Auffassung« der Geschichte zu gewinnen. Aber sie allein bewahrt nicht vor Fehleinschätzungen. Zur Überwindung der Katastrophentheorien, zum Ersetzen der in lustvoller Dekadenz großzügig gebrauchten Begriffe von Niedergang und Untergang durch den in eindringlicher Interpretation zu erarbeitenden Begriff des Übergangs ist dieser weite, weltgeschichtliche Maßstab unerläßlich. Zugleich kann er dazu verführen, das historische Urteil und die vergangenen Entscheidungsmöglichkeiten aufzuweichen in einen allgemeinen Gang der Vorsehung oder in eine immanente Entwicklung der Überlebensfähigkeiten.

Man könnte geneigt sein, Baers Auffassung der Natur für eine Anwendung von Herders Ansicht der Historie in den *Ideen zu einer Philosophie der Geschichte der Menschheit* zu halten, die in ihren beiden ersten Teilen selbst eher naturgeschichtlich konzipiert ist. In einem eigentümlichen Ineinssetzen der Ursachen und der Wirkungen gewinnt Herder einen Begriff der Entwicklung, der Ätiologie und Teleologie zugleich ist. Die Humanität der gewesenen schönen Zeiten der Inder, Griechen und Morgenländer, welche diese Zeiten hat reifen lassen, ist auch Keim und Versprechen eines Fortganges der Humanität mit den Zeiten, das Gesetz ihrer inneren Entwicklung und der »Zweck des Menschengeschlechtes«. Gewiß ist der Mensch, vor allem am Leitfaden seiner Sprachfähigkeit betrachtet, Subjekt und Objekt seiner eigenen Entwicklung und trägt mit dem Rhythmus seiner Wahrnehmungen und Äußerungen seine eigne Zeit in sich. Aber statt zu deuten und das fremd Gebliebene verständlich zu machen, beschwört Herder das Gewesene als Verheißung des Künftigen und das Unvollkommene als Hoffnung seiner Vervollkommnung; er versucht das Sein mit der zeitlichen Existenz zu versöhnen in einer Andacht vor der Vergangenheit, die, statt Erkenntnis zu gewähren, sich mit deren Legitimation begnügt.

Es ist kaum ein größeres Mißverständnis denkbar, als Vico und Herder nebeneinander zu rücken, im einen den Vorläufer des andern und gar in diesem den Vollender von jenem sehen zu wollen. Dabei soll Herders Werk einer poetischen Meditation der Weltgeschichte, in einer Teleologie allerdings auf das neuzeitliche Europa, nicht unterschätzt werden. Allerdings sind schöne Gedanken zu unterscheiden von der Erkenntnis geschichtlicher Tatsachen und die visionäre Beschwörung des Gewesenen von der in der Arbeit erkennender Forschung zu gewinnenden Vision des Historikers oder Geschichtsphilosophen.

Individuelle und geschichtliche Zeit

Nach dem Siebenjährigen Krieg begannen die deutschen Schriftsteller, sich der Geschichte zuzuwenden, wie es unter dem Einfluß Voltaires eine literarische und philosophische Beschäftigung geworden war. Die Revolutionen der Weltgeschichte wurden, je nach Weite des Blicks und Gesetzen der Gattung, in Palastintrigen oder Verschwörungen ergriffen, in der Entwicklung der Zivilisation, die sich für den räsonnierenden Blick schnell auf die ganze Menschheit ausdehnte, oder in Theorien der Geschichte. Offenbart sich die Vernunft in der Geschichte? Und wenn man dessen nicht ganz sicher war, so konnte man doch Gott, wie Lessing es tat, gleich das ganze Menschengeschlecht erziehen lassen. Poesie und eine theologisch geprägte Phantasie führten zu historischen Visionen, die gelehrte Konkurrenz nötigte zur ausgebreiteten Lektüre und zur scharfsinnigen Auslegung der Quellen. Langsam professionalisierte sich diese Beschäftigung, sie wurde den Schriftstellern zu mühsam, und die Gelehrten lernten, für ein Publikum zu schreiben.

Von Winckelmann und Justus Möser, Hamann und Herder bis zu Niebuhr, Droysen, Mommsen und Burckhardt ist ein Prozeß der Ernüchterung zu beobachten. Erst langsam werden über den eindrucksvollen Leistungen die zeitbedingten, persönlichen Motivationen sichtbar. Welche aktuellen Konflikte focht man in der Beschäftigung mit klassischer Vergangenheit aus? Niebuhrs Rekonstruktion der römischen Frühgeschichte aus ihren agrarischen Bedingungen steht in Beziehung zu den Erfahrungen mit den Landbesitzverhältnissen in der britischen Kolonie Indien und mit der Abwehr falscher Modelle der Bodenverteilung in den Debatten der französischen Nationalversammlung über eine »loi agraire« nach dem Vorbild der Gracchen. Droysens Erkenntnis der weltgeschichtlichen Bedeutung des Hellenismus steht schwankend zwischen der historischen Anerkennung der Freiheitsbewegungen von den amerikanischen Freistaaten über das revolutionäre Frankreich bis nach Polen und der Parteinahme für das unentwickelte Preußen als zweites Mazedonien unter vergleichbarem geschichtlichem Auftrag. Theodor Mommsen belebt die Machtkämpfe der römischen Republik im Übergang zum Prinzipat durch die stete Berufung auf die aktuelle Politik der Einigung Deutschlands. Und Jacob Burckhardt versucht in der Vision der Kultur der Renaissance in Italien die Selbstaufgabe der modernen Kultur gegenüber den materiellen Kräften des Erwerbstriebes und der Massenorganisation zu kritisieren.

Vergangene Epochen boten sich an als Tribunal der aktuellen Probleme, die nicht mehr zu bewältigen waren. Dieses Ausweichen in die Vergangenheit ist fremd geworden, die Leidenschaft der Auseinandersetzung und die Prägung der Geister durch eine fast ausschließlich an toten Sprachen und philologischen Fertigkeiten orientierte höhere Bildung fast unbegreiflich. So wie in Zeiten fehlender öffentlicher Politik das Theater eine Ersatzfunktion gewinnt und in Zeiten unsicherer Erkenntnis der Welt der Streit um theologische Dogmen an ihre Stelle tritt, so muß die Aufarbeitung und neue Deutung der Geschichte für das unmittelbare Wirken auf die Welt menschlicher Handlungen eintreten. Dabei waren sich Goethe und Hegel etwa über diesen gegenwärtigen Charakter historischer Erkenntnis sehr wohl im klaren.

Hegel hat sein weltgeschichtliches Ausgreifen in alle Disziplinen philosophischer Wissenschaften deutlich von der Gegenwart des erkennenden Geistes aus bestimmt. In mehreren Formeln suchte er früh diese »Vereinigung mit der Zeit« (*Jugendschriften*, ed. Nohl, S. 345) zu fassen, die keineswegs die physikalische Zeit meint, sondern die Zeit der Geschichte. Deshalb ist die Philosophie »ihre Zeit in Gedanken erfaßt« (*Rechtsphilosophie*, ed. Hoffmeister, S. 16), und Hegel kommt zu sich selbst in dem »Entschluß«, wie er ein Epigramm betitelt, das er um 1801 verfaßt hat: »Besseres nicht als die Zeit, aber aufs beste sie sein.« Es gehört zu den verbreitetsten und unreifsten Mißverständnissen Hegels, diese Vereinigung mit der Zeit aus einem zwanghaften Objektivitäts- und Fortschrittsglauben heraus kritisieren zu wollen und als Irrtum Hegels zu überwinden.

Es gibt keinen anderen Standort geschichtlicher Erkenntnis als die Gegenwart. Wer das nicht bewußt zu machen vermag, kann weder die Vergangenheit verstehen noch die eigenen Grenzen reflektieren. Goethe besaß die Freiheit, spielerisch darauf Bezug zu nehmen. Er wurde sich darüber klar, daß seine eigentümliche Bildung und seine Wirkung auf die deutsche Literatur daraus zu erklären ist, daß er zur rechten Zeit gekommen war. »Als ich achtzehn war, war die deutsche Literatur auch erst achtzehn«, sagte er einmal. Das heißt, er konnte die großen Werke der deutschen Literatur und die damit erst möglich gewordenen Übersetzungen von Werken der Weltliteratur als Neuerscheinungen lesen und auf sich wirken lassen. Er konnte in die deutsche Literatur eingreifen, als sie noch nicht fertig war; sie brauchte ihn und nötigte ihn zu Werken, die er selbst innerhalb der englischen oder französischen Literatur nicht geschrieben haben würde.

Dabei ist Goethes produktive Beschäftigung mit der Geschichte zu Beginn willkürlich und dilettantisch. In historischen Dramen verklärt er charaktervolle Einzelgänger wie Götz von Berlichingen oder Egmont, Gestalten, mit denen er in seiner eigenen amtlichen Tätigkeit später gewiß in Konflikt geraten wäre. Die Straßburger Zeit und die Begegnung mit Herder hatten das Interesse am schwärmerischen Umgang mit der Vergangenheit geweckt. Es sind die Aufzeichnungen des Götz von Berlichingen selbst, aus denen ein nicht nur altertümlicher, sondern in seiner Zeit der blühenden Städtekulturen längst anachronistischer Eigensinn des schwäbischen Ritters spricht. Goethes eigene Erfahrungen als Kind einer Patrizierfamilie einer freien Reichsstadt, die passiv an der Politik teilnimmt, sind anderer Art. Im Siebenjährigen Krieg sind nicht nur die Sympathien Europas zwischen den kriegführenden Mächten gespalten, der Riß zieht sich auch durch die eigene Familie. Goethes privatisierender Vater begeistert sich für Friedrichs II. kühnen Unternehmungsgeist, der Großvater, der alte Stadtschultheiß Textor, hält in gutem Reichspatriotismus zur Partei der angegriffenen Kaiserin Maria Theresia. Das ist eine sehr deutsche Gespaltenheit zwischen legaler und machtpolitischer, traditioneller und vermeintlich zukunftsträchtiger Parteinahme, die sich auch hundert Jahre später nicht klären sollte. Im Verlauf des Kriegsgeschehens besetzen französische Truppen 1759 die Stadt, und der Königsleutnant Graf Thoranc wird in Goethes Elternhaus einquartiert. Die Messestadt wird europäisch, ein französisches Theater beeindruckt den Knaben, und Frankfurt wird Schauplatz der Krönung Josephs II. zum römischen König. Die deutschen Länder waren erstmals seit langem Handlungsträger politischer Auseinandersetzungen geworden, die sie für ihre eigene Sache hielten.

Das späte Erwachen einer Literatur, gleichzeitig einer bedeutenden Übersetzertätigkeit und kritischer Studien führte dazu, daß Homer erst nach Rousseau auf das deutsche Bewußtsein wirkte. Durch das französische Theater der klassischen Tragödie und Voltaires wurde die Wirkung Shakespeares aufgespart, so daß sein Werk als elementares Ereignis und nicht als ›Bildungsgut‹ wirkte. Trotzdem löschte dieser Eindruck nicht die anderen aus, auch fand er keine Stätte ausschließlicher Realisierung. Die Bildung durch die klassischen Sprachen, das fortwirkende Modell der französischen Literatur gliederten sich in eine halbverborgene, aber fast systematische Ordnung, die der politischen Konzeption der europäischen Republik als einer Balance der Mächte entspricht. Wechselseitige Achtung und Einander-gelten-Lassen, freundschaftlicher Verkehr über alle Grenzen hinweg, Austausch und Konkurrenz durch Übersetzungen, die den Werken nicht nachstanden, und die selbstverständliche Anerkennung der Wirkung der großen literarischen Mächte seit dem Alten Testament und der Antike – das ist in der frühen Zeit noch wenig klar erkennbar, es existiert aber schon lange, ehe es schließlich in den Gedanken, die sich an den Begriff Weltliteratur (seit 1827) knüpfen, feste Gestalt findet. Es ist das System, unter dem man sich die europäische Staatengeschichte begreiflich machte.

Der Begriff »Politik der Balance« stammt aus dem politischen Denken der italienischen Renaissance. Mit ihm erklärte man die Koexistenz der Interessen mehrerer Mächte innerhalb eines politischen Raumes. Es bedeutete die Kontrolle der gewaltsamen Konflikte und garantierte das Fortbestehen kleiner Staaten zwischen den eigentlichen Handlungsträgern des Geschehens. Es wurde von den italienischen Republiken und Fürstenstaaten, speziell der Lage von Florenz zwischen Mailand und Venedig im Norden und dem Kirchenstaat und Neapel im Süden auf andere, nicht gewaltsam lösbare Konkurrenzverhältnisse übertragen, im 16. Jahrhundert auf das von Frankreich und Spanien und seit dem 17. Jahrhundert auf die englische Politik. Seine klassische Darstellung fand es, zwischen seiner Zertrümmerung durch die napoleonische Eroberung und den Versuchen, es zu restituieren, in Arnold Heerens *Handbuch der Geschichte des europäischen Staatensystems*. Er erblickte in ihr die Garantie der Sicherung des Besitzstandes durch drei Jahrhunderte hindurch und die »wechselseitige Erhaltung der Freiheit und Unabhängigkeit« gerade der kleineren Staaten. Das Verdienst der Balancepolitik war es, das »Gefühl vom Wert der Selbständigkeit« zu erhalten und jene weltgeschichtlich einzigartige Mannigfaltigkeit, »die einen größeren Kreis politischer Ideen praktisch im Umlaufe erhielt, der Europa seine politische, und mit ihr zugleich einen großen, vielleicht den größten Theil seiner übrigen Cultur verdankt«. Eine »festere Consistenz« erlangte dieses System gerade deshalb, weil »sein Mittelpunkt durch einen Staat gebildet wurde« (das Römische Reich deutscher Nation), »dessen Form, wie mangelhaft sie auch in Beziehung auf ihn selbst sein mochte, doch höchst wohlthätig für das Ganze war«. Mitte zu sein, ohne Hegemonie ausüben zu können, »Allen wichtig, aber Niemandem gefährlich«, das sicherte in einem praktizierten Völkerrecht, das wohl gelegentlich verletzt, aber nicht außer Kraft gesetzt wurde, die Existenz auch der kleineren Staaten.

Dieses System glaubte man durch die Französische Revolution bedroht, es wurde faktisch durch Napoleons Politik suspendiert. Und während man England für den beharrlichen Vertreter und schließlichen Retter dieses Systems und seiner Wiederbelebung hielt, errichtete dieses im Windschatten der Revolutionskriege ungestört ein koloniales Weltreich, das sich nicht weniger als Napoleons Hegemoniepolitik mit der Balance in Widerspruch befand.

Das Prinzip der Balancepolitik widerstreitet auch auf dem Boden der Literatur zwei anderen Prinzipien, die mit einem damals neuen Begriff als »ideologisch« zu charakterisieren sind. Das ist einmal der sich verwandelnde Begriff der Nation, der nicht mehr die wertneutrale Landsmannschaft bezeichnet, sondern Motor eines machtpolitischen Prestigedenkens und einer das bisherige System zerstörenden neuen Staatsbildung wird. Halbwahre oder verlogene prähistorische Stammesverwandtschaft und fiktive Sprachgemeinschaft werden durch einen publizistischen Patriotismus aufgebaut und dann von der Machtpolitik mit anderen Zielen realisiert. Dabei beginnt die geistige Selbstzerstörung lange, bevor sich diffuse Hirngespinste von Literaten zu militärischen und administrativen Operationsplänen verdichten.

Goethes Haltung ist seit der Revolutionspublizistik – von der politischen Romantik und Deutschtümelei bis zu der »Heiligen Allianz« und den Konvulsionen der Revolution von 1830 – durch instinktive Abwehr charakterisiert. Die publizistische Ausbeutung von Gefühlen und einer weltfernen Religion für die Zwecke moderner Großraumpolitik zerstörte die Existenzbedingungen des alten Europa. Daher gewinnt seine Literaturpolitik des Anerkennens großer Mächte der Literatur, der Antike, des Orients als Gegengewichten zu den »Verkehrtheiten des Augenblicks« eine ganz andere Bedeutung, als wenn man sie als Rückzug vom Tagesgeschehen oder als Äußerung eines Harmoniebedürfnisses mißversteht.

Goethe hat die Prinzipien, die er in menschlichen Handlungen und in der Erkenntnis seiner selbst findet, in der Natur beobachten und als Gesetze wirken zu sehen gelernt. Eines dieser Bewegungsgesetze, das er für grundlegend hielt und allenthalben wiederzufinden glaubte, ist das von Polarität und Steigerung. Im Bereich der Morphologie angeschaut, schien es von universaler Geltung zu sein, und es diente dazu, die geschichtliche Welt zu erschließen. Die sich gerade abzeichnende Aufspaltung der Welt in Natur und Geschichte widersprach nicht nur seinem Empfinden, sie schien ihm durch Anwendung solcher Gesetze auf alle Erscheinungen des Lebens etwas Wesentliches rückgängig zu machen. Goethe blieb die Mathematisierung der modernen Wissenschaften verschlossen, er dachte in Analogien wie die Naturphilosophen des 16. Jahrhunderts. Dagegen stand die Faszination für das Denken der Aufklärung, durch »politische Arithmetik« jenseits der Schicksale der einzelnen allgemeine Gesetze der Wahrscheinlichkeit und der den Zufall bändigenden Regel zu finden. Den methodisch nicht zu überschreitenden Abgrund zwischen intuitiver Anschauung, die sich in fortgesetzter Beobachtung zu bewähren hat, und der empirischen Induktion, die kein Gesetz erkennen läßt, fühlte Goethe sehr deutlich. In der Verständigung mit Physikern, die an Newton geschult waren und seinem kühnen Dilettantismus auch nicht einzelne Schritte weit folgen wollten, waren ihm die Grenzen seiner technischen Voraussetzungen schmerzlich bewußt geworden. Was in den klassifizierenden Sparten der Naturgeschichte keine Schwierigkeiten bereitete, sperrte sich schon gegen die Mitteilung in einem methodisch völlig verwandelten Bereich wie der Physik, an die er mit seinen Studien zur Optik und zur Farbenlehre stieß. Er erkannte aber, daß die methodischen Wissenschaften sich ebensowenig Rechenschaft ablegen können von der Weise, wie sie zu Entdeckungen gelangt sind, auch wenn sie sie danach in gesicherten Verfahren anzuwenden vermögen. So ergibt sich eine kontrollierte Unmittelbarkeit, worin ein Vermögen der Anschauung sich defensiv gegen die abstrakten Anforderungen der wissenschaftlichen Zunft formuliert. Ausgesprochen findet es sich einmal am Ende des *Versuchs einer Witterungslehre* (1827) unter der Überschrift »Selbstprüfung«:

»Denn ob ich gleich mir nicht einbilde, daß hiemit alles gefunden und abgetan sei, so bin ich doch überzeugt: wenn man auf diesem Wege die Forschungen fortsetzt und die sich hervortuenden Bedingungen und Bestimmungen genau beobachtet, so wird man auf etwas kommen, was ich selbst weder denke noch denken kann, was aber sowohl die Auflösung dieses Problems als mehrerer verwandten mit sich führen wird.«

Die zeitliche Anschauung der geschichtlichen Wahrnehmung Goethes, zur rechten Zeit gekommen zu sein, sich mit dem allgemeinen Verlauf auch noch im Gegensatz zu identifizieren, geht nicht von Zahlen aus, sondern von Rhythmen und Zyklen. In einer Tagebuchnotiz vom 26. März 1780 schreibt er:

»Ich muss den Cirkel der sich in mir umdreht, von guten und bößen tagen näher bemerken, Leidenschaften, Anhänglichkeit trieb dies oder iens zu thun. Erfindung, Ausführung Ordnung alles wechselt, und hält einen regelmäßigen Kreis. Heiterkeit, Trübe. Stärke, Elastizität, Schwäche, Gelassenheit, Begier eben so. Da ich sehr diät lebe wird der Gang nicht gestört und ich muss noch heraus kriegen in welcher Zeit und Ordnung ich mich um mich selbst bewege.«

So ungeschützt und gewiß noch nicht mit dem Gedanken an Publikation sucht der sich Prüfende dieses seines eigenen Rhythmus innezuwerden. Ein halbes Jahr zuvor hatte er, im dreißigsten Jahr seine Vergangenheit überblickend und so klarsichtig wie streng urteilend, notiert:

»Wie kurzsinnig in Menschlichen und Göttlichen dingen ich mich umgedreht habe. Wie des Thuns, auch des Zweckmäsigen Denckens und Dichtens so wenig, wie in zeitverderbender Empfindung und Schatten Leidenschafft gar viele Tage verthan, wie wenig mir davon zu Nuz kommen und da die Hälfte nun des Lebens vorüber ist, wie nun kein Weeg zurückgelegt sondern vielmehr ich nun dastehe wie einer der sich aus dem Wasser rettet und den die Sonne anfängt wohlthätig abzutrocknen. Die Zeit dass ich im Treiben der Welt bin seit 75 Oktbr. getrau ich noch nicht zu übersehen. Gott helfe weiter. und gebe Lichter, dass wir uns nicht selbst so viel im Wege stehn. Lasse uns von Morgen zum Abend das gehörige thun und gebe uns klare Begriffe von den Folgen der Dinge.« (*Tagebücher*, 7. August 1779)

Eine entwaffnende Offenheit, die in zwei Absätzen sehr viel über sich verrät, läßt uns bemerken, daß hier eine neue Epoche der Selbstwahrnehmung beginnt. Die Selbstkritik und Einschätzung der eigenen Vergangenheit, zu welcher Augustin oder Petrarca in der Lage gewesen sind, ist ganz anderer Art. Augustin kontrastiert die zeitlichen Verfehlungen mit einer ewigen und jenseitigen Ordnung; Petrarca mißt seine Individualität an christlichen und, mehr noch, an antiken ethischen Normen. Rousseau rechtfertigt und verklärt dabei seine vergangene Existenz. Auch bei Montaigne ist dergleichen nicht zu finden, vielleicht deshalb, weil er doch bleibende Maximen aus einem nur teilweise durchschaubaren Leben zu ziehen versucht. Allerdings spielt auch die Gattung der Aufzeichnungen eine Rolle. Nur das Tagebuch und vielleicht noch der Brief erlaubten, so unabgeschlossene, durch den Lauf der Zeit erst zu ergänzende Aussagen zu machen. Zugleich hat diese Selbstbeobachtung den Charakter einer wissenschaftlichen Problemstellung, die eine wirkliche, durch weitere Beobachtung erst zu klärende Frage aufwirft, statt sich mit Behauptung und Zweifel zu begnügen.

Bei dieser Frage ist die Untrennbarkeit des Empirischen von der gesuchten Idee, die einfache und doch so schwer zu realisierende Einsicht, »daß alles Faktische schon Theorie ist«, offensichtlich geworden. Und die Wahrnehmung des eigenen Lebens in der Untrennbarkeit des Körperlichen vom Geistigen, des Physiologischen vom Metaphysischen steht auch nicht mehr in der Spannung zwischen Sünde und Gnade, nicht mehr in der durch den Drang nach Ruhm vermittelten Spannung zwischen der eigenen Endlichkeit und der antiken Größe, nicht in der Dialektik einer in die Verkanntheit und vermeintliche Verfolgung projizierten Lebensunfähigkeit zu der behaupteten Einzigkeit der Existenz und Selbstdarstellung. Das Verhältnis von Irrtum und Einsicht hat sich gewandelt. Die zeitliche Beziehung von »Selbsttäuschung«, wie Karl Philipp Moritz es nannte – Goethe spricht hier von »Verworrenheit, Betriebsamkeit Wissbegierde der Jugend« und »demütiger Selbstgefälligkeit«, sonst von Dumpfheit – setzt einen anderen Begriff zeitlichen Werdens voraus, Entwicklung im morphologischen Sinne. Dabei ist der Irrtum, die jugendliche Dumpfheit und Verworrenheit nicht Bedingung der Einsicht, wie es die Sünde für die Gnade gewesen ist. Das Verhältnis von innen und außen, von Tun und Erleiden, von eigenen Entscheidungen innerhalb des Geschehens, worin wir ein Element der Handlung und Handelnde zugleich sind, zum Allgemeinen ist vielfältiger, aber auch organischer geworden. Die Charakterisierung verliert dabei notwendig die Schärfe und Eindeutigkeit, welche die handelnden Personen eines antiken Dramas oder eines barocken Trauerspiels auszeichnete. Was seither als modern erscheint, ist der gelebte Widerspruch, ein Sich-Verwandeln im Laufe der Zeit, die als erlebte und wahrgenommene Zeit Erinnerung ist und die Geschichte jedes einzelnen Wesens und aller zusammen hervorbringt.

So ist das, was der antiken Charakteristik als Fehler und Schwäche erschienen wäre, eine nicht mechanische Einheit des Charakters, die Identität des modernen Helden und, lange bevor eine Ethik diese dynamischen Inkonsistenzen formuliert hätte, auch der Ansatzpunkt der Identifikation des Lesers. Zu dem Geheimnis der Wirkung Rousseaus mehr noch als Goethes gehört es, daß die Projektion auf (den »Pathosformeln« der bildenden Kunst verwandte) antike Ideale, die im heftigsten Kontrast zu der Sensibilität der Helden stehen, durch ihre Uneinlösbarkeit Überzeugungskraft ausstrahlt. Was zunächst ein deplazierter Klassizismus in der Empfindsamkeit des Rokoko zu sein schien, bestimmte wesentlich den Stil der Selbstdarstellung in der Französischen Revolution.

Die Bewegungen von Rousseau und Goethe im zeitlichen Verhältnis des Individuellen zum Allgemeinen sind gegenläufig. Rousseau kehrt zurück in die Erinnerung der Seligkeit einer noch kindlichen Liebe zu »Maman« in der letzten, unvollendeten *Rêverie*, während Goethe, dem Drang einer mächtigen Entelechie folgend, die er wahrzunehmen glaubt, zur Objektivierung und Verallgemeinerung strebt. Es öffnen sich die weiten, für bedeutende Alterswerke typischen Perspektiven, und scheinbare Gegensätze verschwimmen ineinander unter dem nach weiteren Kategorien urteilenden Blick.

Zu dieser Haltung gehört der Eindruck, daß die Geschichte im ganzen »von Zeit zu Zeit umgeschrieben werden müsse« ebenso wie das Gefühl, sich selber im Alter historisch zu werden, zwei perspektivische Wahrnehmungen historischer Auffassungen, die wohl keiner zuvor und keiner in dieser Beziehung zueinander formuliert hat. Die Regression Rousseaus samt seiner politischen Vision und das Gefühl weltgeschichtlicher Verbundenheit und der Solidarität mit dem Schicksal beim alten Goethe zusammen bezeichnen erst die Spannweite des modernen historisch-politischen Denkens. Die extreme Innerlichkeit, welche beide literarisch ausgeprägt haben, und die Beziehung nach außen, die bei Rousseau Anklage und Forderung, bei Goethe resignierende Einsicht und objektivierende Erkenntnis geworden ist, markieren die Pole, zwischen welchen die Haltungen der Moderne immer noch angesiedelt sind.

Zeitliche Aspekte politischer Aussagen

Max Weber hat 1895 in seiner Freiburger Antrittsrede *Der Nationalstaat und die Volkswirtschaftspolitik* eine nicht wissenschaftliche, sondern politische Äußerung gemacht, welche nicht nur jede Generation, sondern zumindest alle zehn Jahre seither in einem völlig anderen Sinn und Zusammenhang gelesen werden konnte:

> »Wir müssen begreifen, daß die Einigung Deutschlands ein Jugendstreich war, den die Nation auf ihre alten Tage beging und seiner Kostspieligkeit halber besser unterlassen hätte, wenn sie der Abschluß und nicht der Ausgangspunkt einer deutschen Weltmachtpolitik sein sollte.« (*Gesammelte politische Schriften*, München 1921, S. 29)

In dieser Zeit wären die ersten Teile des Satzes vor dem letzten Komma eher geeignet, allgemein akzeptiert zu werden, während damals erst der Schluß des Satzes seinen gewagten Anfang rechtfertigen konnte. Noch erstaunlicher vielleicht ist der darauf folgende Absatz, der heute vielleicht nicht so sehr die ungewöhnliche politische Analyse herausstellt als die gebliebene Unsicherheit und auf die Zukunft gerichtete Utopie:

> »Das *Drohende* unserer Situation aber ist: daß die bürgerlichen Klassen als Träger der Machtinteressen der Nation zu verwelken scheinen und noch keine Anzeichen dafür vorhanden sind, daß die Arbeiterschaft reif zu werden beginnt, an ihre Stelle zu treten.«

Ich zitiere einen weiteren Absatz, der den unmittelbaren Zusammenhang ergänzt und schon durch die verwendeten Wörter vielfältigere Assoziationen schafft und das verwirrende Spiel fortsetzt und vermehrt:

»Nicht – wie diejenigen glauben, welche hypnotisiert in die Tiefen der Gesellschaft starren – bei den Massen liegt die Gefahr. Nicht eine Frage nach der ökonomischen Lage der Beherrschten, sondern die vielmehr nach der politischen Qualifikation der herrschenden und aufsteigenden Klassen ist auch der letzte Inhalt des sozialpolitischen Problems. Nicht Weltbeglückung ist der Zweck unserer sozialpolitischen Arbeit, sondern die soziale Einigung der Nation, welche die moderne ökonomische Entwicklung sprengte, für die schweren Kämpfe der Zukunft. Gelänge es in der Tat, eine »Arbeiteraristokratie« zu schaffen, welche Trägerin des politischen Sinnes wäre, den wir heute an der Arbeiterbewegung vermissen.«

So weit der Kontext. Die Aussage setzt eine umfangreiche historische Analyse voraus und fällt ein Urteil, das auf künftige politische Entscheidungen zielt und von dem allgemeinen Geschehen, gleichgültig, ob dieses Urteil akzeptiert wird und diese Entscheidungen gefällt und wirksam werden, verifiziert oder falsifiziert werden muß – mit der Besonderheit freilich, daß ein politisches Urteil dadurch gerade seine Richtigkeit erweisen kann, daß der Verlauf der Geschichte ergibt, es wäre besser gewesen, ihm gemäß gehandelt zu haben, vorausgesetzt, der faktische Verlauf gewährte dergleichen Alternativen.

Die Karikatur der historischen Darstellung ist beabsichtigt und bedient sich bewußt einer Formel des politischen Appells – »wir müssen begreifen« –, um nach der Karikatur einen erneuten, auf den Überraschungseffekt gestützten stärkeren Appell folgen zu lassen. Der Anfang ist so überwältigend klar und drastisch in seiner Bestandsaufnahme, daß ich noch einmal in Erinnerung rufe:

»Wir müssen begreifen, daß die Einigung Deutschlands ein Jugendstreich war, den die Nation auf ihre alten Tage beging und seiner Kostspieligkeit halber besser unterlassen hätte.«

Dies zielt, 1895 in Freiburg gesprochen, auf das empörte Erstaunen der Nationalliberalen und gar der Konservativen, ein wenig auch auf Sympathie bei den altbadischen Föderalisten und alemannischen Eigenbrötlern, die allerdings durch den folgenden Halbsatz, der die Konservativen und Nationalliberalen besänftigt und anspornt, ihrerseits düpiert werden. Dieses Spiel setzt Max Weber in den nächsten Sätzen fort, mit dem noch ernsteren und weiterreichenden Thema der Klassen und ihrer Teilhabe an der politischen und ökonomischen Herrschaft. So wie wir ihn eben zitierten, klingt dieser Satz prophetisch in die Zukunft deutend, bis der zweite Halbsatz diese Illusion beseitigt. Politischen Sätzen kann durch die Geschichte eine Wahrheit und Weisheit zuwachsen, die der Autor gar nicht meinte. Trotzdem ist der Spielraum des Denkens von Max Weber so weit, daß solche Konnotationen, ungeachtet seiner damaligen Zielvorstellungen, nicht völlig zufällig sind. Verantwortliches politisches Denken kann nur mit dem Bewußtsein des möglichen Scheiterns auch der hoffnungsvollsten und aussichtsreichsten Unternehmungen geschehen. Dazu gehört auch das – ein wenig rührende und sehr aufklärerische – Pathos des Erziehens der ganzen Nation und, unter Umkehrung aller gegebenen Klassenprobleme, derer, die nicht mehr, und derer, die noch nicht herrschen können.

Man mag heute darin viel Darwinismus finden, der damals vielleicht zu selbstverständlich geworden war, um bemerkt zu werden. Man kann die unter Voraussetzung der Marxschen Theorie gegebene Überwindung seiner Auffassung vom Klassenkampf voreilig finden oder, angesichts des späteren Faschismus, ebenso ahnungslos wie die Marxsche oder inzwischen von erneuter Aktualität. Der zweite Absatz über das »*Drohende* unserer Situation« ist immer noch und nicht weniger bedrohlich wahr als damals, und er ließe sich auf die Situationen zwischen jetzt und damals deuten.

Wir wollen uns vor allegorischer Schriftauslegung hüten, bei einem Autor zumal, der die sozialen Bedingungen der Prophetie so nüchtern zum Gegenstand der Forschung zu machen verstand wie vor ihm Spinoza. Und der »sensus historicus« selber ist der am schwersten zu gewinnende, denn während die allegorischen Deutungen von vornherein gegeben sind und nur angepaßt werden müssen, ist die historische Deutung die Herausforderung für die Forschung, die Unbekannte, die gesucht und erwiesen werden muß.

Das Zitat von Max Weber hat aber nicht nur die Eigenschaft, 1905 sogar von seinem Autor selbst, der atemlos die erste russische Revolution verfolgte, schon anders gelesen zu werden und wieder 1915 und, nach seinem Tode, in den Zwanziger Jahren, wieder anders 1935 und 1945, zehn Jahre später, im Wiederaufbau bei den Aufrüstungsdebatten anders als weitere zehn oder zwölf Jahre später und noch einmal ein und ein zweites Jahrzehnt darauf... Diese mehrfache Aktualisierbarkeit liegt gewiß an der Verknüpfung eines Ereignisses, das man seit der Romantik als Ziel und Aufgabe postulierte und auf das hin man, als es verwirklicht schien, den Verlauf der deutschen Geschichte stilisierte, in der Ambivalenz seiner Bewertung durch den folgenden Konditionalsatz, mit seiner säkularen Zukunftsaufgabe, wie sie als uneingelöste Erbschaft der Französischen Revolution sich dem 19. Jahrhundert stellte.

Ob diese Aufgabe in dieser Erwartung zu lösen ist, weiß keiner, und diese Ungewißheit potenziert sich mit jener der richtigen Einschätzung der Reichsgründung, über welche man 1895 mehrheitlich sicherer zu sein glaubte als etwa 1918 oder 1945 oder in der Gegenwart. Es kann hier nicht unsere Absicht sein, eine Bedeutungsanalyse dessen, was der Satz 1895 aussagen konnte, im Vergleich mit dem zu geben, was ihm an möglichen Bedeutungen durch den faktischen Verlauf der Geschichte zugewachsen ist. Ein anderer Gebrauch, der von diesem Satz zu machen wäre, läge darin, die jeweils geltenden oder konkurrierenden Auffassungen von Politik an ihm zu prüfen. Er diente als Ferment, das Vorhandensein, Übermaß oder Fehlen der Maßstäbe klassischer (Macht-)Politik aufzuzeigen, in Übereinstimmung oder im Kontrast zur realen Größe der wirtschaftlichen Bedeutung und des Außenhandels. Dabei konnten die Vorstellungen von »einer deutschen Weltmachtpolitik« 1895 ebenso überzogen sein, selbst bei Max Weber, der erst 1899 aus dem Alldeutschen Verband austrat, dessen Entwürfe, wie er selbst zitiert, Bismarck einst »schülerhaft in der Form und unreif im Inhalt« gescholten hatte, wie sie bei anderen es noch 1915 und wieder 1935 gewesen sind. Der Satz kann aber auch den Mangel einer eigenen Politik, die nicht nur Wirtschaftspolitik wäre, vor Augen führen, gerade durch das inzwischen Befremdliche seiner Gedankenverknüpfung. Heikler noch sind die gar nicht ausgeführten geschichtsphilosophischen Implikationen solcher politischen Urteile, die beinahe schon Prognosen oder Mahnungen sind. Muß etwa eine Einigung, wobei wir gar nicht an die nationale Einigung Deutschlands denken wollen, sich denn lohnen, um nicht als leichtsinnig oder unrentabel zu gelten? Und lohnt sie sich, in diesem Fall die deutsche Einigung 1871, nur, wenn sie »Ausgangspunkt einer deutschen Weltmachtpolitik sein sollte«? Sind die Probleme, welche historische Situationen stellen, durch die richtigen Absichten zu lösen? Gewiß ist das Ziel »soziale Einigung der Nation« vernünftig, während die Formulierung schon zeigt, daß die absurde »Weltbeglückung« gar keine Alternative ist. Max Weber hat wie kaum ein anderer Beobachter der politischen Geschichte dazugelernt, und es wäre ungerecht, ihn auf die Herstellung einer »Arbeiteraristokratie« festlegen zu wollen, die so scharfsinnig naiv ist wie manche der idealen Verfassungsmischungen, welche man im Florenz der Renaissance als Lösung aller Probleme zu berechnen liebte.

Lohnen sich Investitionen historisch-politischer Art, wenn sie gleich Macht und Reichtum und auf die Dauer große Erinnerungen bringen? Im 19. Jahrhundert begann auch in Deutschland das geschichtliche Denken damit zu rechnen. Noch Niebuhr hatte Alexander den Großen als

Zerstörer der Unabhängigkeit griechischer Freistaaten wie einen Räuberhauptmann moralisch verurteilt. Droysens Konzeption des Historismus die nicht auf andere Quellen, sondern auf eine andere Vision der Geschichte sich gründete, sah den weltgeschichtlichen Brückenschlag darin und die Grundlage für die kulturelle Transmission im Römischen Reich und die Ausbreitung des Christentums. Das ist ein bedeutender Zuwachs an historischer Erkenntnis, der allerdings dazu verführte, in der Geschichte der preußischen Politik ein analoges Phänomen zu erblicken. Das ist von heute aus absurd, doch der Leser hat die Erfahrung gemacht, daß Untergänge und lange Zeiträume notwendig sind, um ein gültiges Urteil im langen Verlauf der Geschichte zu fällen.

Die Aufgaben, welche erfahrene Politiker in der Spätantike ihrer Zeit stellten, erwiesen sich für die Gegenwart als unausführbar und in der Länge der Zeit als unnötig. Das trifft nun gewiß nicht für alle historischen Aufgabenstellungen zu, sondern deutet nur noch einmal auf die Heteronomie der Absichten und Erfolge in der Geschichte. Rentabilitätsrechnungen erscheinen dann eher als frivol denn als falsch. Und säkulare Bedrohungen in der Zukunft sind immer richtig, nur lösen auch sie nicht die Probleme, welche historische Situationen aufwerfen. Die moralische oder juristische Verurteilung vergangener Taten von Völkern und Regierungen ist politisch unsinnig, d. h. sie erscheint kurzfristig als zweckrational, um auf längere Sicht neuen Schaden zu erzeugen, wie gerade Max Weber in Erörterungen zum Thema Kriegsschuld dargelegt oder, und diesmal mit schrecklichem Erfolg, prognostiziert hat. Der als »drohend« bezeichnete Zustand der Situation von 1895: »daß die bürgerlichen Klassen als Träger der Machtinteressen der Nation zu verwelken scheinen und noch keine Anzeichen dafür vorhanden sind, daß die Arbeiterschaft reif zu werden beginnt, an ihre Stelle zu treten«, ist keine Krise, die eine baldige Entscheidung fand, sondern ein langwährender Prozeß, dessen Bedingungen und Ende immer noch nicht abzusehen sind. Sehr vieles kann sich verlagern, die »Machtinteressen« außerhalb der Nation, die in Ermangelung einer klassischen Politik verbliebenen sozialen und ökonomischen Belange auf neu sich bildende Zwischenschichten, ohne daß die politische Reife der Arbeiterschaft als notwendige Frucht der Opfer und Bemühungen in der Geschichte sich einstellen müßte. Die Geschichte entzieht sich dem, was man für ihre Aufgabe hält, und sie läßt den, der analysierend, planend und urteilend mit ihr verfährt, ebenso allein wie den, der eine eher traumhafte Vision aus der Erfahrung seiner Kindheit auf sie projizieren möchte.

Bestimmte Zeiten der Geschichte, wie der Verlauf der Französischen Revolution, können, hat Wilhelm von Humboldt gesagt, eine Umkehrung des Verhältnisses von Erfahrung und Urteil bewirken, so daß die in der Politik Graugewordenen sich täuschen und die Unerfahrenen recht behielten:

»Es ist eine merkwürdige Erscheinung, die sich vornehmlich in unsern Tagen, wo mehr als sonst in der politischen und moralischen Welt neue und vorher unerhörte Dinge aufgestanden sind, gezeigt hat, dass die Richtigkeit der Beurtheilung von Begebenheiten und Menschen fast im umgekehrten Verhältnisse mit der Reife des Alters steht. Wir haben die Erwartungen, die Hofnungen und Besorgnisse von Jünglingen eintreffen sehen, indess die Weissagungen von Greisen unerfüllt geblieben sind.« (*Das achtzehnte Jahrhundert*, Ak. Ag. Bd. 2, S. 45)

Historische Urteile unterliegen, wie alle anderen auch, dem Irrtum. Wider Erwarten aber sind die historisch-politisch fundierten Urteile über die Gegenwart die ungewissesten, obwohl die Zeugen und Indizien alle zur Hand sind. »Nur Gegenwartsgeschichte bedroht uns ernstlich mit Benebelung«, notiert Franz Overbeck und ordnet sie, nach lebenslangen Erfahrungen mit der biblischen Geschichte und der der alten Kirche, der Prophetie zu, wobei er sich besonders auf seinen gegensätzlichen Freund Heinrich von Treitschke bezieht (*Christentum und Kultur*, S. 3). »Nur von uns selbst« können wir »ernstlich« Gegenwartsgeschichte liefern, folgert er schlüssig, und dort nur ist, wie wir es hier zu erproben versucht haben, auch die Selbsttäuschung, die Verkennung oder Umdeutung des eigenen Lebensganges authentisch und belehrend.

In der allgemeinen Geschichte werden daraus Formen historischen Unrechts. Eine Epoche zugunsten einer anderen als deren Vorgeschichte zu subsumieren, den langen Verlauf einer Entwicklung auf ein äußerliches Ziel hin zu instrumentalisieren in der Politik oder umgekehrt in der Geschichte ihn deutend auf dieses Ziel hin zu verengen bedeutet jeweils, Unrecht zu tun in dem Sinne, daß man einzelne und Gruppen nicht als Ziel in sich selbst, sondern als Mittel ansieht, als Mittel vielleicht für höchst zweideutige, irreführende Zwecke, wenn nicht gar der Selbstzerstörung.

Dergleichen Zielvorstellungen sind nicht nur in den forschen Tönen über die nationale Einigung ganz offensichtlich zu finden, sondern in den ernsten Problemstellungen des zweiten und dritten Absatzes bei Weber verborgen. Wer Politik machen will, wird »die soziale Einigung der Nation« für eine wichtige Aufgabe ansehen. Was aber dann mit diesen versammelten Gewalten geschehen soll, was die Ziele einer »deutschen Weltmachtpolitik« sein könnten, 1895 und alle zehn Jahre später aufs neue als Frage gestellt, das ist jeweils Prophetie der Gegenwart mit der Gefahr, sich mißbrauchend an der Geschichte zu vergreifen. Nationen können auch ungeeint sozial und politisch Großes hervorbringen und die Nachwelt zu Dank verpflichten, während manche geeint, in einer zwanghaften Weise des Einens und der Vergrößerung, andere und schließlich sich selbst zerstören.

Das historische Urteil braucht ein Minimum beobachteter Zeit, um überhaupt sinnvolle Aussagen machen zu können. Das sind selbst für ein so neues Phänomen wie die Konjunkturzyklen einer entwickelten Wirtschaft, nach Joseph Schumpeters Ansatz, 250 Jahre. Das Recht gar entwickelt sich, wie Rudolf von Jhering am römischen Recht beobachtet, »außerordentlich langsam«:

> »Die Productivität der Geschichte des Rechts hat die Entwicklung des Rechtsorganismus zum Gegenstande und bewährt sich nicht daran, was derselbe *consumiert*, sondern was er *verdaut. Diese* Arbeit geht sehr langsam vonstatten und liefert vielleicht in einem Jahrtausend nicht so viel als die politische, Kunst- und Literaturgeschichte in einem Jahrhundert.« (I, 69)

Karl Ernst von Baer hat das Schema dafür vor die Einbildungskraft gestellt, wonach man sich dieses äußerst langsame Werden vorstellen kann. Komplizierter noch wird es dadurch, daß es zwischen den einzelnen Bereichen keine Gleichzeitigkeit gibt:

> »So stehen z. B: das öffentliche und das Privatrecht, der Criminalproceß und Civilproceß und im Privatrecht die einzelnen Institute desselben in dieser Beziehung nicht auf derselben Stufe. Das Familienrecht und auch, insoweit es mit diesem zusammenhängt, das Erbrecht sind langsamer und weniger bildsam als das Vermögensrecht, und letzteres zeigt wiederum bei unbeweglichen Sachen eine größere Hartnäckigkeit als bei beweglichen, und hinsichtlich der letzteren tritt bei den dem Handelsverkehr angehörigen Verhältnissen die höchste Steigerung der Bildungsfähigkeit hervor.« (*Geist des römischen Rechts*, I, 66f.)

So der historische Befund, während der »Kampf ums Recht« hier um das Erreichen einer Gleichzeitigkeit, dort um das Vorpreschen auf dem bereits gebahnten Wege geführt wird, ohne sich um die systematische Einheitlichkeit zu scheren. Der allgemeine Historiker glaubt zu wissen, was an der Zeit, was längst überholt und was schon anachronistisch ist, sofern er sich zu dergleichen zeitpolitischen Urteilen hinreißen läßt. Auch hier wird dem Gang der Geschichte mehr zugemutet, als er, zumindest auf einmal, leistet. Politische Wunschvorstellungen dessen, was an der Zeit oder dringend geboten ist, »werden wohl von den bedrängten Völkern ersehnt, von den Philosophen konstruiert, von den Dichtern erträumt«, wie Vico beobachtet hat, doch, so urteilt er, »das Wesen der Geschichte kennt solche Wohltaten nicht« (»la natura civile non porta tal sorta di benefizi«, cp. 677). »La natura civile«, die politische Welt, die irdische, bürgerliche, das, was wir Geschichte nennen, gewährt solche Wohltaten nicht. Wer wäre von dieser Einsicht tiefer durchdrungen als der späte Max Weber, der über »Politik als Beruf« gesprochen hat?

Epilog

»Der geneigte Leser ist nun bereits ein ganz anderer Mann, als vor kurzer Zeit«, stellt Johann Peter Hebel fest, als er zu Beginn des 19. Jahrhunderts das Weltgebäude nach kopernikanischer Methode erklärt. Die ist gewiß nicht neu gewesen, war aber längst noch nicht vertraut, und was mit einer sanften, kaum bemerkten transzendentalen Wendung der rheinische Hausfreund hinzufügt, ist die Einsicht, daß man auf diese Weise nicht nur die Welt anders anschaut, sondern dabei selbst ein anderer wird.

Das mag der geneigten Leserin und dem Leser dieser Studie nicht anders ergangen sein. Und auch dem Autor nicht, der hier einen Gedankengang beendet, der ihn nicht dahin führte, wohin er aufgebrochen war, und der ihn weiter auf manchen Abwegen führte, als er es vermuten konnte. Aber ist es so nicht überhaupt? mag der Leser fragen. Und der Autor, der das nicht als Begründung für die ihn selbst verwirrende Folge lange ausgearbeiteter Gedanken zur Zeit der Geschichte hingehen lassen kann, muß doch eine Erläuterung versuchen.

Die Geschichte des historischen Denkens, untersucht nach den zur jeweiligen Zeit möglichen und geltenden Vorstellungen von Zeit der Wahrnehmung und physikalischer Zeit sowie den Verlaufsschemata von Ereignisreihen und Prozessen, läßt sich nur zu einem sehr geringen Teil an die Vorarbeiten der betreffenden Fächer anschließen. Der historische Perspektivismus des 19. Jahrhunderts hat das Feld der Forschung dogmatisch verwüstet, wie ich an einem kleinen Beispiel zeigen möchte, das der Leser inzwischen einigermaßen zu beurteilen in die Lage versetzt ist. Der scharfsinnige und im Detail oft fruchtbare Collingwood schreibt in der Vorrede zu *The Idea of History*:

> »St. Augustine looked at Roman history from the point of view of an early Christian; Tillemont, from that of a seventeenth-century Frenchman; Gibbon, from that of an eighteenth-century Englishman; Mommsen, from that of a nineteenth-century German. There is no point in asking which was the right point of view. Each was the only one possible for the man who adopted it.« (*The Idea of History*, Oxford 1946, p. XII)

Was zunächst wie eine Binsenweisheit klingt und den Anspruch axiomatischer Richtigkeit erhebt, läßt sich freilich umkehren: Kein anderer früher Christ vor und neben Augustin hat die römische Geschichte so gesehen wie er, was schon für Orosius gilt, aber ebenso für Ambrosius und Hieronymus, für Ammianus Marcellinus und für Symmachus, die keine Christen waren, für die Pelagianer und Donatisten... Tillemont wurde schon von Pascal und Arnauld nicht ganz ernst genommen, weil er überhaupt Geschichte trieb, Bossuet stellte sie anders dar, von Bayle, der freilich kein Franzose war, zu schweigen...

Worin liegt der Fehler? Das Individuum wird mit seiner Epoche und Nation identifiziert, um wiederum für sie repräsentativ zu sein. Gewiß sind Tillemont und Gibbon nicht austauschbar, aber nicht deshalb, weil der eine Franzose im 17. und der andere Engländer im 18. Jahrhundert ist. Auch deshalb nicht, weil Gibbon die fleißige Arbeit des frommen Jansenisten mit Gewinn und kritischem Verstand benutzt hat. Das Individuum ist indes nicht mit seiner Epoche identisch, sondern schafft sie ebenso, wie es von ihr geprägt wird. Und die inneren Möglichkeiten derart reicher Individualitäten dadurch zu lähmen, daß man dekretiert, jeder habe nur diesen Standpunkt einnehmen können, wäre lebensfeindlicher Fatalismus. Augustin hat nicht nur vor und nach der eigenen Bekehrung, vor und nach der Verwüstung Roms und nach seiner raschen Genesung unterschiedliche Auffassungen. Er hatte gewiß Zeiten, in denen ihm die Verklärung Roms wie beim einst geliebten Virgil näher gelegen hätte, und er kannte die Versuchung der Reichstheologie des Eusebios. Jedenfalls hat er eine neue und kühne, politisch motivierte Herausforderung des Christentums an die römische Geschichte formuliert, welche noch keinem frühen Christen in den Sinn gekommen war und die viele auch gar nicht in ihrer Tragweite faßten, die uns aber seit noch gar nicht sehr langer Zeit als weltgeschichtliche Stellungnahme bedeutend ist, während sie in der Frühen Neuzeit etwa von den einen als theologische Autorität, von den anderen als fehlgeleitete Polemik gegen die klassischen Autoren des Altertums ohne historiographischen Wert gelesen wurde.

Ähnlich verhält es sich mit den anderen großen Historikern, die nicht vom gegebenen Standpunkt ihrer Epoche aus operierten, sondern einen Standpunkt schaffen, den sich ihre Epoche dann mehr oder weniger zu eigen machen wird. Wie, nach Droysens Worten, die in historischer Forschung zu gewinnende einzelne Tatsache, so ist ein Standpunkt für eine historische Vision und für ein historisches Urteil im Verhältnis zu den bisherigen, »im Verhältnis zu den Zuständen, in die [der Historiker] hineintritt, deren Gegensatz, deren Kritik und Gericht« (*Historik*, hg. v. Hübner, S. 166). Tillemonts Ansicht der römischen Geschichte ist viel weniger die eines Franzosen des 17. Jahrhunderts als etwa die Corneilles. Die genannten Autoren übernehmen nicht Gesichtspunkte, sondern sie erzeugen welche. Dabei entwickelt sich der für ein literarisches Werk einheitsstiftende Standpunkt zwischen mehreren Alternativen vorhandener Schulmeinungen und Bildungseinflüsse, und zwar nicht nur auf Kosten, sondern gegen andere. Einige dieser Standpunkte sind bewußte Parteinahmen, die ein partielles Unrecht einkalkulieren um ihrer, wie sie meinen, besseren Sache willen; andere vertreten die verkannte Wahrheit gegen die herrschenden Auslegungen, und auch das geht gewöhnlich nicht gänzlich gewaltlos ab. Es öffnet sich eine Welt lebhafter Auseinandersetzungen und ernster Konflikte, persönlicher Opfer und Niederlagen neben den Triumphen da, wo der Historismus die geometrischen Linien einer historischen Perspektive zog.

Die Erforschung der geschichtlichen Welt hat selber noch keine Geschichte. Es verhält sich mit ihr wie mit der Alchemie, bevor eine wissenschaftliche Chemie begründet wurde: Aperçus, Erfahrungen, Einsichten, Werke von großem Verantwortungsbewußtsein und hoher Objektivität neben bodenloser Naivität, haltlosem Wunschdenken und der Rückprojektion dessen, was als Publizistik oder als politisches Wirken einen Stellenwert hätte, in eine Vergangenheit, die nicht mehr Widerspruch anmelden kann. Die Beziehungen historischer Fehlhaltungen zu den beherrschenden Strömungen einer Epoche sind zu offensichtlich, als daß sie einer ausführlichen Analyse bedürften, und sie sind nicht bedeutend genug, um sie zu rechtfertigen.

Die Studie beginnt deshalb mit der Interpretation sehr bekannter, die geistige Überlieferung prägender Schriften, an denen genug zu beobachten bleibt, um geschichtsphilosophisches Arbeiten zu demonstrieren, das die früheren Lektüren durch die Jahrhunderte bis zur neueren Forschungsliteratur teils aufnimmt, zu einem großen Teil aber ungenannt voraussetzen muß, um nicht ein nicht zu verantwortendes Mißverhältnis zwischen den Gedanken und ihren Lesarten und Fehldeutungen aufkommen zu lassen.

Die Schritte der Interpretation und die Versuche, eine Reihe von Kategorien für das historische Denken herauszuarbeiten, sind daher vergleichsweise einfach. Polemische Auseinandersetzungen mit Begriffen von Geschichtlichkeit und Geschichtsphilosophie, die ich für falsch oder unverantwortlich halten muß, sind unterblieben. Die Alchemie des Denkens wird nicht durch Widerlegungen erwiesen, zumal dort nicht, wo der persönliche Ausdruck einer Überzeugung zu bemerken ist, auch wenn sie mit falschen Mitteln operiert.

Ansichten der Geschichte ebenso wie die der Natur und schon die Standpunkte können falsch sein, dem Gegenstand unangemessen, in sich unwahr oder pathologisch, auch und gerade dann, wenn sie große Wirkungen auf lange Zeit ausüben. Die Verflochtenheit solcher intensiv empfundener und mit starker Willenskraft behaupteter Ansichten mit einer teilweisen Evidenz und den ihrer Wirkung entgegenkommenden Schwächen ihres Publikums haben wir mehrfach angedeutet. Daran hat sich in jüngerer Zeit nichts grundsätzlich geändert. Auf die Prinzipien einer solchen Deutung habe ich mich beschränkt, und daran ist weiterzuarbeiten.

Bibliographische Skizze

Über kaum ein anderes Thema werden so viele Bücher veröffentlicht wie über die Zeit. Das liegt daran, daß dieser Begriff zugleich die Rhythmen subjektiver Erfahrung und die objektiven Maßstäbe physikalischer Zeit umfaßt und auf den Inhalt der Erlebnisse und auf die Entstehung unseres Kosmos übertragen werden kann. Wie bunt dieses Feld auch ist und in wie großer gegenseitiger Unkenntnis der Fragestellungen und Methoden es sich ausdehnt und durchkreuzt wird – anders wäre es nicht besser. Das Thema Zeit trägt ein Fünkchen Hoffnung, daß die unsinnige Fächertrennung der Wissenschaften nicht völlig durchgeführt wird. Die historische Erfahrungszeit hängt an biologischen Zeitrhythmen und wird an der physikalischen Zeit gemessen. Umgekehrt geben sogar die abenteuerlichsten Formeln wenig Anschauung, und was neuere Kosmologen sich ausmalen, kommt den Philosophen merkwürdig bekannt vor. Und historische Einsicht kommt wiederum nicht dadurch zustande, daß man die eigene Erfahrung vergißt und hinter formale Deutungsschemata schiebt.

Dieses Buch ist im Grenzbereich von Philosophie und Geschichte entstanden. Wenn man sich lange genug in beiden Regionen aufgehalten und ihre Grenzen oft genug überquert hat, kann man den Eindruck gewinnen, es sei für den Leser wie für den Autor besser, das Gepäck leicht zu halten. Dieses Buch setzt auf seiten des Autors lange Aufenthalte in gut ausgestatteten Forschungsbibliotheken voraus, es handelt aber von Werken und Gedanken, welche die Grundlage unserer allgemeinen Kultur bilden. Der Zugang dazu muß geöffnet werden. So geht die Verabredung dahin, den Apparat der Forschung, die langsam schreitet und schnell vergißt, beiseite zu halten, um die Gedanken in den Auseinandersetzungen bei ihrer Entstehung offenzulegen.

Gewaltsame Zugriffe auf die Deutung der Geschichte im ganzen aus geringer Kenntnis, aber intensiver Selbsterfahrung, werden konfrontiert mit den Eroberungen objektivierbarer Kategorien geschichtlicher Erkenntnis. Diese Konfrontation ließe sich auch anders darstellen, im einzelnen genauer herleiten, doch umgehen läßt sie sich nicht. Sie liegt im Zentrum der Geschichtsphilosophie. Dort sind Vicos *Neue Wissenschaft*

(1744) und Hegels *Phänomenologie des Geistes* (1807) angesiedelt. Viele einzelne Untersuchungen und Studien klären dieses Feld, erweitern unsere Kenntnis und stellen neue Fragen. Und andere, die als grundlegende Analyse und umstürzende Fragestellung auftreten, erreichen das nicht. So sind Husserls Analysen des inneren Zeitbewußtseins von eindringlicher Genauigkeit, aber geringem Ertrag. Man weiß nur wenig mehr, als Augustin beschrieben hat, ohne zu verstehen, warum Augustin die Zeit gerade so darstellte. Heideggers *Sein und Zeit* (1927) liest sich heute wie der Bericht eines verzweifelten Versuchs geistiger Machtergreifung ohne die zureichenden Mittel. Er erreicht die Phänomene gar nicht, die Hegel bereits erschlossen hat, und dringt mit der scholastischen Frageweise nicht tiefer. Statt Diltheys engen Historismus zu öffnen, bleibt er in begriffsloser Bewunderung davor stehen und scheitert darin, Geschichtlichkeit zu erörtern. Gleichwohl hat er einen gewissen Erfolg erzielt und wurde zum Geburtshelfer einer eskapistischen Hermeneutik, die den geschichtsphilosophischen Gehalt der ihr anvertrauten Werke umgeht.

Für die Philosophie der Zeit, die ich nicht eigens thematisiere, waren die Irritationen durch physikalische Entdeckungen zu Beginn des 20. Jahrhunderts ein großer Gewinn. Damit konnte argumentiert und gerechnet werden. Da die späteren Darstellungen die früheren voraussetzen und deshalb nicht grundlegend genug verfahren, sind die Studien der ersten Generation immer noch anregend: Hans Reichenbach, *Philosophie der Raum-Zeit-Lehre* (1928) und Hermann Weyl, *Philosophie der Mathematik* (1927). In den sechziger Jahren wurde es ein verbreitetes Thema von Vorlesungsreihen und Versuchen interdisziplinärer Synthesen. Der Impetus im ganzen und vieles einzelne ist überholt, mit Gewinn liest man aber immer noch: Gerald J. Withrow, *The Natural Philosophy of Time* (1961) und Stephen Toulmin, June Goodfield, *The Discovery of Time* (1965) deutsch: *Entdeckung der Zeit*, Frankfurt 1985, sowie den Sammelband: Julius T. Fraser (ed.), *The Voices of Time* (1966). Die naturwissenschaftlichen Entdeckungen haben auch erst eine Wissenschaftsgeschichte ermöglicht, die nicht addierend verfährt, sondern die Zerstörung und den Neuaufbau des physikalischen Weltbildes – eine Revolution im modernen Sinne – darzustellen vermag. Dafür verweise ich nur auf die knappeste und philosophisch fundierteste Darstellung: Alexandre Koyré, *Von der geschlossenen Welt zum unendlichen Universum* (1969).

Eine Einführung in die Geschichtsphilosophie existiert bislang nicht. Sie ist auch nicht als Doktrin darstellbar. Das war ein Grund mehr, hier unmittelbar an die Schriften heranzuführen, die autobiographische Erfahrung und weltgeschichtliche Ansichten dokumentieren.

Die Lektüre Augustins, die der Gattung Autobiographie und die Analyse der subjektiven Zeitempfindung beginnt mit Aurelius Augustinus, *Confessiones / Bekenntnisse* (lat. und dt.), übers. v. Joseph Bernhart, München 1955 u. ö., auch als Taschenbuch, Frankfurt 1988. Die Übersetzung Joseph Bernharts ist den anderen deutschen Übersetzungen weit überlegen, der damit leicht zugängliche lateinische Text, der nicht zum Kanon der Schulautoren gehört, kann trotz der ausgeprägten Individualität seines Autors einen eigenen Blick auf Stil und Denkweise der Spätantike eröffnen.

Daran schließt sich, weniger zugänglich, weniger einheitlich und über lange Zeit geschrieben: Aurelius Augustinus, *De civitate Dei* (*Die Gottesbürgerschaft*), lat. ed. Bernhard Dombart u. Alfons Kalb, Stuttgart 1981 (2 Bände), dt. Übers. *Der Gottesstaat*, v. Wilhelm Thimme, Zürich ^{2}1978 (2 Bände, auch als Taschenbuch, München 1978).

Weitere Schriften Augustins und seiner christlichen Zeitgenossen zitiere ich nach den wissenschaftlichen Ausgaben mit den Abkürzungen: PL *Patrologiae Cursus completus*, Series latina, ed. Migne, Paris, mit Bandzahl (Werke des Augustinus, Bd. 32–47), und CSEL *Corpus Scriptorum Ecclesiasticorum Latinorum*, Wien 1887 ff.

Die Schriften der Kirchenväter üben in ihrem ausgesprochen unklassischen Stil und doch rhetorischen Wetteifer mit den heidnischen Autoren einen starken literarischen Reiz aus. Trotz Gibbons Bekenntnis und Ratschlag, nicht mehr als die *Bekenntnisse* und die *Gottesbürgerschaft* zu lesen, sollte man es schon bei Augustin nicht bei den beiden Hauptschriften bewenden lassen. Literarische Themen des 20. Jahrhunderts, wie sie Borges oder Cioran erörtern, lohnt es ebenso wie den Antonius Flauberts an ihren Quellen aufzusuchen.

Augustin ist nicht nur der in den europäischen Krisenzeiten meistgelesene, sondern auch einer der meistkommentierten Autoren. Leider ist vieles apologetisch oder repetitiv, und man greift besser zu seinen eigenen Schriften. Vieles der unübersehbaren Literatur verzeichnet: Carl Andresen, *Bibliographia Augustiniana*, Darmstadt ^{2}1973, mit der merkwürdigen Eigenheit, gerade bei wichtigen Autoren die Vornamen falsch abzukürzen. Für meine Fragestellung sind der historischen Interpretation und der analytischen Schärfe wegen besonders wichtig die Aufsätze von Richard Reitzenstein, »Augustin als antiker und mittelalterlicher Mensch«, in: *Vorträge der Bibliothek Warburg*, II, Leipzig 1923

(S. 28–65), und ders., *Antike und Christentum*, Darmstadt 1963, sowie: Theodor E. Mommsen, »Orosius and Augustine« und »St. Augustine and the Christian Idea of Progress«, in: ders., *Medieval and Renaissance Studies*, Ithaca N. Y. 1959, sowie Arnaldo Momigliano, »Pagan and Christian Historiography in the Fourth Century A. D.« und ›Introduction‹, in: ders., *The Conflict Between Paganism and Christianity in the Fourth Century*, Oxford 1963.

Zur manichäischen Bildungswelt bei Augustinus ist immer noch unüberholt: Hans Heinrich Schaeder, »Urform und Fortbildungen des manichäischen Systems«, in: *Vorträge der Bibliothek Warburg*, IV, Leipzig 1927.

Der wichtigste Text der spätantiken Philosophie der Zeit liegt in einer ausführlich und vorbildlich kommentierten zweisprachigen Ausgabe vor: Plotin, *Über Ewigkeit und Zeit*, übers. u. hg. v. Werner Beierwaltes, Frankfurt ^{3}1981.

Obschon Augustinus selbst auch weder Platons *Timaios* noch die *Physik* des Aristoteles studiert hat, ist das kein Grund, ihm hierin zu folgen, besonders wenn man die gegebenen Möglichkeiten antiker Zeitauffassung verstehen will. Eine kommentierte, in der Deutung eigensinnige Ausgabe des *Timaios* bietet: F. M. Cornford, *Plato's Cosmology*, Oxford ^{4}1956, eine übersichtliche Erörterung gibt z. B. J. F. Callahan, *Four Views of Time in Ancient Philosophy*, Cambridge, Mass. 1948; eine Erörterung von Aristoteles' Auffassung nach Eduard Zellers *Geschichte der griechischen Philosophie* und Werner Jaegers *Aristoteles* findet sich in P. F. Conen, *Die Zeittheorie des Aristoteles*, Zetemata Heft 35, München 1964.

Zu Augustins nur vermittelter Kenntnis griechischer Philosophie sind immer noch bemerkenswert: Willy Theiler, *Porphyrios und Augustin*, Schriften der Königsberger gelehrten Gesellschaft, Geisteswiss. Klasse, 10, 1, Halle 1935, und ders., *Forschungen zum Neuplatonismus*, Berlin 1966.

Grundlegend zur fromm verdrängten, konfliktreichen Geschichte der alten Kirche, zu den verworrenen Problemen spätantiker Chronologie und zu Eusebios von Caesarea ist Eduard Schwartz, *Gesammelte Schriften*, Bd. 1–4, Berlin 1960. Zumindest einzelne Aufsätze daraus sind unerläßlich für jede Beschäftigung mit der Spätantike und zugleich, wie bei den Studien von Franz Overbeck, für das Verständnis der wilhelminischen Epoche.

Die Erörterung älterer Zeitauffassungen litt unter einem nicht aus den Texten erarbeiteten, sondern »völkerpsychologisch« aufgesetzten

Grundkontrast einer zirkulären griechisch-antiken zu einer linearen »jüdisch-christlichen« Zeitauffassung, womit man je nach Belieben den Griechen insgesamt oder den Juden und dem Alten Testament eine »eigentlich« historische Erkenntnis absprach. Dieses tief verfestigte irrationale Syndrom löst überlegen auf: Arnaldo Momigliano, »Time in Ancient Historiography«, in: *History and Theory*, Beiheft 6, 1966, in dt. Übers. in: ders., *Wege in die Alte Welt*, Berlin 1991. Diese Studie ist ein Ausgangspunkt für die erneute Lektüre der Quellen und für die Interpretation der Zeit auch in literarischen Texten. Durch Momiglianos Aufsatz wurde das Interesse auch auf damals weniger bekannte Studien gelenkt, die in verwandter Fragestellung das Alte Testament und die griechische Literatur erörterten: James Barr, *Biblical Words for Time*, London 1962, und Pierre Vidal-Naquet, »Temps des dieux et temps des hommes«, in: *Revue de l'histoire des religions* 157 (1960), 55–80, jetzt in ders., *Le chasseur noir*, dt. *Der schwarze Jäger*, Frankfurt 1990.

Petrarca war von der frühen Renaissance bis zum Ende des Barockzeitalters einer der meistgelesenen und vielgedruckten Autoren, den erst Erasmus überholte und dann Montaigne als Prosaautor ersetzte. Der deutsche Leser ist schlecht bedient. Das wunderbare *Secretum* (Gespräche über die Weltverachtung, in: Petrarca *Schriften*, übers. v. Hermann Hefele, Jena 1925) gab es zumindest einmal, der Aufstieg auf den Mont Ventoux findet sich in *Schriften und Briefe*, hg. v. Hanns W. Eppelsheimer, die Heilmittel des guten und bösen Glücks hat Rudolf Schottländer übersetzt. In Italien werden Petrarcas lateinische Prosaschriften zusammen mit italienischer Übersetzung gedruckt: Petrarca, *Prose*, ed. Guido Martellotti u. a., Mailand, Neapel 1955. Von Martellotti, *Studi petrarcheschi*, 1981, stammen auch die neueren Datierungen der zuvor umstrittenen Stadien von Petrarcas Entwicklung. Trotz eines einzelnen chronologischen Fehlgriffs bleibt grundlegend die Studie von Theodor E. Mommsen, »Petrarch's Conception of the Dark Ages«, in: *Speculum* 17 (1942) 226–242, nachgedruckt in seinen *Medieval and Renaissance Studies*, Ithaca N. Y. 1959, dt. Übers. bei August Buck (Hg.), *Zu Begriff und Problem der Renaissance*, Darmstadt 1969. Die Entstehungsprobleme des *Secretum* erörtert Hans Baron, *Petrarch's Secretum. Its Making and its Meaning*, Cambridge, Mass. 1985.

Petrarcas historische Studien behandelt, mit Literaturübersicht, Eckhard Kessler, *Petrarca und die Geschichte*, München 1978.

Zur kulturellen »Lebens-Atmosphäre« der Epoche ist immer noch wichtig Jacob Burckhardt, *Die Kultur der Renaissance in Italien* (1860), kommentierte Ausgabe, Frankfurt 1989.

Zur historischen Periodisierung, die Petrarca mit den Humanisten entschieden prägte, vergleiche meine Darstellung: »Neuzeit, Mittelalter, Altertum«, in: *Historisches Wörterbuch der Philosophie*, Bd. 6, 1984, 782–798; zu Petrarcas einflußreicher, aber distanzierter Stellung zur Philosophie: Paul Oskar Kristeller, *Eight Philosophers of the Italian Renaissance*, Stanford 1964, auch in dt. Übersetzung.

Rousseaus Schriften sind den deutschen Lesern von Kant und Lessing an und vor allem der Generation von Hegel und Hölderlin nicht nur bekannt, sein Denken hat vielleicht am meisten in die Tiefe gewirkt, ohne daß eine bestimmte Schrift oder auch nur der Name des Autors stets damit verbunden sein müßte. Deutsche Leser von Kant bis Engels haben Rousseau bei der Lektüre systematisch ergänzt, aus den autobiographischen, kulturkritischen, pädagogischen und politischen Bruchstücken ein ganzes und zusammenhängendes Programm gedeutet. Die Auseinandersetzung mit Rousseau findet auf verschiedenen Ebenen statt, ausdrücklich und verdeckt, positiv in der Pädagogik und ambivalent in der politischen Literatur, wo Rousseau oft statt der Revolution oder diese statt seiner gemeint ist.

Der französische Text wird nach der Ausgabe der Pléiade zitiert: Jean-Jacques Rousseau, *Œuvres complètes*, Paris 1959 ff. Dem deutschen Leser liegen die *Bekenntnisse*, die kulturkritischen Schriften, der *Gesellschaftsvertrag* und der *Émile* in verschiedenen Ausgaben vor, von sehr ungleicher Qualität, teils in überarbeiteten zeitgenössischen Übersetzungen.

Zur Interpretation Rousseaus nur wenige Hinweise: Ernst Cassirer, *Das Problem Jean-Jacques Rousseau*, 1970, Jean Starobinski, *Rousseau: la transparence et l'obstacle*, Paris 1957, erweitert 1970 u. ö., dt. *Rousseau. Eine Welt von Widerständen*, München 1988.

Im einzelnen, zur »Bekehrung« und ihrem Resultat in der Rede des Fabricius, die Lessing in seiner Rezension übersetzte, ist sehr aufschlußreich Jean Starobinski, *Rousseaus Anklage der Gesellschaft*, Konstanz 1977.

Zum anthropologischen Modell, das zu einem geschichtsphilosophischen wird, gibt wichtige Aufschlüsse Jean Starobinski, *Le remède dans le mal*, Paris 1989, dt. *Das Rettende in der Gefahr*, Frankfurt 1990, der Titelessay in: *Neue Rundschau*, 92, 3, 1981, 42–71.

Den philosophischen Rahmen von Rousseaus politischer Philosophie skizziert Bernhard Groethuysen, *Philosophie de la Révolution Française*, Paris 1956.

Zu den Problemen der Chronologie, der schwierigen und konfliktreichen Jahresberechnungen ist inzwischen aus umfassender Kenntnis vor allem der mittelalterlichen Quellen und mit verhaltener Skepsis gegenüber den gräßlichen Vereinfachungen, die manche Neuzeit-Historiker lieben, ein knappes Buch geschrieben worden, das ständig auf die Forschungsliteratur verweist und doch mit Vergnügen zu lesen ist: Arno Borst, *Computus. Zeit und Zahl in der Geschichte Europas*, Berlin 1990. Ich nenne es um so lieber, als diese vor allem technischen Aspekte astronomischer und mathematischer Chronologie zwar viele Geschichten enthalten, sich aber nicht zusammenfassend erörtern lassen. Dazu treten die in den bereits genannten Arbeiten von Eduard Schwartz und Arnaldo Momigliano erörterten Probleme antiker Zeitauffassung sowohl wie moderner Meinungen darüber.

Die größte individuelle Leistung auf diesem Gebiet vollbrachte Josephus Justus Scaliger, *De emendatione temporum*, 1583, ^{2}1598 u. ö., der kritisch an die gregorianische Kalenderreform von 1582 anknüpft, als die katholischen Christen am 4. Oktober zu Bett gingen, um am 15. Oktober aufzuwachen, während die Protestanten ihren Kalender erst 1700 umstellten, die russischen Orthodoxen erst nach der Oktoberrevolution. In Deutschland führte man doppelte Kalender im 17. Jahrhundert. Nicht weniger bedeutend als die *Emendatio temporum* sind die kritische Neubearbeitung der Chronologie des Eusebios von Caesarea und die Synchronisierung der verschiedenen antiken Zeitrechnungen: Josephus Justus Scaliger, *Thesaurus temporum. Eusebii (...) chronicorum canonum*, Leiden 1606, darin z. B. das Kap. zur Entstehung des griechischen Alphabets, »Digressio de literarum ionicarum origine«, 102–113. Eine großartige Würdigung fand Scaliger in der Schrift von Jacob Bernays, *Scaliger*, Berlin 1855, die selbst ein Denkmal gelehrter Forschung ist. Eine moderne Studie, die Scaliger deutlicher in den Strömungen seiner Epoche zu situieren versucht, wurde begonnen von Anthony Grafton, *Scaliger*, Band 1, 1983. Der 2. Band, der das chronologische Werk behandelt, steht noch aus, und das allein und die Tatsache, daß in vier Jahrhunderten nur zwei kompetente Studien über Scaliger erschienen, mag einen Eindruck von der Schwierigkeit der Sache vermitteln.

Ausgesprochen lesbar und oft anregend und sogar vergnüglich sind die postum gesammelten Worte: *Scaligerana ou Bon Mots*, Köln (=Amsterdam) 1695, ^{2}1740, erweiterte Ausgabe von Des Maizeaux sowie die Briefe, deren Nr. 247 Winckelmanns Geschichtsauffassung inspirierte: J. J. Scaliger, *Epistolae*, Frankfurt 1628.

Die Anschauung der Spätantike teilte sich lange Zeit in eine einseitige kirchengeschichtliche Auffassung (das gründlichste Werk schrieb Tillemont) und in eine, die an den heidnischen Historikern der Epoche orientiert war. Gibbons Werk war deshalb so erfolgreich, weil er zum erstenmal unter den von Voltaire geprägten philosophischen Gesichtspunkten das sonst zur theologischen Apologetik ausgebreitete Material für den nicht gelehrten Leser erschloß: Edward Gibbon, *The Decline and Fall of the Roman Empire* (1776–88), Neuausgabe ed. Bury; die dt. Übers. des ersten Teils, ab 1779, von F. A. Wenck, ist vorzüglich, die späteren Teile, bis 1793, sind mäßig. Dem deutschen Leser liegt keine vollständige Ausgabe vor, das Werk ist jedoch in einem so leichten Englisch geschrieben, daß jeder den Versuch wagen sollte, z. B. mit dem atemberaubenden Kap. 48, das im Fluge sechs Jahrhunderte byzantinischer Geschichte durcheilt. Eine bemerkenswerte Würdigung schrieb Jacob Bernays, »Edward Gibbons Geschichtswerk«, in: *Gesammelte Abhandlungen*, hg. v. Hermann Usener, Bd. 2, Berlin 1885, 206–254. Eine eigenständige deutschsprachige Version der durch Gibbon geprägten Auffassung des Übergangs der heidnischen Antike in das christliche Mittelalter bieten Jacob Burckhardt, *Die Zeit Constantins des Großen* (1853), und in gewisser Weise die Arbeiten von Eduard Schwartz.

Das Phänomen »Renaissance« ist spät artikuliert und mit wenig starken Argumenten bestritten worden. Ich habe an anderem Ort eine begriffsgeschichtliche Darstellung publiziert: »Renaissance«, in: *Historisches Wörterbuch der Philosophie*, Bd. 8, Basel 1992. Grundlegend bleiben die Studien von Aby Warburg, *Schriften und Würdigungen*, Baden-Baden 1980, und Erwin Panofsky, *Renaissance and Renascences in Western Art*, Stockholm 1960, ^{2}1968, dt. *Die Renaissancen der europäischen Kunst*, Frankfurt 1979 u. ö., auch im Taschenbuch. Siehe auch Erwin Panofsky, *Studies in Iconology* (1939) New York ^{2}1970, Erwin Panofsky, »Die Perspektive als symbolische Form«, in: *Vorträge der Bibliothek Warburg* 1924–25, 258 ff.

Für den Wandel der Zeitauffassung seit der Renaissance sind grundlegend die Studien von William von Leyden, »Antiquity and Authority«, in: *Journal of the History of Ideas*, 19, 1958, und: »History and the

Concept of Relative Time, in: *History and Theory*, 2, 1963. Den Wandel des Begriffs »Geschichte/Historia« habe ich in einer früheren Arbeit darzustellen versucht: *Freiheit, Herrschaft und Geschichte*, Frankfurt 1979.

Machiavellis Schriften genießen eine große Popularität, die sich jedoch auf verfehlte Aktualisierung in unglücklichen Zeiten gründet. Das Aufkommen der Diktaturen in der ersten Hälfte des 20. Jahrhunderts hatte das politische Denken und besonders die Interpretation Machiavellis verwüstet. Las man ihn in Frankreich im 17. Jahrhundert unter dem Einfluß italienischer Politik als Lehrbuch des Teufels, im Europa der Aufklärung als Fürstenspiegel, in Deutschland unter Napoleon als Handbuch des Widerstands, so sollte er damals die politische Selbstaufgabe des Bürgertums gegenüber den Diktaturen erklären. Dabei bezog man sich einseitig auf das Buch vom Fürsten (*Il Principe*), das stets zusammen mit den *Discorsi* zu lesen ist, um Machiavellis vollständige politische Theorie vor Augen zu haben.

Die italienischen Texte liegen in einer sorgfältig edierten Taschenbuchausgabe vor: Machiavelli, *Opere complete*, Mailand 1960–65.

Eine vorzügliche Übersicht über die Forschungsliteratur zur Renaissance und zu Machiavelli bietet der bibliographische Essay von Federico Chabod, *Machiavelli and the Renaissance*, London 1958; den jüngsten Forschungsstand kommentiert Quentin Skinner, *Machiavelli*, London 1988, auch in dt. Übers. Eine neu kommentierte Ausgabe habe ich vorgelegt: Machiavelli, *Der Fürst*, mit Nachwort u. Kommentar, Frankfurt 1990.

Machiavelli ist ähnlich wie Rousseau, aber auf andere Weise in aller neueren politischen Literatur gegenwärtig. Auch die übrigen politischen Positionen in den Umwälzungen des 16. Jahrhunderts sind aktuell geblieben, obschon die Probleme sich inzwischen anders stellen. Eine neuere Darstellung der politischen Philosophie des 16. Jahrhunderts fehlt, besonders in deutscher Sprache. Immer noch unersetzt ist die Arbeit von Pierre Mesnard, *L'essor de la philosophie politique au XVIe siècle*, Paris 1936, ²1976. Enger und eher an der Geschichte der Doktrinen orientiert ist Quentin Skinner, *Foundations of Modern Political Thought*, 2 Bände, London 1978. Unzureichend ist darin die Darstellung der französischen politischen Philosophie in der zweiten Hälfte des 16. Jahrhunderts, gänzlich abwesend ist ein Autor wie Etienne de La Boétie, *Von der freiwilligen Knechtschaft*, übers. u. hg. v. Horst Günther unter Mitwirkung von Neithard Bulst, Frankfurt 1980, Hamburg ^{2}1992, mit antiken Quellen, zeitgenössischer politischer Literatur, Zeugnissen und der Editionsgeschichte über vier Jahrhunderte.

Das politische Denken Montaignes ist noch kaum erschlossen, in den literarischen Studien tritt es gar nicht oder allenfalls am Rande auf. Montaigne verkörpert aber eine der wirkungsvollsten Varianten eines Denkens, das sich nicht allein als Neostoizismus charakterisieren läßt.

In den Studien zur politischen Anthropologie spielt die Renaissance kaum eine Rolle, während die Renaissance-Anthropologie die Politik bisher ausklammert: Ernst Cassirer, *Individuum und Kosmos in der Renaissance* (1927), Darmstadt 1977, und dazu die schöne Studie Cassirers »Pico della Mirandola«, in: *Journal of the History of the Ideas*, 3, 1942, 122–144, 319–354. Siehe auch Cassirer, Kristeller, Randall (Hg.), *The Renaissance Philosophy of Man*, Chicago 1948, und Paul Oskar Kristeller, *Humanismus und Renaissance*, 2 Bände, München 1977, Taschenbuchausgabe 1984. Eher integriert findet sich die Politik in den klassischen Arbeiten zur Renaissance von Jacob Burckhardt und auch von Wilhelm Dilthey, *Weltanschauung und Analyse des Menschen...*, in: *Gesammelte Schriften II* (1913).

Von Montaigne und La Boétie ausgehend, habe ich eine kleine Skizze versucht: »Was ist politische Anthropologie?« in: *Neue Rundschau*, 97, 1981.

Wirkliche Geschichtsphilosophie beginnt mit der späten Fassung der Neuen Wissenschaft von Vico: Giambattista Vico, *Principi di scienza nuova* (1744). Sie liegt in mehreren neuen Editionen vor und auch in dt. Übers., die wichtige Autobiographie jedoch nur in der alten Ausgabe von Weber (1822) und einmal, fast unbeachtet, hg. v. V. Rüfner (Zürich, Basel 1948). Die Sekundärliteratur über Vico leidet an verfehlten Aktualisierungen, die in der Regel auch nicht den Schwung des jungen Samuel Beckett, »Dante, Vico, Bruno, Joyce«, haben. Grundlegend bleiben die Studien, in denen Erich Auerbach Vico als den Theoretiker einer (geschichtsphilosophischen) Philologie erkannte: Erich Auerbach, *Gesammelte Aufsätze zur romanischen Philologie*, Bern u. München 1967, 222–274.

Der Umgang mit Zeitrelationen und ihre Umkehrung in verschiedenen historischen Weltansichten wurde zuerst von William von Leyden in den zitierten Aufsätzen begonnen. In der Regel münden die aus kosmologischer oder biologischer Anschauung gewonnenen Zeitrelationen in einen historischen Fatalismus, wie die Anwendungen durch Herder, Dilthey oder Collingwood zeigen. Wirkliche Geschichtsphilosophie setzt die Fähigkeit voraus, gegensätzliche Anschauungsformen zu kontrastieren. Und auch die schlichte historische und philologische Arbeit am einzelnen Text muß über seine Determination in der geschichtlichen Folge hinaus seine Situierung in den gegebenen alternativen Möglichkeiten herausarbeiten, die den Autor bei diesem bestimmten Werk motiviert haben. So sind auch die geschichtsphilosophischen Schlüsse aus dem wunderbaren Gleichnis, das Karl Ernst von Baer erfunden hat, indem er empirische Forschung mit einem Überschuß romantischer Naturphilosophie verband, meist unzureichend. Vgl. den Text »Welche Auffassung der Natur ist die richtige?« in: Karl Ernst von Baer, *Reden und Aufsätze*, Bd. 1, St. Petersburg 1864, 254ff., leicht zugänglich nachgedruckt in: *Deutscher Geist*, hg. v. Oskar Loerke u. Peter Suhrkamp, Band 1, Frankfurt 1953 u. ö., S. 846–870. Ich habe im Spiel mit diesem Gleichnis die Zeitkategorien historischer Theorie und Interpretation skizziert in dem Aufsatz: »Zeit und Bewußtsein im historischen Denken«, in: *Niedergang. Studien zu einem geschichtlichen Thema*, hg. v. Reinhart Koselleck u. Paul Widmer, Stuttgart 1979. Inzwischen hat sich Hans Blumenberg, *Lebenszeit und Weltzeit*, Frankfurt 1986, damit beschäftigt, ohne den Gegenstand auszuschöpfen.

Bei Goethe wie bei mehreren anderen der in diesem Buche nur gestreiften Autoren ist meine Arbeit einen eigentümlichen Weg gegangen. Konfrontiert mit einer wenig glücklichen Forschungslage oder Sekundärliteratur, habe ich es vorgezogen, mit den Texten zu arbeiten und kommentierte Ausgaben oder Anthologien zu veröffentlichen, die dem Leser ebenso wie dem Herausgeber das Glück des unmittelbaren Zugangs zu den Werken verschaffen sollen. Es ist lange bekannt, daß die geistige Krise des verfließenden Jahrhunderts zu einem großen Teil eine bibliographische Krise ist. Die Werke werden immer unbekannter und gerade dort, wo sie erarbeitet werden sollten, durch einen Wust sekundärer Schriften verstellt.

So deuten die abschließenden Kapitel Interpretationen nur an und beziehen sich sehr viel direkter auf den Umgang mit den Texten, die ich in kommentierten Ausgaben publiziert habe. Die Darstellung Goethes in Meineckes Historismus-Buch ist absurd, es lohnt nicht, sie Stück für

Stück zu widerlegen, denn die Begriffe und Kategorien Meineckes haben sich als verfehlt erwiesen, dieser Historismus war ein Irrtum, und die Geschichte historischer Erkenntnis muß, wie das in der Forschung seit längerem geschieht, neu erarbeitet werden. Statt nun Meinungen über Goethes Geschichtsanschauung zu berichtigen, habe ich Goethes geschichtliche Erfahrungen gesammelt, im Vertrauen darauf, daß der Leser sie sich selbst erschließen wird: Goethe, *Historische Schriften*, Frankfurt ²1985. Gänzlich ausgelassen habe ich ein geplantes Kapitel über Karl Philipp Moritz, dessen autobiographische Erfahrung sich nicht zu einer Geschichtsphilosophie, sondern zu einer unüberholt modernen Ästhetik ausbildet. Das schien mir nicht in den Rahmen dieses Buches zu gehören. Der Gang dieser geistigen Entwicklung läßt sich jedoch in der Folge seiner Schriften begreifen: Karl Philipp Moritz, *Werke*, 3 Bände, Frankfurt 1981.

Die für die neuere deutsche Geschichte bedeutendste historische Erfahrung habe ich ausführlich darzustellen Gelegenheit gefunden: *Die Französische Revolution. Berichte und Deutungen deutscher Schriftsteller und Historiker*, Frankfurt 1985, ²1988 (Taschenbuchausgabe). Einige Aspekte der dort nur kommentierten Schriften und Konzeptionen habe ich an anderer Stelle ausgeführt: *Versuche, europäisch zu denken*, Frankfurt 1990.

Philosophie

Ralf Konersmann
Erstarrte Unruhe
Band 10962

Susanne K. Langer
Philosophie auf neuem Wege
Band 7344

Ludger Lütkehaus (Hg.)
„Dieses wahre innere Afrika"
Band 6582

Niccolò Machiavelli
Politische Schriften
Herfried Münkler (Hg.). Band 10248

Platon
Sokrates im Gespräch
Vier Dialoge. Band 6550

Jean-Jacques Rousseau
Schriften
Henning Ritter (Hg.)
2 Bände: 6567/6568

Bertrand Russell
Das ABC der Relativitätstheorie
Band 6579
Moral und Politik. *Band 6573*
Philosophie. Die Entwicklung meines Denkens. *Band 6572*

Rüdiger Safranski
Wieviel Wahrheit braucht der Mensch?
Über das Denkbare und das Lebbare. Band 10977

Joachim Schickel
Philosophie als Beruf. *Band 7315*

Hans Joachim Störig
Kleine Weltgeschichte der Philosophie. *Band 11142*

Bernhard H. F. Taureck (Hg.)
Psychoanalyse und Philosophie. Lacan in der Diskussion
Band 10911

Christoph Türcke
Kassensturz
Zur Lage der Theologie. Band 11249
Sexus und Geist
Philosophie im Geschlechterkampf. Band 7416
Der tolle Mensch
Nietzsche und der Wahnsinn der Vernunft. Band 6589

Paul Veyne
Weisheit und Altruismus
Eine Einführung in die Philosophie Senecas. Band 11473

Voltaire
Philosophische Briefe. *Band 10910*

Charles Whitney
Francis Bacon
Die Begründung der Moderne
Band 6571

Franz Wiedmann
Anstößige Denker. *Band 6587*